Marie Luise Rau

Literacy

Vom ersten Bilderbuch zum Erzählen, Lesen und Schreiben

Haupt

Marie Luise Rau

Literacy
Vom ersten Bilderbuch zum Erzählen, Lesen und Schreiben

2. aktualisierte Auflage

Haupt Verlag

Marie Luise Rau, geb.1938, studierte in Marburg und Köln Pädagogik und Philologie, Schwerpunkt Sprachwissenschaft. Neben dem Sprachunterricht am Gymnasium blieb sie in Kontakt mit der Universität und wurde 1977 in Mainz mit einem linguistisch/ pragmatischen Thema promoviert. Durch ihre Kinder gewann der Spracherwerb in Theorie und Praxis ihr Interesse; Veröffentlichungen folgten. Die Aktualität von Literacy, jahrelange Beschäftigung mit dem Thema und Begeisterung für Erkundungsdrang, Lernfähigkeit und Kreativität im frühen Kindesalter veranlassten die Autorin zum Schreiben dieses Buchs.

2. Auflage: 2009
1. Auflage: 2007

Bibliografische Information der *Deutschen Nationalbibliothek*

Die Deutsche Nationalbibliothek verzeichnet diese Publikation in der Deutschen Nationalbibliografie; detaillierte bibliografische Daten sind im Internet über http://dnb.dnb.de abrufbar.

ISBN 978-3-258-07512-9

Gestaltung Umschlag und Inhalt: René Tschirren
Printed in Switzerland

www.haupt.ch

Das Buch ist meinen Kindern gewidmet.

Meiner Freundin, die Großmutter ist, und allen Müttern und Vätern aus dem Bekanntenkreis danke ich für ihre Mitteilungen, für Zusammenarbeit und Gedankenaustausch, ebenso der langjährigen Leiterin der Kinder- und Jugendbücherei der Rüsselsheimer Stadtbücherei, Frau Angelika Lange-Etzel, Diplombibliothekarin.

Herrn Prof. Dr. Jörg Meibauer von der Johannes-Gutenberg-Universität Mainz danke ich für seine Unterstützung.

Inhaltsverzeichnis

Teil III

Pragmatikerwerb: Lernen, miteinander zu reden und mit Reden etwas zu bewirken

Einleitung

Thema des Buches ist der Wert des Bilderbuchlesens für die sprachliche, soziale und pragmatische Entwicklung von Kindern.

Von den ersten Bilderbüchern im Kleinformat mit wenigen dicken Pappseiten führt ein Weg über ein breites Spektrum von Bilderbüchern zum Erzählen, Lesen und Schreiben lange vor dem Schuleintritt. Die Entwicklungsprozesse sind eng miteinander verknüpft. Das Buch analysiert diese Zusammenhänge anhand der neuesten Forschung und gibt dem Bilderbuchvorlesen eine zentrale Rolle. Einblick in die Lernprozesse beim Spracherwerb und in die kognitive Entwicklung öffnet die Augen für Möglichkeiten und Grenzen der Förderung.

Von Anfang an sind Kinder unablässig und unermüdlich damit beschäftigt, allem, was ihre Aufmerksamkeit erregt, einen Sinn zu geben, wenn nötig, immer wieder neu. Sie lesen Bilder und Zeichen, malen, schreiben und wechseln problemlos die Medien: Autos werden gemalt, ausgeschnitten, mit Legosteinen gebaut, im Bilderbuch unterschieden, im Matchboxformat über den Fußboden gerollt, als Marke auf der Straße erkannt und mit einem Karton und Kissen beim So-tun-als-ob-Spiel benutzt. Multimediale Kompetenz, in unserer Gesellschaft so geschätzt, entwickelt sich spielend und früh. Für einen harmonischen Übergang vom Kindergarten zur Grundschule gilt es, diese Fähigkeiten wachzuhalten, weiterzuentwickeln und diese Ressourcen über Lesen und Schreiben Lernen nicht zu vernachlässigen.

Zur selben Zeit lernen Kinder ihre Muttersprache, Wörter und Grammatik; aber so, wie sie Sprache nur durch sprachliche Zuwendung lernen und nur im Austausch mit den Menschen ihrer Umgebung, erwerben sie auch nur in diesem Umfeld die Mittel sich mitzuteilen, sich zu unterhalten, ein Gespräch zu führen, was heute als Diskursfähigkeit beziehungsweise kommunikative Kompetenz vom Erwachsenen erwartet wird. Teil II, Spracherwerb, und Teil III, Pragmatikerwerb, erklären theoretisch und praktisch, wie die verschiedenen Seiten von Literacy entwicklungsmäßig zusammenhängen und wie Bilderbuch lesen beides fördert.

Das vorliegende Buch ist also nicht nur für Buchfreunde gedacht, die sich wünschen, dass das Kind oder die Kinder, die sie erziehen, später auch zu Buchfreunden werden. Das Buch gibt ihnen sicherlich Anregungen. Es ist aber gerade für diejenigen Leser gedacht, die sich Sorgen machen um die heranwachsende Generation, von der ein beträchtlicher Teil bei der Einschulung Sprachdefizite aufweist und deren Leselust schwindet und mit Events wie um Harry Potter belebt werden muss.

Datensammlung

Das Buch basiert auf einem Datenkorpus, für das Mitteilungen von Eltern und Großmüttern und Beobachtungen im Bekanntenkreis gesammelt und ergänzt wurden durch Beispiele aus der Fachliteratur.

Die Äußerungen von Philipp stammen aus einer Langzeitstudie. Philipp ist das jüngste von vier Kindern mit zweijährigem Altersabstand. Die Mutter notierte kontinuierlich über den ganzen Tag hin seine Äußerungen, so weit wie möglich. Von 2;10–3;5.15 sind es zirka 5500 Episoden, die aus einem Satz oder mehr oder weniger langen Dialogen bestehen, die in computerisierter Form (CHILDES-Programm) vorliegen und aus denen relativ einfach Beispiele entnommen werden können.

Eine Vorleseszene wurde der Literatur entnommen, alle anderen wurden von Videoaufnahmen transkribiert und in Ausschnitten abgedruckt.

Altersangaben

2;4.19 = 2 Jahre; 4 Monate. 19 Tage

Der Schlüsselbegriff *Literacy*

Der angelsächsische Begriff *literacy* füllt eine Lexikonlücke. Hochdeutsch gibt es *Alphabetisierung*, was so viel bedeutet wie ›lesen und schreiben lehren‹, und den *Analphabeten*, der nicht lesen und schreiben kann. *Literacy* umfasst lesen und schreiben, aber darüber hinaus auch vertraut werden mit Büchern, lesen von Bildern und Symbolen und den Umgang mit Medien wie Radio, Fernsehen, Film und Computer (*literary, visual, medial literacy*).

Dazu die Übersicht:

funktional:		lesen und schreiben
kulturell:	visuell:	lesen von Bildern, Schildern, Zeichen, Logos etc.
	literarisch:	vertraut werden mit Büchern
	medial:	umgehen mit Medien (Fernsehen, Computer, Radio)

Literacy entwickelt sich schon im frühesten Kindesalter mit Bilderbüchern für Kinder ab zirka neun Monaten, mit dem Wahrnehmen von Bildern in der Umgebung, mit dem Erkennen von Logos und Schildern. Mit allem verknüpfen schon die Kleinsten Bedeutung. Schreiben beziehungsweise malen beginnt, sobald ein Kind einen Stift halten kann. Seit den 1980er-Jahren wecken empirische Studien das Interesse daran, wie ein Kind diese Kompetenzen erwirbt. Dabei wurde schon deutlich, wie eng die Beziehung zwischen Bilderbuchbetrachten in der Familie und Geschichtenerzählen und Lesen ist.

Erstaunlich spät, erst seit den 1990er-Jahren, begann man, durch interdisziplinäre Untersuchungen den Entwicklungsprozess zu erforschen. Man begann, alles zusammen im Auge zu haben, die psychische und geistige Entwicklung und die Sprachentwicklung des Kindes, seine Fähigkeit zu erzählen, den Zusammenhang mit dem sozialen Lernen und der Entwicklung kommunikativer Kompetenz. Als Fachgebiete sind beteiligt: Psychologie, Linguistik mit dem Spracherwerb, Narrativistik mit Geschichtenerzählen und Pragmatik mit dem Gebrauch der Sprache im sozialen Miteinander (nach Kümmerling-Meibauer 2006).

Schon seit mehr als einem Jahrzehnt ist in Schulbüchern für Sprachen und Naturwissenschaften die Tendenz zu beobachten, Text zugunsten von visueller Darstellung zurückzudrängen. Computergestützte Präsentationen hielten ihren Einzug in Universität und Schule. Im Internet kommt es darauf an, Informationen schnell zu erfassen beziehungsweise weiterzugeben, das heißt der Autor muss eine Information möglichst multimedial präsentieren, in Bild und Text übersichtlich und ansprechend darbieten und womöglich mit Ton unterlegen. Außer lesen und schreiben zu können, gehört es heute dazu, die anderen Zeichensysteme so zu beherrschen, dass man kreativ damit umgehen kann.

Kinder entwickeln früh solche multimedialen Fähigkeiten. Sie lernen Kreativität in ihrem unermüdlichen Bestreben, allem um sich herum eine Bedeutung zu unterlegen. Mit wachsendem geistigen Vermögen, mit zunehmendem Weltwissen und wechselnden Interessen arbeiten sie daran. Schon die Kleinsten haben diese Lernbegierde und vor allem auch Eigeninitiative. Ohne Unterricht können schon Dreijährige Zahlen von Buchstaben unterscheiden, weil sie wahrnehmen, welche Rolle diese Zeichen in ihrer Umgebung spielen.

Es kommt darauf an, gerade die multimedialen Fähigkeiten zu fördern und wach zu halten. *Literacy* als komplexes Lernziel wurde inzwischen schon in Kindergarten-Curricula aufgenommen. Es gilt, an die kindlichen Fähigkeiten in der Grundschule anzuknüpfen und sie weiterzuentwickeln, auch wenn dann der Schwerpunkt auf Schreiben und Lesen liegt.

Die Entwicklung von *Literacy* in den Jahren vor der Schule ist das Thema in Teil I. Bilderbuch lesen hat darin einen zentralen Platz (1.1–1.9). Geschichten *lesen* ist mit Geschichten *erzählen* eng verknüpft (2.1–2.4). Vom Malen und den Übergängen zum Schreiben soll im letzten Kapitel die Rede sein (3.1–3.5).

Teil I

Vom ersten Bilderbuch zum Erzählen, Lesen und Schreiben

1 Bilderbuch betrachten

1.1 Bilderbuch betrachten vs. vorlesen

Das Wort *vorlesen* ist missverständlich, wenn man darunter versteht, dass es beim Bilderbuchbetrachten um gedruckten Text geht, der das Bild begleitet. Auf die Frage, ob Eltern vorlesen, bekommt man manchmal die Antwort, dass Vorlesen noch nicht möglich ist, weil das Kind nicht zuhört. Dabei ist das (Vor-)Lesen in vollem Gang! Der Einjährige kann sein Bilderbuch schon richtig halten und darin blättern. Er betrachtet zusammen mit dem Erwachsenen die Bilder und zeigt auf Objekte. Kleine Dialoge wie der folgende entwickeln sich:

Vater: *Auto. Guck mal, ein Auto.*
Kind: *Brmm, brmm. Da!* (vielleicht mit Hinzeigen)

Vorlesen heißt zunächst nur, dass man gemeinsam ein Bilderbuch betrachtet und etwas dazu sagt. Ein Dreijähriger verlangt unter Umständen auch bei Seiten ohne Text noch: *Lies das auch!*

Die Entwicklung vom Bilderbuchbetrachten und »Vorlesen« bis hin zum Vorlesen von (kurzen) Texten mit Bildern ist ein dynamischer Prozess mit Merkmalen, die sich verändern. Schon während des Vorlesens achtet der Erwachsene auf die Reaktionen des Kindes, ob es aufmerksam ist und ob es folgen kann, und bemüht sich, seine Aufmerksamkeit zu fesseln. Auch auf lange Sicht verändert sich das Vorlesen und erfordert Anpassungsfähigkeit. Vierjährige erwarten den Text, wie er ihnen vertraut ist, und wollen möglichst wenig Unterbrechung. Wenn der Vorleser etwas fragt oder zu ausschweifend auf eine Frage des Kindes antwortet, wird er unter Umständen ermahnt: *Lies weiter!* Einige Merkmale bleiben jedoch gleich: Immer geht es um eine Form der Interaktion zwischen Vorleser und Kind, um Nähe, gemeinsame Perspektive und Empathie. Kassetten und CDs ergänzen später das Vorlesen, aber die Vorlesesituation ist durch Kassetten oder CDs nicht zu ersetzen. Beim Fernsehen fehlt diese Interaktion ganz.

Ein Erwachsener benötigt zum Vorlesen nicht unbedingt eine Anleitung. Intuitiv reagiert er auf Anzeichen von Aufmerksamkeit und Interesse, erst recht, wenn er als Bezugsperson weiß, wie und wo er an die Erfahrungswelt des Kindes anknüpfen kann. Dennoch wird es sich lohnen, mehr darüber zu wissen, was frühes Lesen für Sprache, Wissen und die Persönlichkeitsentwicklung eines Kindes bedeutet und wie in der frühen Kindheit die Grundlage für Lesefreude auch im späteren Leben gelegt wird. Man vermittelt ganz bedeutende Werte,

- indem man regelmäßig vorliest – so bescheiden das am Anfang sein mag –,
- indem man beachtet, dass Vorlesen dem Kind immer Vergnügen bereitet,
- indem man dem Kind einen Freiraum lässt für Vorlieben,
- indem im Gespräch über das Buch jedes Wort des Kindes zählt.

Vorlesen ist eine Situation, in der man mehr als in jeder anderen Alltagssituation einen überaus intensiven Einfluss auf Kinder hat. Es lohnt sich deswegen, sich für ein »Lesestündchen« im Tagesablauf Zeit zu nehmen. Schulprojekte, die das Lesen fördern sollen, betonen Merkmale der Vorlesesituation, die von Anfang an gelten: Freude an der Sache, relative Ruhe, Regelmäßigkeit, Dialog und Würdigung der Beiträge des Kindes.

Die Kapitel folgen der Altersentwicklung. Zunächst geht es um die allerfrühesten kleinformatigen Pappbände (1.2), die das Lernen von Wortbedeutungen früh fördern, dann um die nachfolgenden Bilderbücher (1.3). Danach werden übergreifende Aspekte aufgezeigt, die für das Vorlesen insgesamt gelten (1.4/5). Es wird überblickt, wie Vorlesen Sprach-, Literatur- und Wissenserwerb fördert. Vorlese-Beispiele auf verschiedenen Altersstufen von ein bis fünf Jahren (1.6) beschreiben Veränderungen im Laufe der kindlichen Entwicklung, auf die sich auch der Vorleser einstellen muss. Der Weg zur Textauslegung im späteren Alter ist lang; hier beginnt er mit den Alltags- und Textbezügen, durch die ein Gespräch über Bild und Text in Gang kommt (1.7–1.9).

1.2 Die allerersten Pappbilderbücher im Kleinformat

Jeder weiß, welche Bilderbücher gemeint sind. Sie haben ein kleines Format, dicke glänzende Pappseiten mit meistens ein bis drei Objekten auf jeder Bildseite und mit nicht mehr als sechs bis sieben Seiten insgesamt. Man kann sie überall kaufen, beispielsweise am Kiosk und an der Tankstelle, und beinahe jedes Kind besitzt eins oder mehrere davon, aber sie überdauern meist den Gebrauch nicht, schon gar nicht, wenn mehrere Kinder in einer Familie sie besessen haben. Sie sehen oft beschädigt und schmutzig aus und werden schließlich weggeworfen. Ältere Bilderbücher dieser Art sind deswegen auf dem Büchermarkt schwer zu finden. Diese ersten Bilderbücher entstanden Anfang des 20. Jahrhunderts. Auf dem Deckblatt des frühen Schweizer Bilderbuchs *Mim Chindli. E neus Bilderbuech für die ganz Chline* von 1910 ist noch ausdrücklich vermerkt, dass es reißfest ist; seine Seiten waren aus dickem Papier.

Sind diese Bilderbücher Spielzeug oder schon Literatur? Diese Frage stellt Apseloff (1987) bei der Durchsicht von Büchern für die Kleinsten und findet, dass einige die Merkmale von beidem, Spielzeug und Literaturvorstufe, aufweisen (65). Um Spielzeug handelt es sich bei kleinen Faltbüchern aus Stoff, beispielsweise in Form einer Ziehharmonika aus Frottee, mit je einem Objekt auf einer »Seite«, die sich zubinden lassen und die knistern beim Knautschen und Bearbeiten. Spielzeug ist auch das Buch für die Badewanne. Ein Buch ist nichts, was man belutscht, kaut, wirft, beschmiert, einweicht oder worauf man hämmert. Es ist nicht gedacht für die Badewanne oder den Ausflug.

Obwohl diese kleinen Bilderbücher so beliebt und verbreitet sind, wurden sie doch erst in jüngster Zeit Gegenstand genauerer Forschung durch Bettina Kümmerling-Meibauer und Jörg Meibauer (2005), auf deren Ergebnisse wir uns im Folgenden stützen. Die Frage, ob diese ersten Bilderbücher Lernspielzeug oder Literaturvorstufe sind, beantworten sie eindeutig zugunsten von Literatur und Literaturerwerb. Sie nennen sie *Frühe-Konzepte-Bücher.* In der Tat lenkt das Bild *eines* Objekts auf je *einer* Seite, isoliert und meist auf einfarbigem Hintergrund, ganz stark die Aufmerksamkeit des kleinen Betrachters auf die Verknüpfung von Objekt und Wort, stärker, als es das wirkliche Objekt oder andere Bilder vermögen (Nodelman 1988). Bilder sind auf dieser Stufe also Informationsquelle für die Wortbedeutung. In den allerersten Anfängen bereiten sie den eigentlichen Sprachbeginn, das Verstehen von Wörtern als Symbolen, vor. Es kann sein, dass Kinder im Alltag kaum ein Wort äußern, aber beim Bilderbuchbetrachten begeistert Dinge spontan benennen, so als ergriffen sie auf diese Weise Besitz von ihnen (Nodelman 1988).

Das Kind wächst mit den ersten Bilderbüchern in die Kultur hinein. Es lernt, wie man mit einem Buch umgeht, und es lernt, Bilder zu verstehen. Dazu gehören zeigen, anschauen und interpretieren. Die Bilder sind Anstöße zum Sprechen. Das Kind sieht schon in den allerersten Bilderbüchern Neues und Unbekanntes, sodass auch hier schon Bücher in ihrer einfachsten Form Weltwissen vermitteln. Es lernt, dass *Bälle* und *Becher* verschieden aussehen können, aber schnell stößt es auf Objekte, die es noch gar nicht kennt, zum Beispiel einen Elefanten, oder es sieht im Bilderbuch eine Seite vom Schwimmbad oder Strand, wo es noch nie war. Bilderbücher als Wissensquelle führen so in eine Lernform ein, die später im Lesealter zu einer wichtigen Form des Wissenserwerbs wird. Es geht also nicht nur um das, was Kinder aus den Bilderbüchern an Wissen erwerben. Wichtig ist die Erfahrung, dass Bücherlesen Wissen bringt. Das gilt für die Schulzeit und für viele bleiben Bücher im Leben die wichtigste Wissensquelle.

Das gemeinsame Lesen fördert ein enges Verhältnis zwischen Kind und Bezugspersonen, und die Freude an Bilderbüchern ist eine gute Voraussetzung für Leselust beim Heranwachsen. Dieser Einstieg in die Kultur soll später in einzelnen Aspekten betrachtet werden (1.4/5).

Mein erstes Bilderbuch, Meine Sachen, Erste Bilder sind typische Titel, die ausdrücken, dass die Kleinsten ihre ersten Erfahrungen mit Büchern und Bildern machen, die Dinge aus ihrer Erlebniswelt abbilden. Es geht um *Nahrung* (Apfel, Banane), *Spielzeug* (Ball, Teddybär), *Kleidung* und *Pflege* (Schuhe, Kamm), *Haushaltsgeräte* (Telefon), *Tiere*

(Katze, Hund), *Fahrzeuge* (Auto) und einiges andere. Die abgebildeten Spielsachen sind oft altmodisch; manche Objekte sind dem Kind gar nicht vertraut, wie beispielsweise ein altes Telefon (vgl. Nodelman 1988: 33). So verwundert es auch nicht, dass sich die Technik mit Fernseher und Handy hier noch nicht durchgesetzt hat. Ein Vater löste das Problem, indem er seinem Sohn ein ganz persönliches Bilderbuch mit Fotos von Eltern und Großeltern, Kinderbett und Sofa und anderen vertrauten Gegenständen machte. Ein Lieblingsbuch von Sebastian (1;4) ist ein solches Fotobuch, das Herbsttage mit Eicheln sammeln, schaukeln und spielen im Garten dokumentiert. Es hat zehn Seiten im Querformat DIN A4, ist also handlich; die Seiten sind laminiert und mit einer Metallspirale gebunden. Das Buch ist so robust, dass Sebastian es sich alleine anschauen kann. Er holt sich sein Fotobuch selbst aus dem Regal. Offenbar fördert die Erlebnisnähe die Identifikation und auch die Freude beim Betrachten. Während Erwachsene sich eher das Kind auf den Fotos anschauen, interessiert sich Sebastian selbst ausschließlich für die vielen Details, die er in Ruhe studieren kann. Er besitzt inzwischen noch andere, beispielsweise mit Menschen seiner Umgebung. Er lernt offenbar etwas dabei, denn die Betreuerinnen in der Kinderkrippe staunen darüber, dass er die Spielgefährten, deren Fotos ausgehängt sind, mit eineinhalb Jahren schon identifizieren kann.

Die Illustrationen in den Bilderbüchern unterscheiden sich beträchtlich und spiegeln in ihren Stilen auch Kunstrichtungen ihrer Zeit wider (Kümmerling-Meibauer/Meibauer 2005: 326–330). Man kann darunter kleine Kunstwerke entdecken. Unter den frühesten sind gemalte Objekte mit Schatten, aber auch mit feinen Umrisslinien, wie im frühen Schweizer Bilderbuch von 1910, wo zwei bis fünf Objekte auf einer Seite in Braun- und Grautönen arrangiert sind. Schatten suggerieren noch das Dreidimensionale des Objekts. Die Amerikaner Mary Steichen Calderone und Edward Steichen streben in ihrem Foto-Bilderbuch *The First Picture Book: Everyday Things for Babies* (1930), größtmögliche Realität und Objektivität an, indem sie Dinge wie Stillleben anordnen und schwarz/weiß fotografieren. Hier, wie in dem Schweizer Bilderbuch, bleibt die linke Seite leer, um die Aufmerksamkeit möglichst ausschließlich auf die abgebildeten Objekte auf der rechten Seite zu lenken. Umwälzend neu waren dann die Illustrationen des Niederländers Dick Bruna, dessen Bilderbücher für die Kleinsten nach 1945 weltweit verkauft wurden. Er reduziert die Objekte auf die wesentlichen Details und versieht sie mit kräftigen schwarzen Umrisslinien. In ihrer minimalen Form ähneln sie Piktogrammen wie beispielsweise Autobahnschildern, die auf die nächste Raststätte oder Übernachtungsmöglichkeit verweisen. Sie betonen die Formmerkmale und heben das Objekt besonders deutlich vom Hintergrund ab. Umrisslinien helfen dem Kind beim Wiedererkennen des Objekts auf dem Bild. Forschungen zum Erwerb der Wortbedeutungen bestätigen, dass sich die Kleinen zunächst von der Form leiten lassen, aber nicht ausschließlich (Clark 2003: 90 f.).

Unter den Illustratoren und auch in der wissenschaftlichen Erörterung gibt es widersprüchliche Auffassungen darüber, welche Darstellungsweise es Kindern erleichtert, Bilder zu verstehen. Darüber folgt mehr im Abschnitt über Förderung der Wahrnehmung (1.4). Zuerst geht es darum, wie *Frühe-Konzepte-Bücher* (Kümmerling-Meibauer & Meibauer) das Lernen der Wortbedeutung fördern.

1.2.1 Frühe Konzeptbildung

Was unter *Konzept* zu verstehen ist, lässt sich am besten an einem Beispiel erklären: Hört jemand das Wort *Apfel*, verbindet er damit die Vorstellung einer rundlichen Form, mancher denkt ihn sich vielleicht sogar in Farbe, der eine ›grün‹, der andere ›rot und gelb‹, mit und ohne Stiel, und assoziiert mit *Apfel* ›essbar‹, ›Frucht‹. Im Laufe der Zeit verbindet er auch noch grammatische Merkmale damit wie beispielsweise das grammatische Geschlecht, *der Apfel*, maskulin, die *Äpfel*, Plural und Zählbarkeit. Bedeutungskonzepte entwickeln sich allmählich, verändern sich im Laufe des Lebens je nach Erfahrung und neue kommen hinzu. Die Hirnforschung kann Auskunft darüber geben, in welchem Areal im Gehirn solche Konzepte gespeichert sind, aber sie weiß nichts über die Konzepte im Einzelnen, beispielsweise ob es auch tatsächlich Bilder sind. Allerdings kann man annehmen, dass die kindliche Vorstellung stark bildlich geprägt ist. Wenn ein Kind ein Wort (oder einen Ausdruck) mit einem Objekt relativ stabil verknüpft, spricht man vom *Speichern im mentalen Lexikon* (zu den Lernstrategien und Veränderung vgl. Teil II, 2.4).

Das Lernen von Bedeutungskonzepten beschränkt sich nicht auf die Beziehung zwischen Wort und Objekt. Auf der grammatischen Ebene fördern die Bilder beispielsweise eine Vorstellung von ›Mehrzahl‹ (= Pluralkonzept), wenn mehrere Bausteine oder Bälle oder drei Blumen abgebildet sind. Formkonzepte wie ›rund‹ und ›eckig‹ entwickeln sich. Die Beschränkung auf die Grundfarben, die die Kleinsten bevorzugen, fördert die Entwicklung von Farbkonzepten. Verschiedenheit der Illustrationen und Kombinationen der Bilder tragen dazu bei, dass Kinder lernen, die typischen Merkmale von Objekten zu erkennen beziehungsweise wiederzuerkennen. Sie vergleichen sie mit den Dingen in ihrem Alltag und erkennen sie wieder, wenn sie das Buch zum wiederholten Mal betrachten.

Mit zirka eineinhalb Jahren verfügt ein Kind über etwa 50 Wörter (vgl. Teil II, 2.1. Wenn es also die ersten Wörter lernt, unterstützen die Abbildungen in den kleinen Bilderbüchern den Erwerb von solchen *Bedeutungskonzepten.* Man spricht auch von *Repräsentationen* von Objekten im Gehirn. Alltagssituationen sind im Vergleich zum Bild vielfältig. Ein Wort kommt in komplexen Situationen vor und ist in unterschiedliche Sätze eingebettet. Im ersten Bilderbuch wird das Objekt dagegen meist isoliert dargestellt und hebt sich vom uniformen Hintergrund ab. Der vertraute Vorleser wird es immer in gleicher Weise benennen (Fachausdruck: *auf etwas referieren*), also beispielsweise auf den Teddy immer mit *Teddy* referieren, während sonst auch *Teddybär, Bärchen, Bär* im Input vorkommen. Das Kind übt also das Verknüpfen von Wörtern und Objekten besonders gut, weil diese im Bilderbuch immer in einem einfachen und gleich bleibenden Zusammenhang wiederkehren. Gleichzeitig entwickelt sich auch aus der Vertrautheit mit dem Buch eine Intimität, die zur Leselust zeitlebens gehört.

Natürlich kann man auch beim Spielen Wörter herausheben, wie das Wort *Ball* beim Ballspielen, und darüber hinaus mit *rollen* und *werfen* verbinden. Ein kleiner Plastik- oder Holzhund verknüpft das Wort *Hund* mit dem Objekt, aber im ersten Bilderbuch kommt zur isolierten Darstellung auch noch das konzentrierte und intensive Hinschauen hinzu, wenn das Kind auf dem Schoß sitzt und mit der Mutter gemeinsam und immer länger das Bild betrachtet.

Ein wesentlicher *Denksprung* liegt darin, dass das Kind die Dinge, die es dreidimensional kennt, im Buch in der zweidimensionalen Abbildung wiedererkennt. Nach Bloom (2000) können Kinder schon früher als mit zwei Jahren *reale* Objekte von *Repräsentationen* unterscheiden. Tatsächlich scheint die gezielte Förderung mit Zeigen und Benennen diese Fähigkeit ganz früh zu entwickeln. Im Alter von neun Monaten ist Marlene schon erfahren im Lesen. Marlenes Mutter setzt beim Bild vom Teddy Marlenes Plüschtier neben das Bild; zu zweit zeigen sie auf beides, den Teddy auf dem Bild und in der Wirklichkeit. *Teddy* gehört vier Monate später zu Marlenes ersten Wörtern. Zuerst kratzen die Kleinen noch an dem Bild, beispielsweise am Ball, um ihn in die Hand zu nehmen. Im ersten Bilderbuch von Sebastian (0;10) ist die Abbildung des Teddys ganz verschmiert, weil er ihm genauso wie seinem Kuscheltier jedes Mal einen dicken Kuss auf die Nase gibt. Bei anderen Tieren kratzt er mit dem Fingerchen an den Augen, wie bei jedem neuen Tier aus Stoff, Holz oder Plastik. Einen Monat später hat er den Unterschied gelernt und sucht schon nach der Katze, die im Buch bei ihren verschiedenen Aktivitäten im Haus und draußen, bei Tag und Nacht, mit vielen Objekten auf einer Seite abgebildet ist, und zeigt darauf. Gelegentlich artikuliert er selbst *Ta-te.*

Hier liegen die Anfänge eines Lernprozesses, an dessen Ende Pädagogen immer wieder feststellen: Bücherleser haben den größeren Wortschatz. Die ersten kleinformatigen Bilderbücher ohne Worte sind zwar erst eine Vorstufe zur Literatur, aber das Kind lernt doch mit Hilfe dieser Bücher, Wörter mit vertrauten Dingen zu verknüpfen. Es erwirbt außerdem Wörter für Objekte, die es weniger gut kennt, oder für Unbekanntes und Neues, das der »Vorleser« behutsam einfließen lässt. Sein Wortschatz wächst dabei zuerst langsam, der Prozess reicht aber bis zum größten Zuwachs im Wortschatz im Lesealter zwischen 10 und 18 Jahren (vgl. Teil II, 2.1.1).

1.3 Nachfolgende Bilderbücher

Für die Allerkleinsten gibt es Bücher mit allerhand Anreizen, um ihr Interesse zu wecken. Ein gerade mal Einjähriger streicht gerne über den Samtstern in seinem *Guck-guck*-Bilderbuch (*Baby says peekaboo!*), wo auf jeder Seite jeweils ein Objekt zum Fühlen ist. In anderen Bilderbüchern kann das Kind über Kaninchenfell oder gelbe Federn streichen. Die sogenannten Fühlbücher passen in das Übergangsalter, in dem die Allerkleinsten den Unterschied zwischen realer Welt und Abbildung gerade erst lernen. *Die kleine Raupe Nimmersatt* von Carle verdankt sicherlich ihren jahrzehntelangen Erfolg dem interaktiven Element, das unterhält, weil es beschäftigt. Das Kind verfolgt den Weg der Raupe, die sich durch alles hindurchfrisst, indem es sein Fingerchen durch die Löcher steckt. Im Buch mit Soundmodul wird mit einem Knopf eine Hupe betätigt, die allerdings den sechs Monate alten Hendrik so erschreckte, dass er sich erst ein halbes Jahr später damit anfreundete (*Tut! Tut! macht der Traktor*), oder eine Ente quakt, wenn man das Buch kippt. Klappbilderbücher, die es beispielsweise erlauben, unter die Motorhaube oder in den Kofferraum zu schauen oder die Erde vom Schaufelbagger in den Lastwagen rutschen zu sehen, die also ermöglichen zu sehen, was sich hinter der Oberfläche verbirgt, sind ähnliche Kompromisse interaktiver Art, aber sie bieten auch Spannung und zusätzliche Informationen und erfreuen sich wohl auch deswegen noch länger großer Beliebtheit. Wenig robust sind Bilderbücher wie *Schlaf schön, Penelope*. Auf dem Umschlag heißt es: *Ein Zieh-, Dreh- und Klappspaß*: Mit Laschen werden Dinge in Bewegung gesetzt. Der kleine Leser soll beispielsweise beim Zubereiten des Pfannkuchens helfen und Milch und Mehl in die Schüssel schütten (»Möchtest du ihr beim Backen helfen?«). Die Größeren können sich mit ihrer Bilderfahrung die Handlung vorstellen, für die Kleineren hingegen ist die Technik schwierig und das Interaktive schnell frustrierend.

Das Interaktive betont man auch bei dem Typ, der Bilderbuch mit Puzzle kombiniert, beispielsweise können Fahrzeuge in Teilen herausgenommen und wieder zusammengesetzt werden. *Der magnetische Bauernhof* mit dem Untertitel »Ein Spielbuch (!) mit 15 Tiermagneten« ist für Zweijährige gedacht, aber wegen verschluckbarer Kleinteile erst für Dreijährige geeignet (beide Angaben vom Verlag). Wenn die Stalltür aufgeht (das Kind zieht an einer Lasche), kommen die Tiere heraus, die erst auf den Hof zu stellen sind (»Wie machen die Tiere?« *Muh! Mäh! Miau! Gack Gack!* sind eingetragen), später dann auch auf den Futterplatz und schließlich in den Stall gestellt werden. Sachbücher setzen immer mehr auf Begreifen durch Interaktion; beispielsweise zum Thema *der menschliche Körper* oder *Maschinen* werden Teile zusammengesetzt. Eine Supermarktkette verkaufte »Lernbücher« zum Thema *Feuerwehr*, bei denen es möglich ist, auf klobigen, schweren Seiten die Richtung eines Pappwasserstrahls zu verändern oder eine Leiter in Bewegung zu setzen. Die Frage bleibt offen, ob ein solches Buch die Realität wirklich näher rückt.

Jeder wird positive Beispiele für Interaktion finden wie beispielsweise *Klopf an!* von Anna-Clara Tidholm. Ein Kind klopft an Türen mit unterschiedlichen Farben, hinter denen sich interessante Szenen öffnen, beispielsweise Kaninchen am Esstisch und Bären beim Zubettgehen. Beim Anklopfen an die blaue Tür steht das Kind wieder draußen vor dem Eingang zum Haus. Der Inhalt leitet von Seite zu Seite weiter, weckt die Neugier durch das Umblättern, Anfang und Ende der Geschichte werden betont, was neben anderem mit dem Buchaufbau vertraut macht. Auch ohne viele Worte kann sich schon das Kleinste das Vorlesen dieses Buchs mit Klopfen wünschen.

Vielleicht wird sich der Vorleser oder die Vorleserin für die traditionelle Form entscheiden, denn interaktiv ist die Vorlesesituation allemal. Bilderbücher haben ganz unterschiedliche Formate. Es sollen sich Vorstellungskraft und Assoziationen entwickeln. Jeder Einzelne muss für sich entscheiden, was er für sein Kind auswählt, und beobachten, was dem Kind gefällt. Mancher findet vielleicht auch, dass der intensive (interaktive) Austausch mit der »vorlesenden« Bezugsperson, die an die Erlebniswelt des Kindes anknüpft, ausreicht, und verzichtet auf zusätzliche spannende (oder ablenkende) Elemente.

Etwas anderes ist die wertvolle Erfahrung, die man einem größeren Kind mit Fühlbüchern für blinde Kinder vermitteln kann. Da geht es beispielsweise um das Kleine Rauh, das zum Staunen des Kleinen Struppigen vierkantig geworden ist und über den Zick-Zack-Weg zur X-Blumenwiese kollert. Alles lässt sich mit dem Finger fühlend verfolgen. Später leitet das Fühlen auch zum Nacherzählen der Geschichte an.

Die sogenannten Wimmelbücher sind Bilderbücher mit inhaltsreichen Szenen, wo viele Einzelheiten Anlass zum Reden geben. Ali Mitgutschs *Rundherum in meiner Stadt* beschäftigte Paul, zweieinviertel Jahre alt, beim ersten Mal Anschauen 25 Minuten lang; am Ende begann er wieder von vorn. In Rotraut Susanne Berners *Wimmelbüchern* (*Frühlings-Wimmelbuch* und andere) sind die Szenen inhaltlich verknüpft. Das Kind kann die Personen, die auf der Rückseite abgebildet sind, suchen und bei ihren Tätigkeiten von Seite zu Seite erleben und sich angeregt fühlen, kleine Geschichten zu erzählen. Darüber folgt mehr im Kapitel 1.4.2 zum Aufbau von (Bilder-)Büchern.

1.4 Förderung der Wahrnehmung

Wenn der Erwachsene mit dem Einjährigen ein Bilderbüchlein betrachtet, ist ihm vielleicht gar nicht bewusst, was er an Erfahrung in visueller Darstellung mitbringt, Konventionen, die es ihm leicht machen, den abgebildeten Apfel – ganz gleich, ob mit oder ohne Schatten, mit oder ohne Umrisslinien, farbig oder schwarz-weiß, in Draufsicht oder frontal gesehen – als Apfel zu erkennen. Die kulturelle Erfahrung spielt eine bedeutende Rolle (vgl. Nodelman 1988: 1 ff.). Wenn einer, der weder Fotografie noch eine Banane kennt, ein Foto von einer Banane gezeigt bekommt und hört »Das ist eine

Banane«, wird er wenig damit anfangen können. Derjenige, der sowohl Fotos als auch Bananen kennt, kann sich aus seiner Erfahrung heraus das Objekt vorstellen. Wie konventionell gesteuert unsere Sichtweise ist, fällt auf, wenn ein Künstler sie durchbricht und neue Formen der Darstellung findet. In der Abbildung kann man nicht alles malen, sondern entwickelt Bild-Schemata, um die sichtbare Welt wiederzugeben. Der Illustrator, der sein Handwerk versteht, wird alle möglichen visuellen Mittel der bildlichen Darstellung einsetzen, um Bedeutung zu vermitteln. Die Freude beim Bilderbuchbetrachten liegt dann auch in dem Bestreben, solche Informationen im Bild zu finden und in Worte zu fassen. Der Erwachsene bringt sein konventionell geprägtes Sehen mit, bei kleinen Kindern ist es wohl eher umgekehrt: Sie lernen die Konventionen durch das Betrachten und reagieren auf diese Herausforderung oft genug mit Interesse und sogar Begeisterung. Sie deuten mit dem Zeigefinger nachdrücklich auf das Bild, äußern unter Umständen *Da!* und erwarten, dass der Erwachsene das Objekt benennt.

Beim Durchblättern eines Pappbändchens wie *Meine ersten Sachen* wird schnell klar, dass das Kind nicht nur lernen muss, dreidimensionale Objekte in zweidimensionalen Abbildungen wiederzuerkennen. Es ist noch viel mehr gefordert und sammelt Erfahrung im Bilderlesen:

- Der Ball sieht anders aus als der eigene Ball. Das Kind bekommt noch viel mehr Bälle zu sehen, die ebenso *Ball* genannt werden, und erweitert seine Vorstellung von dem Objekt beziehungsweise der Kategorie *Ball*.
- Das Kind kennt den Ball und andere Objekte in Bewegung. Bilder sind dagegen statisch. Es lernt allmählich, das Dynamische mitzudenken, beispielsweise wenn es später auf der Spielplatzseite ein schaukelndes Kind sieht oder im Park ein Kind betrachtet, das gerade – auf dem Bild – die Enten füttert.
- Die Objekte im Alltag kennt es mit kunterbuntem Hintergrund, aber im Buch schwebt beispielsweise der Ball auf einfarbigem Hintergrund.
- Die linke Seite zeigt das Kinderbett perspektivisch schräg und im Verhältnis kleiner als das Kind auf der rechten Seite, das den kleinen Betrachter anschaut. Es werden ihm also die Objekte aus verschiedenen Perspektiven präsentiert.
- Das Kind trägt denselben Ball in der Hand, der auf der ersten Seite abgebildet, aber hier kleiner ist. Meistens sind die abgebildeten Objekte kleiner als in der Wirklichkeit, aber im Maßstab ganz unterschiedlich verkleinert. Die Trommel links ist genauso groß wie das Spielzeugauto rechts. Es kommt auch vor, dass Marienkäfer, Haus, Baum und Vogel alle auf *einer* Seite und alle in *gleicher* Größe abgebildet sind. In *Bunte Bilder* (Bruna) ist der Hund ebenso groß wie das Haus.
- Spielzeug, Xylofon, Bär: Alle Objekte sind in perfektem Zustand, sauber und unbeschädigt. Das Kind kennt dagegen aus dem Alltag gebrauchte Dinge. Warum man in diesen Büchlein in der Regel nur Nagelneues findet, lässt sich vielleicht daraus erklären, dass Eltern es gerne haben, wenn ihre Kinder Spaß an Ordentlichem und strahlend Sauberem finden (Nodelman 1988: 29; 33 ff.).

- Der Naturschwamm findet sich in den meisten Badezimmern längst nicht mehr, manches Kind kennt kein Xylofon. In anderen Bilderbüchern sind es beispielsweise Bauernhoftiere, die Stadtkinder vielleicht nicht mehr aus der Wirklichkeit kennen. Der Eineinvierteljährige schöpft eines seiner ersten Wörter *Mamel* (= Kamel) aus seiner Bilderfahrung. Ein Kind lernt also auch schon in den frühesten Bilderbüchlein neue Objekte kennen, denen es dann vielleicht erst später oder überhaupt nicht in der realen Welt begegnet.
- Selbst wenn ein Plüschbär in brauner Farbe abgebildet ist, hat sein Fell im Bild doch nicht die verschiedenen Nuancen wie in der Wirklichkeit. Eine Wiese ist im Bild oft nur ein solider grüner Farbfleck, während das Kind sie mit lebendiger Struktur und verschiedenen Grüntönen erlebt.
- Außerdem lernt ein Kind etwas über den Bildaufbau: oben und unten, links und rechts, Vorder- und Hintergrund. Es macht erste Erfahrungen mit Text im Bild. Es lernt, den geschriebenen Text als etwas grundlegend anderes wahrzunehmen.
- Bilderbuch betrachten hilft dem Kind, das Wahrgenommene zu strukturieren, indem es mit Hilfe des Erwachsenen Wichtiges von Unwichtigem zu unterscheiden lernt. Beliebt sind die Bücher, die einzelne Szenen aus dem Alltag des Kindes in der Gesamtschau auf einer einzigen Doppelseite abbilden, wie in den sogenannten *Wimmelbüchern.* Auf einer Seite ist das Kind sogar mit einem aufgeschnittenen Haus konfrontiert. Was bietet die Abbildung vom Park, von der Baustelle oder dem Schwimmbad gegenüber der erlebten Wirklichkeit? Die Doppelseite beispielsweise mit dem Bild vom Park präsentiert dem Kind die Gesamtschau wie durch ein Teleskop (Rhian Jones 1996). Es kann *überblicken*, was es sonst nur in kleinen und kleinsten Ausschnitten wahrnimmt. Es denkt um: Es stellt sich die vielen einzelnen Szenen, die auf dem Bild statisch festgehalten sind, als dynamische Abläufe vor. Auf dem Winterbild beschäftigt Paul (2;3) die Einkaufstasche, die umfällt und aus der Äpfel, Orangen und Bretzeln herausfallen. Er kommentiert es mit Gesten und: *Um!*, was die Mutter entsprechend ergänzt. (Zu Wimmelbüchern als Gesprächsgrundlage vgl. Teil III, 1.2)

Was der Erwachsene mitbringt und was ihm beim Interpretieren von Bildern selbstverständlich erscheint, lernen die Kleinen erst und müssen, wie die Beispiele zeigen, ganz flexibel dabei werden. Kinder brauchen Zeit zum Betrachten. Aber sie brauchen auch den Erwachsenen und seine Hilfestellung, ohne dass daraus eine Unterrichtssituation wird. Die Beispiele zeigen, wie früh Kinder solche visuellen Fähigkeiten erwerben können und wie viel mehr von der Welt sich ihnen erschließt, wenn ihnen ermöglicht wird, bildliche Darstellung zu interpretieren und sich darin zu üben. Andererseits kann man auch die Defizite einschätzen, die Kinder haben, die bis zum Schuleintritt diese Erfahrungen im Bilderlesen nicht erworben haben.

Rhian Jones (1996) sieht schon im frühen Bilderbuchbetrachten eine Vorübung zum Lesen und Schreiben, beispielsweise wenn ein Kind auf einer Seite ein Objekt groß und allein abgebildet sieht, es aber dann dasselbe Objekt weiter hinten unter vielen anderen wiedererkennt. Ein Beispiel ist das Buch *Alle dürfen mit* von Anna-Clara Tidholm, wo der Hund, den der kleine Leser zuerst allein auf einer Seite sieht, später verschwindend klein auf der Ladefläche des Lastwagens zu sehen ist. In Paul Maars *Die Maus, die hat Geburtstag heut* verändern sich die mitgebrachten Geschenke; beispielsweise liegen sie anders auf dem Tisch und die Banane ist später angegessen. Jones vergleicht das mit dem Erkennen ein und desselben Buchstabens für verschiedene Laute. Man vergleiche dazu, wie unterschiedlich der Laut /o/ in *offen*, *Ofen*, *Vorderseite*, *Motor* klingt und immer mit dem Buchstaben *O* wiedergegeben wird. Mit dem Erkennen desselben Objekts in unterschiedlichen Abbildungen trainiert das Kind, denselben Buchstaben in unterschiedlicher Umgebung zu finden.

1.4.1 Umgang mit (Bilder-)Büchern

Im Buchformat gehören auch Bilderbücher für die Kleinsten nicht in die Spielzeugkiste, sondern sollten von Anfang an einen eigenen Platz haben, vielleicht in Reichweite des Kindes, wenn es schon einigermaßen zuverlässig damit umgehen kann; das gibt ihm die Möglichkeit auszuwählen. Sebastian (1;3) weiß genau, wo im Regal der Eltern sein Lieblingsbuch steht.

Mit den ersten Bilderbüchern lernt das Kind, mit Büchern umzugehen.

Anfang
richtig halten (nicht auf dem Kopf) Vorderseite: Titel Aufschlagen Umblättern zur nächsten Seite letzte Seite, zuklappen Rückseite
Schluss

Das Einjährige oder vielleicht auch der erst neun Monate alte kleine Leser bekommt keinen Unterricht darin, wie man mit einem Buch umgeht. Es kann durchaus sein, dass das Kind sich eine Weile die Bilder umgekehrt betrachtet, ehe es die konventionelle Betrachtungsweise übernimmt. Es ist aber wichtig, dass der Erwachsene gewisse Regeln beim »Vorlesen« einhält. Man beginnt vorn, auch bei den Büchlein mit wenigen Seiten. Übrigens: Nicht nur die Seitenzahl der Pappbände, sondern auch die Seitenzahl der Bilderbücher für ältere Kinder ist begrenzt; in der Regel sind es nicht mehr als 32 Seiten.

Die Aufmerksamkeitsspanne der Allerkleinsten ist kurz und das Umblättern ein Spannungselement: *Oh, was jetzt kommt!* Im Unterschied zu anderen Büchern sind die Seiten in Bilderbüchern nicht nummeriert, wohl auch, weil man Bilderbücher anders liest und eher hin und her blättert. Kinder wollen immer wieder zu ihrer Lieblingsseite. Bei Sebastian ist es die Seite, auf der sich der Kater von der rotbraunen Katze vom Boot aus winkend verabschiedet und Sebastian mitwinkt. Hendrik (1;8) schlägt das Bilderbuch in der Mitte auf. Die Mutter geht aber zum Anfang und beginnt dort, bleibt aber auch lange genug bei seiner Lieblingsseite, auf der einer winkt und Hendrik begeistert *Hallo, hallo, hallo!* ruft und seine Ärmchen schwenkt. Man kann bei erlahmendem Interesse des Kindes schnell weiterblättern, aber den Ablauf sollte man immer einhalten: Anfang – Mittelteil – Ende. Er spiegelt Gerüst und Entwicklung einer Geschichte wider.

Es wird später noch davon die Rede sein, dass Kinder Bilder anders wahrnehmen als Erwachsene (3.2). Sie beachten Details, die sie interessieren, und man muss ihnen Zeit lassen, alles in Ruhe zu betrachten. Man muss Geduld für Pausen haben, wenn das Kind mit Schauen beschäftigt ist, weil es erst lernt, Bilder zu verstehen. Schon in den ersten Bilderbüchern können Abbildungen mitunter Rätsel aufgeben. Damit das Kind selbst das Tempo bestimmen kann, ist es gut, wenn es früh lernt, selbst umzublättern. Um den Kleinsten dabei zu helfen, kann der Erwachsene die folgende Seite schon ein bisschen lockern.

1.4.2 Aufbau von (Bilder-)Büchern

Auch das Geschichtenerzählen, dessen Entwicklung eng an das Bilderbuchlesen geknüpft ist, beginnt mit den ersten Bilderbüchern. Ein Bild erstreckt sich entweder über die ganze Doppelseite, oder die linke und rechte Seite sind zwar getrennt, aber doch aufeinander bezogen, unter Umständen bedeutungs- und spannungsvoll. Auch in den ersten Pappbilderbüchern finden wir Beispiele, bei denen Abbildungen so kombiniert sind, dass sich daraus Handlungen konstruieren und kleine Geschichten erzählen lassen, beispielsweise mit Kinderbett links und Kind im Pyjama rechts. Ein anderes Beispiel sind die Gießkanne auf der einen, die drei Blumen auf der gegenüberliegenden Seite. Die beiden Seiten können aber auch Kontraste vermitteln wie Sonne und Regen durch einen Regenschirm, Hund und Katze oder Haus und Baum auf der Vorder- und Rückseite (Bruna, *Erste Bilder*).

Man wird darauf achten, dass immer nur eine Seite und nicht mehrere umgeblättert werden. Schon die frühen Bilderbücher unterscheiden sich beträchtlich in ihrem Aufbau. Manche haben eine lockere Struktur. Die Bilder können über eine Doppelseite gehen und lose aneinandergereiht sein, wie in Wimmelbüchern von Mitgutsch. Oder sie haben durch dieselben handelnden Personen einen inneren Zusammenhang, zeitlich und inhaltlich, wie in den Wimmelbüchern von Rotraut Berner. Wiederum anders ist die Struktur in *Was ist das?* von Antje Damm, wo jeweils zwei aufeinanderfolgende rechte Seiten zusammengehören. Ein Foto auf der rechten Seite, beispielsweise vier verschieden große, gleiche Knöpfe, bilden auf der folgenden rechten Seite die Schnauzen von vier Schweinen. Oder ein Knäuel Wolle auf der ersten Seite wird auf der zweiten Seite zum Schaf ergänzt, zwei Möhren werden zu Ohren eines Kaninchens. Hier werden auf spannende und überraschende Weise semantische Relationen hergestellt. Das Schriftbild der Frage auf der linken Seite korrespondiert irgendwie mit dem gezeigten Objekt, beispielsweise ist es ein Wollfaden beim Schaf. Der gleich bleibende Wortlaut wird sich allmählich einprägen. Auch auf der Schriftseite gibt es schon früh etwas zu entdecken. Sebastian (1;6) erkennt erst mal zu seiner größten Freude im Druckschrift-*T* einen Hammer. Man sieht, wie dieses Bilderbuch im Kleinformat auf lange Sicht Informationen bietet und den kleinen Leser herausfordert, sie zu entdecken. In den Bilderbüchern mit kleinen Geschichten wie in *Die kleine Raupe Nimmersatt* von Carle gibt es einen Zusammenhang vom Anfang bis zum Ende. Mit dem schönen Schmetterling am Schluss überblickt auch der kleine Betrachter den Werdegang der kleinen Raupe noch einmal. In *Matti macht sich Sorgen* von Browne werden dem Jungen die Ängste durch die Sorgenpüppchen genommen; das Ende lässt also die vorausgehenden Ereignisse in neuem Licht erscheinen. In *Der Grüffelo* von Scheffler/Donaldson bildet die Geschichte einen Spannungsbogen vom Anfang bis zum Ende. Das Kind erfährt, dass die Reihenfolge von links nach rechts meistens auch eine zeitliche Abfolge bedeutet. Alles das sind wichtige Leseerfahrungen.

1.5 Was zeichnet die Vorlesesituation aus?

1.5.1 Geborgenheit und gemeinsame Perspektive

Die Vorlesesituation ist das Bild inniger Gemeinsamkeit zwischen der Mutter (oder einer anderen Bezugsperson) und dem Kind. Die Mutter sitzt am Tisch oder auf dem Sofa, in einem Sessel oder im Schneidersitz auf dem Boden, das Kind schmiegt sich eng an oder sitzt auf dem Schoß – anfangs oft eingeschlossen in den Armen, die das Buch halten. Diese Nähe oder auch Enge sind förderlich für Konzentration und Kommunikation, zu der auch die Mitteilung von Gefühlen gehört. Sie bietet gleichzeitig Geborgenheit. Auch Siebenjährige rücken noch näher an den Vorleser heran, wenn es allzu aufregend wird.

Kind und Vorleserin haben dieselbe Perspektive, und jeder merkt, wie der andere reagiert. Interesse und Emotionen teilen sich mit. Das gemeinsame Erleben ist ein wichtiges Element und ganz gewiss unabdingbar beim ganz frühen Bilderbuchbetrachten. Man muss sich klar machen, welchen großen Einfluss der Erwachsene in dieser Situation hat: Er beeinflusst die Gefühle des Kindes, er vermittelt Werte und Wissen und ist Vorbild im Zuhören und Austauschen. Hier wird der Grund gelegt für eine Einstellung zum Lesen, die auch im Schulalter wünschenswert ist, wenn das Kind selbstständig liest. Sprechen über Gelesenes, gemeinsame Freude daran und gedanklicher Austausch darüber gehören zur Allgemeinbildung, sodass das frühe Bilderbuchbetrachten und Vorlesen auf mehr als nur das selbstständige Lesen vorbereitet. – Überträgt man die Situation auf Verhältnisse in Kindertagesstätten und ähnlichen Einrichtungen, so empfiehlt sich, beim Vorlesen kleine Gruppen mit maximal fünf Kindern zu bilden, um Nähe und die Möglichkeit zum Gespräch zu erhalten.

Das Schöne an dieser Vorlesesituation ist auch, dass sie umkehrbar ist. Später kann das Kind dem Erwachsenen den Text teilweise »vorlesen«, beispielsweise das Dreijährige, das das Buch von Paul Maar, *Die Maus, die hat Geburtstag heut* durch Reimform und Textwiederholungen zu großen Teilen auswendig kann. Der fünfjährige Jonas »liest« der Großmutter *Der Grüffelo* vor. Wenn diese Situation vertraut und geübt ist, kann sie auch bei Leseschwierigkeiten im Schulalter hilfreich sein. Angelsächsische Leseförderprojekte bauen darauf auf. Sie beziehen immer die Eltern mit ein. Kinder nehmen Bücher mit nach Hause und lesen Eltern vor, und Eltern sollen ihre Erfahrungen den Lehrern mitteilen. Bei Leseschwierigkeiten gibt es die Form von *Lesen zu zweit* (*paired reading;* Topping 1996). Die Mutter (oder ein anderer Erwachsener) liest mit dem Kind zusammen den Text, richtet sich zuerst ganz nach dessen Tempo, lobt und verbessert nach bestimmten Regeln. Schwierige Wörter werden auf Kärtchen geschrieben und gesondert geübt. Ähnlich erklärt die Überschrift schon die Methode: *Pause, Prompt, Praise*, was sich mit *Abwarten, Soufflieren, Loben* übersetzen lässt (Glynn 1996). Das alles funktioniert am besten, wenn Vorlesen eine schon lange eingeübte Gewohnheit ist.

1.5.2 Vorlesen als Ritual

Immer wieder wird hervorgehoben, dass Vorlesen als Ritual in den Tagesablauf eingebaut sein soll. Es soll eine Zeit relativer Ruhe sein, auf die sich Kind und Vorleser freuen. In der *Regelmäßigkeit* – das gilt auch für Kindertagesstätten und Kindergärten – liegt der Wert, den ein solcher Tagesprogrammpunkt dann auch später im Schulalter haben kann. Abends vor dem Einschlafen ist Vorlesen eine schöne Sitte, aber ein Kind ist dann schon müde und weniger aufnahmefähig. Für das Leseritual (Lesestündchen) sollte man eine Zeit wählen, die sich wohl nach dem Familienprogramm richten muss, aber doch so liegt, dass das Kind noch ganz wach und aufnahmebereit ist, am Morgen oder am Nachmittag. Das folgende Beispiel verdeutlicht den Unterschied:

Nils (2;3) ist schon ein großer Bilderbuchfreund, aber beim Vorlesen hört er nicht lange zu beziehungsweise lässt sich ablenken, auch wenn es nur zwei oder drei Zeilen pro Doppelseite sind. Anders ist es abends vor dem Einschlafen. Dann hört er sich ganze Märchen an, die sich seine vierjährige Schwester wünscht, und – das ist bezeichnend – er wünscht sich auch keine eigene Geschichte. Lesezeiten am Morgen sind noch Dialoge, da wird gelesen, was sich das Kind aussucht, und es wird darüber gesprochen. Am Abend sind Kinder oft zu müde dazu. Außerdem ist ihnen meist alles recht, was das Lichtlöschen hinauszögert.

In der Leseförderung in der Grundschule beziehungsweise Primarstufe geht es auch immer um eine ruhige Leseecke, in die sich die Kinder zurückziehen können. Je nach Möglichkeit sollte ein Kind, wenn es größer wird und selbst liest, eine ruhige Ecke finden, und sei es hinter seinem abgerückten Bett.

Das Idealbild vom Leseritual, das Psychologen und Erzieher entwerfen, entspricht oft nicht der Familiensituation. Was beim ersten Kind noch möglich ist, geht bei zwei oder mehreren Kindern verschiedenen Alters nicht mehr so leicht. Aber Mühe lohnt sich. Kinder sind anpassungsfähig und richten sich nach Vorbildern, auch unter den Geschwistern. Nils »liest« mit zweieinviertel Jahren Bilderbücher auch oft schon so selbstständig wie seine vierjährige Schwester. Lesen als Teil des Alltags, auf den sich beide, das Kind und der Vorleser, freuen, sichert die Einstellung zum Lesen, wenn das Kind größer wird. Die Situation lässt sich, wie oben beschrieben, abwandeln, beispielsweise kann das Kind der Mutter, einem anderen Erwachsenen oder einem jüngeren Geschwisterkind vorlesen. Ein Beispiel aus der Praxis ist ein Projekt zur Leseförderung, bei der im Rahmen der Kinder- und Jugendbücherei jeweils ein Grundschulkind einer kleinen Gruppe von Vorschulkindern vorliest, seine Erfahrungen aufschreibt und darüber spricht.

1.5.3 Frühe Dialoge

Frühe Dialoge laufen recht stereotyp ab. Der Erwachsene gebraucht Fragen und Hinweise, reagiert emotional auf Äußerungen des Kindes, sei es nun *Da!* oder *Wau-wau*, oder er geht schon allein auf Zeigen oder gar nur auf Blicke des Kindes ein. Die Initiative kann also von beiden Partnern ausgehen.

Typische Fragen und Hinweise des Erwachsenen sind:

Wo ist ...?
Was ist das?
Wie macht ein ...?
Siehst du ein ...?
Guck mal / Schau mal, ein ...
Da ist ein ...
***Pferd**, das ist ein **Pferd**.*

Der Erwachsene nimmt Äußerungen des Kindes auf, ergänzt und erweitert sie. Er bestätigt das Kind, spricht ein Wort vor, betont es und freut sich mit über das Gelingen, wenn das Kind es nachspricht. Er lenkt auch das Augenmerk auf ein neues Objekt und benennt es. Dabei wird er so viel wie möglich an die Erfahrungswelt des Kindes anknüpfen.

Ein Beispiel für die typische Form mit sanfter Verbesserung und Erweiterung:

Kai, zeigt: *Katz!*

Vorleser, begeistert, ausdrucksvolle Stimmführung: *Katze. Das ist eine Katze. Kai hat auch eine Katze.*

Das Kind hört ein Wort isoliert, als Einzelwort, oder in einem stereotypen Satz: *Pferd. Das ist ein Pferd.* In dieser isolierten Form ist es leichter, ein Wort als Einheit zu identifizieren als im Sprachfluss. Das Wiederholen eines Wortes hat einen wertvollen Übungseffekt, den jeder kennt, der einmal eine Fremdsprache gelernt hat. Dabei prägt sich die Aussprache ein, und zum Lernen der Bedeutung trägt die Abbildung bei. Es unterstützt die Speicherung im mentalen Lexikon: Ein Wort wird mit Lautform und Bedeutung im Gehirn abgespeichert.

Das Beispiel zeigt schon die Lernmöglichkeiten, die sich dabei eröffnen und die in Langzeitstudien wiederholt beobachtet wurden. Vorrangig ist aber immer die Freude des Kindes am Bilderbuchbetrachten. Das wird letztlich auch der Grund sein, warum der Vorleser am Anfang möglichst eine enge Bezugsperson des Kindes sein sollte, und zwar möglichst immer dieselbe, damit sie auf jeder Seite immer dieselben Fragen stellt und dieselbe Reihenfolge einhält. So kann sich das Kind am besten beteiligen, denn der Wunsch jedes Vorlesers ist es, dass ein Gespräch in Gang kommt und glückt.

Das Kind lernt, dass mit *Hund* nicht nur der große braune Nachbarhund mit struppigem Fell gemeint ist. Im Bilderbuch sieht es noch ganz andere Hunde und lernt, dass mit *Hund* auch ein kleiner gefleckter mit glattem Fell oder ein noch ganz anders aussehender gemeint sein kann. Mit Anfang zwei ordnet es seinen Wortschatz neu und beginnt, Kategorien zu bilden wie der Erwachsene. Es liegt auf der Hand, dass das Bilderbuchbetrachten die Kategorienbildung fördert durch Üben: Farben zu Farben, Bewegungen zu Bewegungen etc. Je mehr das Kind sich darin übt, desto besser geht es.

Paul (2;2) interessiert sich auf dem Bild vom Park für die Schwäne.

Vater: *Das ist ein Schwan.*

Paul sieht anderes an, dann wieder die Schwäne.

Vater: *Das ist ein Schwan, Schatz.*

Paul schaut ganz genau hin: *Nein, quack.*

Der lange Hals und die weiße Farbe sind für Paul noch nicht Anlass genug, aufgrund dieser Merkmale eine neue Kategorie zu bilden. Das kommt aber als Nächstes. Der

Vater akzeptiert es, während die Mutter bei der Kutsche, die Paul als Auto einordnet, *brmm, brmm*, einfach den Satz wiederholt: *Das ist ein Kutsche. Da steigen die Leute ein und fahren darin.* Auch die Alltagsroutinen bieten Möglichkeiten, die Äußerungen des Kindes zu wiederholen, zu ergänzen und zu erweitern und so seine Sprachentwicklung zu fördern. Aber im Bilderbuch bleibt die abgebildete Szene immer genau dieselbe, sodass sprachliche Wiederholungen sich eher ergeben und durch die Konzentration beim Lesen mehr Effekt haben. In je mehr Kontexten ein Kind ein Wort hört, desto klarer wird ihm die Bedeutung.

Der Zweijährige übt sich im Bilden von Kategorien und in Ordnungsprinzipien des Lexikons. Die Bilder laden zum Lernen ein.

- *Gegensatzpaare:* Das Kind lernt Gegensatzpaare wie *raus/rein, Frau/Mann, voll/leer.* Auf der Bilderbuchseite mit Treppenhaus sagt Paul (2;2): *Runter.* Vater: »Da geht man runter und …?« Paul überlegt länger und sagt dann leise, wohl aus Unsicherheit: *rauf.* Die Eltern staunen und sind hocherfreut: »Richtig!« Das Gegensatzpaar *runter/rauf* wird von Kindern eigentlich erst spät erworben, aber offenbar hilft die Anschauung dem Kind, die Assoziation herzustellen.

- *Ober- und Unterbegriff:* Zuerst stehen alle Wörter auf einer Ebene, und *ein* Wort bezeichnet nur *ein* Objekt, aber das Kind akzeptiert es, wenn der Erwachsene Oberbegriffe verwendet, und kann sich selbst schon auf ein und dasselbe Objekt mit zwei Wörtern beziehen. Eine Studie weist nach: Wenn ein Kind Oberbegriffe mit zwei Jahren öfter hört, tauchen sie schon in seinem Wortschatz im Alter von drei Jahren auf. Auf der Baustellenseite verweist der Vater auf die Werkzeuge. Er fragt Paul (2;2): *Wer hat denn auch viele Werkzeuge?* Paul: *Der Papa.* Dazu macht er bummbumm und hat sicher einen Hammer vor Augen. Bilderbücher bieten reichlich Gelegenheit, Dinge aus unterschiedlichen Bedeutungsperspektiven zu sehen. Mit gerade mal zwei Jahren (oder schon mit 1;7) können Kinder beispielsweise *Tier* und *Katze* auf dasselbe Objekt beziehen, mit drei und vier Jahren schon drei Namen wie *Rose, Pflanze, Blume* auf ein Objekt. Man stellte fest: Erwachsene neigen dazu, erst ein ganzes Objekt, dann Teile davon zu benennen, das heißt erst *Kaninchen,* dann *Ohren* (Clark 2003: 148 ff.). Man erkennt, wie viel Bilderbücher beitragen können, das Lexikon zu ordnen.

- *Semantisches Feld:* Im Zusammenhang mit der Teleskopansicht, die Bilderbücher bieten, war schon von *semantischem Feld* die Rede. Wörter werden mit einem bestimmten Bedeutungsfeld assoziiert: alles, was zum Spielplatz, zur Baustelle, zum Schlafengehen, am Esstisch dazugehört. Das Zusammenordnen erleichtert das Lernen der Bedeutung. Es hilft außerdem beim Geschichtenerzählen und später bei Bildbeschreibungen.

Außer dem Wortschatz profitiert auch die kindliche Grammatik. In der mündlichen Sprache benutzt man in der Hochsprache in der Regel das Perfekt, um Vergangenes auszudrücken, beispielsweise: *Er hat gesagt, sie sind gegangen;* nur bei *sein* und in einigen Ausdrücken kommt auch in der Umgangssprache das Präteritum vor, beispielsweise *wir* ***waren*** *im Zoo*; … *Da* **kam** *er um die Ecke* …. Erzähltempus ist im Deutschen das Präteritum, beispielsweise *er sagte, er ging/kam/rief/schrieb.* Kinder begegnen diesen Formen nur in ihren Bilderbüchern. Der Fünfjährige hatte *Der Grüffelo* schon Dutzende Male gehört und selbst auswendig aufgesagt, als er fragte: »›*Floh*‹, *heißt das* ›*er ist weggelaufen*‹*?*« Kinder im Vorschulalter nehmen diesen stilistischen Unterschied wahr und erzählen Geschichten im Präteritum.

Die ersten Bilderbücher haben einfache Texte, bei denen sich Phrasen und Sätze wiederholen, die sich Kindern einprägen. Als Beispiel soll das Buch von Paul Maar, *Die Maus, die hat Geburtstag heut* in Reimform dienen. Zum allergrößten Teil besteht der Text aus wörtlichen Wiederholungen, die sich wie Leitmotive mit jedem Gast verbinden. Sie sind zur Verdeutlichung im Folgenden **fett** gedruckt, nur der Rest des Reims variiert je nach dem Tier, das eintrifft. Das Thema Geburtstag, Rätsel, Überraschung, Geschenke und ein lustiges Fest zum Schluss: Das sind alles Motive, die Kindern Freude machen. Die Wiederholungen regen zum Mitsprechen an und ermöglichen es schon Dreijährigen, selbst »zu lesen«, das heißt sich an den Bildern zu orientieren. Reime und einfacher Rhythmus erleichtern das Auswendiglernen, und dies wiederum fördert den Spracherwerb.

Die Maus, die hat Geburtstag heut.

Gleich kommt Besuch, der sie sehr freut.
(Schnauze/Maul/Schnabel des jeweils neuen Gastes, der sein eingewickeltes Geschenk entgegenstreckt, ist auf dem linken Blatt schon sichtbar)

Welches Tier kommt denn hier und will der Maus was schenken?
(Umblättern und Lüften des Geheimnisses)

Der Elefant kommt angerannt und will der Maus was schenken.

Nun schau gut hin und gib gut Acht:

Was hat der Elefant gebracht?
(Ausgewickeltes Geschenk: ein aufziehbares Spielauto)

Dann kommt das Schwein: **Welches Tier etc.**

Maar, Paul (1997), *Die Maus, die hat Geburtstag heut* (Oetinger: Hamburg)

Unter dem Gesichtspunkt des Spracherwerbs regen Reime zum kreativen Umgang mit der Sprache an, sie entwickeln und üben aber auch die Fähigkeit, Laute zu unterscheiden. Eine englische Langzeitstudie mit 66 Kindern zwischen drei und vier Jahren (3;4–4;9) weist einen Zusammenhang zwischen frühem Buchstabenerkennen und Lesen einerseits und Reimen andererseits nach (Maclean et al. 1987: 262; 273–276). Man fragte die Kinder nach Reimen, die sie kannten, ließ sie zunächst Reimpaare finden und selbst Reime ausdenken. In der vierten Testsituation zeigte man den Kindern zuerst die Buchstaben ihres Namens, dann die Anfangsbuchstaben von *mommy/mother, daddy/father*, also *m, d, f* beziehungsweise *M, D, F.* Auf Wortkarten zeigte man ihnen dann zwölf gängige Wörter und notierte, ob ein Kind ein Wort lesen konnte. Man zog Plastikbuchstaben hervor und notierte, ob ein Kind den Buchstaben oder den Laut benannte oder – selten – ein Wort nannte, das mit diesem Buchstaben beginnt. Die allerwenigsten konnten ein Wort lesen (53 von 66 konnten es *nicht*), aber die meisten waren fähig, mindestens *einen* Buchstaben zu erkennen. Man stellte fest: Wer mit drei Jahren traditionelle Reime kannte, konnte auch Reimwörter identifizieren und erkannte jetzt – ein Jahr später – Buchstaben beziehungsweise Laute in Wörtern und einzelne Buchstaben. Die Ergebnisse sind besonders interessant, weil diese Entwicklung nicht von der Intelligenz des jeweiligen Kindes abhängt, sondern sich entsprechend der Studie aus dem frühen Reimlernen herleiten lässt. Reimen fördert die Wahrnehmung von Lauten und später die Assoziation mit Buchstaben. Jedes normal entwickelte Kind kann so gefördert werden. Frühe Reimer beginnen früher zu lesen. Der Spaß mit Reimen in Geschichten, Liedern und Büchern mit Kinderversen, traditionell und neu, gibt demnach dem Lernen auf dem Weg zu *Literacy* wichtige Impulse. Das wird nicht nur für Eltern, sondern auch für ErzieherInnen in Kindergärten und Kindertagesstätten wichtig sein zu wissen.

Folgende Texte eignen sich also besonders gut für den Kinderalltag:

- Bilderbücher mit einem Text in Reimen,
- Kinderlieder wie *Ri-ra-rutsch, wir fahren mit der Kutsch, Tra-ri-ra, der Sommer, der ist da* oder aus *Des Knaben Wunderhorn*: *Widele, wedele, hinter'm Städele,*
- der große Schatz von traditionellen Reimen wie *Ilse, Bilse, keiner will se, kam der Koch, nahm sie doch.* Spiele wie *Ringel-ringel-rose* oder Fingerspiele wie *Das ist der Daumen, der schüttelt die Pflaumen,* und natürlich auch
- Werbeslogans wie *Haribo macht Kinder froh und Erwachs'ne ebenso.*

Kinder spielen mit Wörtern, indem sie schon mit drei Jahren Reimpaare bilden und Reime erfinden (vgl. Maclean et al. 1987):

Philipp sagt im Bett vor sich hin: *Lieber, leber, lieber* (lacht, nach 3 Min. streichelt er die Mutter) *Liebe Mama, liebe Wurstmama, Leberwurst* (lacht). (3;0.2)
Da fiel mir was ein, ich bin doch kein Schwein. (3;3.11)

Man kann den Lerneffekt durch Reime hervorheben, aber man muss es einmal erleben, wie groß das Vorlesevergnügen bei Büchern mit Reimen ist, wenn beispielsweise in der Kinderkrippe die Kinderschar zwischen ein und drei Jahren zuhört, wenn *Der Grüffelo* vorgelesen wird. Die Kinder erwarten die Reimwörter gespannt und ergänzen sie voll Begeisterung. Reime machen Spaß!

Nebenbei erfährt ein Kind in den kleinen Dialogen von Anfang an Grundregeln der Konversation, denn es erlebt schon auf der frühesten Stufe jedes Mal das, was ein gelungenes Gespräch ausmacht:

- Die Sprecherin knüpft an die Interessen des Hörers (hier: des Kindes) an,
- sie möchte die Anteilnahme des Hörers gewinnen,
- sie passt sich dem Hörer an (hier: an Sprachvermögen und Wissen),
- sie versucht, ihn zu beeinflussen,
- sie achtet auf seine Reaktionen,
- sie prüft, ob sie verstanden wird.

Das Kind erwirbt dadurch Grundlagen kommunikativer Kompetenz (vgl. Teil III).

1.5.4 Entwicklung von Persönlichkeit und Individualität

Rhian Jones macht eine interessante Feststellung: Beim Spracherwerb geht es vor allem um Nachahmung und Sozialisierung; die Sprache öffnet dem Kind den Weg in die Gemeinschaft. Bücher sind Teil unserer Kultur. Vertraut werden mit Büchern ist einerseits ein Sozialisierungsprozess, aber die Entwicklung geht auch in die entgegengesetzte Richtung und hat mit der Persönlichkeitsentwicklung des Kindes zu tun, mit seiner Individualität (1996: 52 f.). Von Anfang an bleiben individuelle Vorlieben des Kindes mitbestimmend. Es wählt sich schon bald selbst aus, was vorgelesen werden soll. Es entdeckt Parallelen zum eigenen Leben, identifiziert sich mit Figuren, die ihm gefallen. Es bestimmt beim Lesen, wie lange es bei den Bildern verweilt, und äußert, was ihm einfällt.

Beim Vorlesen mag letztlich die Perspektive des Erwachsenen dominieren, aber das Kind soll immer die Freiheit für eine eigene Meinung haben. Sebastian (1;2) sucht aus, was gelesen werden soll, und hat längst nicht jedes Mal Lust auf sein Lieblingsbuch. Nils (2;3) gefallen Lastwagen, aber in das Buch *Alle dürfen mit* mit einem Lastwagen auf der Titelseite schaut er nur kurz hinein und weist dann das Vorleseangebot mehrmals energisch zurück. Mit so wenigen Objekten, auf einigen Seiten nur eines, interessiert es ihn nicht. Beim Lesen findet er, dass der Abschleppwagen auch kaputt ist, und bleibt bei seiner Meinung. Mit dreieinviertel Jahren bevorzugt Philipp ein Bilderbuch, von dem er weiß, dass es der Mutter nicht gefällt: *Das Entlein wollte baden gehen*. Genau dieses Buch will er vorgelesen haben und berichtet der Mutter tags darauf, dass er sich genau dieses Buch, das die Großmutter geschickt hatte, angeguckt habe: *Das war ein tolles Buch* (3;3.30).

Kinder entwickeln schon früh eine Eigenständigkeit gegenüber dem Erwachsenen. Nelson (1973) stellte folgenden Unterschied zwischen Kindern fest: Die einen lieben es, auf Dinge zu zeigen und sie zu benennen. Ausgehend von *Referenz* (ein Wort *referiert* auf ein Objekt), spricht man von *referenziellen* Kindern. Andere wiederum sind mehr an dem interessiert, was um sie herum vorgeht, an menschlichen Beziehungen und Aktivitäten. Man spricht von *expressiven* Kindern. Beim Bilderbuchbetrachten zeigt und entwickelt sich diese Individualität. Für Eltern und Betreuer wird es interessant sein, solche Beobachtungen zu machen: Sie sehen, wofür sich das Kind besonders interessiert, beispielsweise welche Bilderbücher es bevorzugt, und stellen sich darauf ein. *Referenzielle* Kinder werden ein Bilderbuch mit vielen Einzelobjekten bevorzugen: den Zoo mit vielen Tieren und die Baustelle mit vielen verschiedenen Fahrzeugen. *Expressive* Kinder lieben eher ein Buch mit Alltagsszenen wie beim Baden oder Einkaufen. *Expressive* Kinder gebrauchen mehr Pronomen, beispielsweise *es/das, er/der* etc.; Ausdrücke sozialen Kontakts *(sozial-expressive Wörter)* gehören dazu. Paul verfügt über *nein* mit 1;6, spricht von seiner Person als *ich*: *Ich sitz* und sagt auffordernd am Tisch *Petit* (= ›guten Appetit‹) mit 1;7.– Die Mehrzahl der Kinder ist allerdings nicht eindeutig dem einen oder anderen Typ zuzuordnen (Bloom 2000).

Beim Bilderbuchbetrachten geht es auch um ästhetische Erziehung. Gemeint sind beispielsweise die Qualität der Bilder, Farben, die Darstellungsweise von Natur und Menschen, die Anordnung der Objekte im Bild. Bilderbücher unterscheiden sich sehr stark. Der Erwachsene muss auswählen, aber er sollte dem Kind die Möglichkeit geben, auch in dieser Beziehung seine eigenen Vorlieben frei zu entfalten. Die Buchhandlung oder besser noch die Leihbücherei eignen sich dazu, die Vielfalt zu entdecken. Beispielsweise sagt manchem Erwachsenen vielleicht die verzerrte Darstellung von Menschen im Comicstil nicht zu, wie beispielsweise im Bilderbuch *Die Hempels räumen auf* von Brigitte Luciani. Die Familie sucht den Schneebesen zum Kuchenbacken und räumt dabei das häusliche Chaos auf. Die Szenen werden aus wechselnder Perspektive gesehen, zum Schluss von oben. Man kann abwarten, wie sich das Kind zurechtfindet. Jedenfalls sollte der Erwachsene offen sein für die vielfältigen Möglichkeiten der Bilderbuchgestaltung. Tatsache ist, dass man oft erst beim Vorlesen merkt, welche Qualitäten ein Bilderbuch besitzt.

1.5.5 Wiederholung und Fortschritt

Jeder kennt die Situation: Ein Kind holt immer wieder dasselbe Buch zum Vorlesen, auch dann noch, wenn es die Hälfte und mehr auswendig kann. Wer sein Kind mit in die Bücherei nimmt, kann erleben, dass es ein über das andere Mal immer dasselbe Buch ausleiht. Psychologen erklären es damit, dass Kinder ein Bilderbuch jedes Mal anders und neu sehen. Beim Betrachten anspruchsvoller Bilderbücher dringen Kinder jedes Mal in tiefere Bedeutungsschichten vor (vgl. 1.8). Wiederholung ist hier wichtiger als Abwechslung, was in der heutigen Zeit eines Hinweises wert ist. Vorlesen, unter Umständen desselben Buchs im Kindergarten oder in der Kita, ist nichts Spektakuläres, wo es heute oft um neue Anreize geht. Beim Vorlesen ist Wiederholung die beste Unterhaltung und mehr als das.

Man beobachtete, dass in der Regel der Vorleser sich danach richtet, was die Aufmerksamkeit des Kindes weckt, und nur allmählich den Blick auf anderes, thematisch Wichtiges lenkt und beim wiederholten Lesen immer vom Bekannten ausgeht. Er fügt bislang nicht beachtete Details hinzu, aber lässt einiges einfach durchweg unbeachtet. Diese Vorlesestrategie überfordert ein Kind nicht, weder inhaltlich noch sprachlich. Gleichförmigkeit und Wiederholung sichern dem Vorleser die aktive Beteiligung des Kindes. Es kann jedes Mal mehr beitragen, und nichts macht beiden Beteiligten mehr Spaß als der gelungene Dialog.

Beim Aufschlagen der Zirkusseite klatscht Hendrik (1;8) über dem Kopf in die Hände. Die klatschenden Zuschauer machen ihm erst einmal beim Betrachten der Zirkusszene am meisten Spaß und die Mutter beachtet deswegen zuerst die Zuschauer. Dann wird sie den Blick aber bestimmt auch auf die Vorführungen der Tiere lenken.

Kinder lernen Wörter als Einzelwörter und im Situationszusammenhang, also beispielsweise die einzelnen Tiere, aber auch alle Tätigkeiten auf dem Bauernhof. Wie Zweijährige ihren Wortschatz neu ordnen, wurde oben dargestellt. Dazu gehört auch die Zusammenordnung in einem *semantischen Feld*. Wörter gehören jedoch meist verschiedenen semantischen Feldern an, beispielsweise wird ein Zweijähriger *Glas* erst einmal mit dem gedeckten Tisch und Trinkgefäßen assoziieren und nicht als Behälter oder Material verstehen. Das Kind lernt also Wörter zunächst in einem verständlichen und anschaulichen Sinnzusammenhang. Ferner gilt natürlich, dass Wiederholen dem Einprägen dient. Das Bilderbuchlesen bietet noch weitere günstige Lernbedingungen: Die Bedeutung eines Wortes lernt ein Kind aus den unterschiedlichen Kontexten, in denen das Wort steht (vgl. Teil II, 2.6). Zum Beispiel kommt das Verb *fallen* im Kinderalltag oft vor; das Bilderbuch führt dem Kind dann wiederholt vor Augen: *Die Frau fällt hin, die Tasche fällt um, die Sachen fallen raus / sind rausgefallen.* Neue Assoziationen entstehen. Allmählich formt sich das Konzept von *fallen* als einem Bewegungsverb mit einer Richtung (›nach unten‹).

Wenn das Kind nun mit Szenen konfrontiert wird, die es noch nicht erlebt hat, wird der Vorleser behutsam Wissen einfließen lassen. Rhian Jones (1996) beschreibt, wie bei der Strandszene der vorlesende Vater immer von dem weinenden Jungen ausgeht, der gerade von einem Krebs gezwickt wird, weil das Kind daran so stark Anteil nimmt. Sie stellt fest, dass Erwachsene die Tendenz haben, beim Betrachten solcher Szenen die Menschen in den Mittelpunkt zu stellen, beispielsweise beim Zirkus den Zirkusdirektor. Es entspricht offenbar dem kindlichen Interesse. In einer Untersuchung fällt auf, dass Vorschulkinder auch in Sachbüchern wie über Wetter und den Schmetterling nach Personen fragen (Shine & Roser 1999).

1.5.6 Lerneffekte, die Geschichten erzählen, lesen und schreiben fördern

Im Folgenden werden die Gesichtspunkte zusammengestellt, die zeigen, wie frühes Bilderbuchbetrachten *Literacy* fördert:

- Durch Vereinfachen, Betonen, Auswählen, Unterscheiden von inhaltlich Wichtigem und Unwichtigem ergeben sich Erzählmuster für Geschichten.
- Das Kind lernt die Wahrnehmung von Bildern, indem seine Aufmerksamkeit auf typische Merkmale der Objekte gelenkt wird, beginnend mit den allerersten Bilderbüchern. Die Objekte kehren in unterschiedlichen Zusammenstellungen wieder; das Kind wird sie trotzdem wiedererkennen und etwas üben, was es später beim Lesen und Schreiben braucht, nämlich Buchstaben und Laute in unterschiedlicher Umgebung zu identifizieren.
- Reimen mit drei Jahren fördert frühes Lesen.
- Durch die Bildstruktur und das Verhältnis von Bild und Text erwirbt ein Kind eine Vorstellung davon, wie Bild und Text in einen begrenzten Raum eingepasst sind, auf einer Seite beziehungsweise einer Doppelseite, so wie es später die Papierseite beim Malen als Begrenzung vorfindet und die Heftseite beim Schreiben.
- Das Kind erwirbt Weltwissen und assoziiert es mit bestimmten Situationen und sprachlichen Zusammenhängen. Wissen von der realen Welt und wachsende sprachliche Ausdrucksfähigkeit bilden die Grundlage für Lesen und Schreiben, aber Wissen ist auch Stoff für kommunikative Kompetenz.

Aus dieser Übersicht ergibt sich, was das Fernsehen nicht bieten kann, nämlich vor allem die affektive Seite des Bilderbuchbetrachtens, die die Allerkleinsten fesselt. Der Vorlesende knüpft an die Erlebniswelt des Kindes an, erwähnt beispielsweise das Joghurt, das dem Kind so schmeckt, oder spricht jedes Mal zuerst von der Katze, die das Kind liebt. Vorlesen sollte zuerst die Person, die mit dem Alltag des Kindes vertraut ist. Bei einem Dreijährigen mit viel Leseerfahrung wird das weniger wichtig. Wenn das Kind zuzuhören schon gelernt hat, wird es sich alle möglichen Personen im Haushalt suchen, denen es seinen Bücherstapel zum Vorlesen bringt, beispielsweise älteren Geschwistern und Gästen.

1.6 Bilderbuch lesen auf verschiedenen Altersstufen (1, 2, 4 und 5 Jahre)

1.6.1 Bilderbuch lesen mit Einjährigen (1;2 und 1;8)

Im Folgenden werden die Rollen des kleinen Zuhörers und der vorlesenden Person anhand von Vorleseszenen auf verschiedenen Altersstufen unter die Lupe genommen. Der erste Dialog ist der Literatur entnommen, für die anderen liegen Videoaufnahmen vor; es liest jeweils die Mutter ihrem Kind vor. Bei den beiden Kindern Ceri und Hendrik ist Lesen schon längst zu einer täglichen Gewohnheit geworden. Sie können stillsitzen, schauen, zuhören und mitreden. Die Initiative geht von beiden aus, Mutter und Kind.

Die Szenen sollen im Einzelnen die verschiedenen, oben dargelegten Aspekte illustrieren.

Mutter	Ceri (1;2)
Identifiziert Hauptperson der Geschichte	
Oh, Wheezy, wer kommt herein?	
	Zeigt auf Hauptperson.
Es ist Roy, fein.	
	Zeigt auf Katze. *Pussy.*
Da ist Pussy.	Zeigt auf Teddy.
Und Teddy, ja, fein.	
Verfolgt die Geschichte weiter	
Und da ist Rence. Er steht an der Tür.	
	Jones 1996: 56, übersetzt

Die Mutter hat auf dieser Stufe die Rolle, die beiden Welten, die der Bilderbuchgeschichte und die des Kindes, zu überbrücken. Sie ist mehr Text*schöpferin* als Text*leserin*, was ihr gelingt durch ihre genaue Kenntnis von dem, was das Kind erlebt und sich vorstellen kann. Sie liest den Text nicht vor, aber sie lässt auch den roten Faden der Geschichte nicht aus den Augen, sondern knüpft daran an. Ceris Mutter nennt die Hauptperson der Geschichte, und als Ceri auf die Katze achtet und einen Teddy, geht sie darauf ein, aber führt zur Geschichte zurück, indem sie Ceris Aufmerksamkeit auf die Person an der Tür lenkt.

Auch Hendriks Mutter verfährt so im folgenden Dialog. Sie fügt in die Begeisterung über *Hallo!* den Fortgang der Geschichte ein, dass nämlich der Bauer (= Opa) die Rüben heimfährt. Hendrik kennt seinen Opa als Traktorfahrer; die Parallelen zu den

Menschen seiner Umgebung machen ihm die Geschichte vertraut. Tatsächlich spinnt er den Gedanken aktiv weiter. Als die Mutter nach dem Kind im Auto fragt: »Wer ist das?«, und *Junge* erwartet, nennt Hendrik plötzlich sich selbst. Die Mutter staunt gebührend und ergänzt seinen Einfall voll Lob. Auch Ceris Mutter spart nicht mit Lob, wenn Ceri richtig antwortet, aber sie lobt das Kind auch, wenn es die Initiative ergreift (*good girl* heißt es im Original).

Mutter	Hendrik (1;8)
	Identifiziert Person auf Traktor mit eigenem Opa; zeigt auf den Bauer auf Traktor und winkt.
	Hallo!
Hallo macht der. Hallo! Hallo, die winken sich, hallo! Winkt ebenfalls.	
	Winkt. *Hallo!*
Übernimmt H.s Meinung *»Hallo macht der Opa. Hallo. Und da macht der Benni hallo. Hallo, Opa!«* verfolgt Geschichte weiter	
Opa bringt die Rüben heim ...	
Wer ist das?	*Hendrik.*
Ist überrascht. *Der Hendrik. Der Hendrik sitzt schon so im Auto. Mit einer Kappe auf. Das ist ja prima!*	

Text: Napp, D. (2004), *Tut! Tut! macht der Traktor* (Oetinger: Hamburg)

Wenn Hendrik in dem Jungen im Bilderbuch sich selbst sieht, verfügt er über zwei Ebenen nebeneinander, die reale und die im Bild. Darin liegt der Fortschritt im Denken (vgl. Teil III, 2.4). Interessant ist hier der Vergleich mit einem ein halbes Jahr jüngeren Kind (1;2), das beim Betrachten von *Die Raupe Nimmersatt* seinen Bär bei der Raupe mitfressen lässt. Es hat die Trennung der realen und repräsentativen Ebene noch nicht vollzogen.

Die ersten Bilderbücher sollten das abbilden, was die Allerkleinsten kennen oder kennenlernen, das Typische und alles im Bereich des Normalen. Kinder spielen auf dem Spielplatz ohne Zwischenfall, und Einkaufen läuft nach Plan. Eineinhalbjährige interessieren sich dagegen schon für das Abweichende. Bilder können schon Anzeichen von Unordnung und Chaos enthalten. In einer Untersuchung stellte man fest, dass Kinder mit 1;8 eine Art Panik empfinden, wenn sie das Gefühl bekommen, dass alles in der Welt nicht stimmt. In Bilderbuchaktivitäten isst ein Junge nicht seine Suppe, ein Ei zerbricht auf dem Supermarktboden, ein Mann verletzt sich beim Hausbau (vgl. Jones 1996: 132). Es lohnt sich, diese Gesichtspunkte bei der Auswahl zu bedenken. Selbst wenn Kinder robust sind, fragt man sich, warum in einem Bilderbuch für die Allerkleinsten ein Verkehrsunfall mit allen Details abgebildet ist, beispielsweise auch mit den Sanitätern, die mit einem blutenden Menschen auf der Trage aus dem Bild eilen.

1.6.2 Bilderbuch lesen mit Zweijährigen

In der zweiten Hälfte des zweiten Lebensjahres entwickeln Kinder Vorlieben beim Lesen (vgl. 1.5.4). Die Selbstständigkeit wächst, und so verwundert es nicht, dass Kindern Geschichten gefallen, die von Figuren handeln, mit denen sie sich identifizieren können wie beispielsweise *Ich habe ein Dreirad* oder *Bobo Siebenschläfer.* Ein anderes Beispiel sind die Erlebnisse in *Der kleine Bär,* illustriert von Maurice Sendak, in mehreren Bänden. Psychologisch gesehen hat das frühe Geschichtenlesen die Funktion, eine fantasievolle Biografie entstehen zu lassen. In diesem Alter beginnt auch das fantasievolle Spiel und ergänzt das Lesen. Die eigene Erfahrung des Kindes wird mobilisiert, um eine Geschichte zu verstehen. Das Lesen ermöglicht Identifikation und macht dadurch Freude. Genau das ist der Zugang zur Literatur in jedem Lebensalter. Hier wird die Basis für Leselust gelegt; sie dient letztlich der seelischen Gesundheit auch schon in den Anfängen (Jones 1996: 161).

Wichtig ist, dass sich die Kinder die Bücher zum Vorlesen selbst auswählen. Nils' (2;3) Lieblingsbuch ist zum Zeitpunkt der Videoaufnahme *Tut! Tut! macht der Laster,* das ihm die Mutter auch vorliest. Nils ist in seiner Sprachentwicklung schon weit. Aus einem Stoß unbekannter Bücher wählt er *Rundherum in meiner Stadt*, ein sogenanntes Wimmelbuch mit Doppelseiten mit Park, Schwimmbad und anderem. Bei den einzelnen Seiten hält er sich lange auf, entdeckt vieles an Tätigkeiten und Objekten und bezieht es auf seine Erfahrungen. Aber: Man kann Nils auch in seinem Lieblingsbuch nicht einen Text von drei oder zwei kurzen Zeilen einfach vorlesen. Es folgen Ausschnitte aus dem Vorlesedialog, die unter anderem zeigen, dass es auch in diesem Alter immer noch die Aufgabe des Vorlesers ist, das Interesse des Zweijährigen durch den Dialog wachzuhalten und die Kluft zwischen der Bilderbuchwelt und der Welt des Kindes zu verringern.

Mutter	Nils (2;3)
Was is 'n das?	*Ein Müllauto.*
Nein. Guck doch mal genau hin.	*Ein Tongmischer.*
*Ein **Be**tonmischer.* *Wir fangen mal vorne an.* *Auf der Baustelle wird ein Loch gegraben.* *Hier vorne ist das Loch…* (Fenster im Haus) *Guck mal, wer guckt 'n da raus?*	*Ein Feierwehrmann.* (Kind mit roter Schildmütze)
Mutter lacht. *Und eine Oma.* *Und wer ist das?*	(Überlegt) *Ein, ein, …*
Ein Bauarbeiter. Und was hat er in der Hand?	*Ein Lochgraber* (= Schaufelbagger).
Ein was? Ein was? (wendet sich zu Nils)	*Ein Lochgraber.*
Ein Lochgraber. Mutter lacht.	

Müllauto, Briefträgerin auf Fahrrad **Das Müllauto muss an der Hauptstraße halten.** *Da.*	*Ja.*
Ring! Ring! macht die Briefträgerin. *Das ist eine Briefträgerin.*	*Das, die fahrt da.*
Die ***fä****hrt da.*	
Volle Mülltonnen *Guck mal, die.* *Die müssen die noch abholen. Die holen die bestimmt ab, wenn die Briefträgerin weggefahren ist, gell, dann kommt das Müllauto, hält da und dann lädt er das aus.* *Und was macht der Hund da?* (Hebt Bein an Laterne)	(Missversteht *was* als *wie*, früher Routinefrage) *Der macht bell bell, der bellt.*
Mutter lacht. *Und wo kommt das Geräusch beim Laster raus?*	*Da.*
Da ***oben,*** *gell?*	*Oben.*
Was ist denn auf dem Laster aufgemalt?	*Äh Banane und Bananen und Apfel und* (überlegt) *Kerschebeer.*
Und ***Kirschen.***	(leise) *Und Kirschen.*
Was ist das, was da steht?	(Überlegt) *Ein Nashorn.*
Eine Milchkanne. Sieht das aus wie 'n Nashorn?	*Ja.*
Mutter lacht.	

Abschleppwagen, beladen mit Unfallauto	(Nils beginnt) *Ein Auto ist gegen den Baum gefahren.*
Ein Auto ist gegen den Baum gefahren! *Ist ganz kaputt?*	*Ja.*
Wer kommt dann und hilft?	*Einer muss den Auto reparìern.*
Einer muss ***das*** *Auto reparìern.* **Das kaputte Auto wird in die Stadt gebracht.** **TÜT! TÜT!, macht der Abschleppwagen.**	*Eia, der Ableppwagen ist auch taputt.*
Der Abschleppwagen ist auch kaputt?	*Ja.*
Ehrlich? Sieht der so kaputt aus?	*Ei ja.*
Ja, weil er so kleine Räder hat? *Oder warum? Warum, findest du, sieht er kaputt aus?*	*Er* (undeutlich) *muss den Abschleppwagen reparieren* (?)
Den muss man gleich mit reparieren. *Und wer repariert den?…*	*… Der Mann.*
	Text: Napp, D. (2004), *Tut! Tut! macht der Laster* (Oetinger: Hamburg)

Zu Nils: Der Dialog zeigt die Fortschritte eines Zweijährigen in Wortschatz und Syntax und seine sprachliche Kreativität.

– Er erfindet neue Wörter: *Lochgraber, Müllcontainermann.*
  Wir hatten gesehen, dass Kinder mit zirka zwei Jahren lernen, Wörter zu zerlegen (*Ente-n, Fahr-er*) und selbst Wörter neu zu bilden. Bilderbücher sind da ein wunderbarer Anlass, kreativ mit den Sprachmitteln umzugehen. Der *Schaufelbagger* wird kurzweg *Lochgraber* genannt, die Pferdeäpfel (die er Wochen später auch noch entdeckt) nennt er *Stinker,* und es gibt den *Müllcontainermann.*

- Durch eine Art Monitoring verarbeitet Nils, was seine Mutter sagt, indem er ihre unauffällig ins Gespräch einfließenden Korrekturen gelegentlich übernimmt: *Kerschebeer*, bei dem er überlegt hatte, wiederholt er leise: *Kirschen*; *Ableppwagen* korrigiert er zu *Abschleppwagen*.
- Seine Fantasie- und Vorstellungswelt sind nicht eingeengt von Weltwissen, sodass er in der grauen großen Milchkanne ein *Nashorn* erkennt und den Jungen mit der roten Schildmütze für einen *Feirwehrmann* hält.
- Initiative ergreift er auf der Seite, die ihn besonders interessiert, bei der letzten Seite mit dem Unfallauto auf dem Abschleppwagen; er selbst beginnt jetzt mit dem »Lesen« der Seite und beharrt auf seiner Meinung, dass auch der Abschleppwagen *taputt* sei. Die Mutter fragte bei jedem Fahrzeug, wo denn der Ton beziehungsweise das Geräusch rauskommt. Diesen Beitrag leistet er beim Tankwagen dann *von sich aus*:
- *Da kommt bei den Laster Tut raus.* Mit sieben Wörtern ist dieser Satz weit über seiner Sprachnorm und zeigt, wie sehr das Interesse am Bilderbuch sprachliche Leistung fördert.

Zur vorlesenden Mutter:
- Sie führt zurück zum Anfang: Wir fangen mal vorne an.
- Sie korrigiert, wenn nötig, aber unbetont, indem sie zustimmend wiederholt:

Nils	Mutter
Ein Tongmischer	*Ein* ***Beton****mischer*
Einer muss den Auto reparieren	*Einer muss* ***das*** *Auto reparieren*
Die fahrt da	*Die* ***fährt*** *da*

- Sie hilft, wenn ein Wort fehlt (*Bauarbeiter*). Wortschöpfungen, den Namen *Braun* für den Schimmel und anderes findet sie einfach lustig.
- Sie mahnt ihn, genau hinzuschauen.
- Sie zeigt, wie sehr sie Nils' Gedanken interessieren, fragt ihn, warum er beispielsweise auch den Abschleppwagen für kaputt hält, und wartet auf Antwort. Sie staunt über das, was er weiß und entdeckt.
- Sie intoniert die Geräusche sehr lebendig und macht Pausen beim Lesen, um Wörter hervorzuheben.
- Mit einer Ausnahme kommt nach jeder Textzeile ein Hinweis oder eine Frage, mit der sie sicherstellt, dass Nils weiß, wovon die Rede ist; im Text: **Auf der Baustelle wird ein Loch gegraben,** Mutter: *Hier ist das Loch.* Wenn die Brücke erwähnt wird, fragt sie erst einmal: *Siehst du die Brücke?*
- Sie und Nils beachten auf den Bilderseiten viel mehr, als im Text steht, beispielsweise wer aus dem Fenster herausschaut und warum die Gänse über die Straße laufen.

- Die Mutter entwickelt aus den Bildern Handlungen weiter, beispielsweise das Leeren der Mülleimer, wobei – wie bei den Alarmsignalen (*Blinklicht, Hupe*) – Weltwissen einfließt.

Der Dialog demonstriert sehr schön, was mit Ergänzen und Erweitern der Äußerungen des Kindes gemeint ist.

1.6.3 Bilderbuch lesen mit Vier- und Fünfjährigen

In den folgenden Vorleseszenen erkennt man, was sich inzwischen gegenüber den Einjährigen und Zweijährigen verändert hat. Anfänglich waren es die Erfahrungen des Kindes, die im Vordergrund standen und an die der Vorleser Elemente der Geschichte knüpfte und dabei, wenn nötig, behutsam Neues einfließen ließ. Dann entspann sich ein lebhafter Dialog. Jetzt stehen Text *und* Bild im Mittelpunkt. Schon seit Jonas vier Jahre alt ist, möchte er keine langen Ausweitungen, Kommentare und Erklärungen des Vorlesers. *Les/lies weiter!* ist das Signal und zeigt, wie zentral jetzt die Geschichte selbst geworden ist. Fragen an einer spannenden Stelle stören auch schon einen Dreijährigen: (Die Mutter erzählt vom Zauberauto) *Was wussten die Polizisten da?* Philipp: *Sag du's, sag du's!* (3;0.12).

Die Mutter liest Johann ein Buch vor, das er sehr gut kennt. Er erwartet die Geschichte im genauen Wortlaut, aber er genießt auch die Bilder, für die er mehr Zeit braucht als der Vorlesetext. Die Mutter lässt dem Kind Zeit zum Betrachten und überlässt ihm das Umblättern. Auch von seinem einjährigen Bruder, der immer wieder auf das Buch schlägt, lässt sich Johann nicht stören oder ablenken.

Mutter	Johann (4;0)
Gern besuchen die Kinder auch die Frösche. Sie wohnen beim Waldsee und hüpfen mit den Kindern um die Wette. Der dicke Frosch mag das kleinste Wichtelkind besonders gern.	Sucht es auf der rechten Bildseite. Die erste und einzige Frage: *Wo ist das kleinste?*
Das ist hier.	*Ja, da is es.* Jüngerer Bruder schlägt auf das Buch: *Da!*
Denn dort (*sc.* im Wald) leben auch gefährliche Tiere. Gefahr drückt sich in Stimme und Miene der Mutter aus.	Schaut besorgt, gespannt.
Manchmal schaut plötzlich der Troll heraus und ruft: »Hoohoohoo!« Da rennen die Kinder Hals über Kopf davon. Wenn sie sich nochmal umdrehen würden, könnten sie sehen, wie der Troll sich vor Lachen den Bauch hält...	Lacht laut und herzhaft.

Text: Beskow, E. (2005), *Die Wichtelkinder* (Urachhaus: Stuttgart, 4. Aufl.)

Persönliche Identifikation gehört immer weiter dazu. Der dreijährige Philipp besteht beim Lesen seines Lieblingsgedichts immer darauf, dass die Illustration ihn selbst darstellt: *Das ist der Philipp!* Die Mutter wendet ein, dass es manchmal Philipp, manchmal sein Bruder Christian sei. *Bitte, ›der Philipp‹ nennen wir ihn lieber!* (3;1.15). Johanns einzige Zwischenfrage gilt dem kleinsten Wichtelkind, zu dem er sich anscheinend hingezogen fühlt. Er kennt die Geschichte genau, und die Mutter dürfte kein Wort verändern. Trotzdem erlebt er die Bedrohungen der Wichtelkinder voller Anteilnahme mit und lacht laut über den Troll, der ihnen einen Streich spielt und sie erschreckt. Man spürt das gemeinsame Erleben und die Geborgenheit bei der Mutter in der Vorlesesituation, wenn von den Gefahren der Wichtelkinder erzählt wird, was sich in Miene und Stimme der Mutter ausdrückt und sich auf Johann überträgt.

Jonas fühlt sich direkt vom Text angesprochen und antwortet auf die Frage, die von der Autorin interaktiv gedacht ist und das Umblättern spannend macht: »Was sah sie (*sc.* die Hexe Lisbeth) drinnen?« Jonas weiß mehr als die Großmutter: *Mäuse*! und zeigt die Mäuse nach dem Umblättern.

Großmutter	Jonas (5;1)
Nur in einem einzigen Haus brannte noch Licht. *Willst du umblättern?*	Will selbst Zeit für Bildbetrachtung bestimmen. *Ja.*
Das sah die neugierige kleine Hexe Lisbeth, die noch mit ihrer Katze auf dem Besenstiel unterwegs war. Neugierig flog sie zu dem Haus und guckte durch das offene Dachfenster. Was sah sie drinnen?	Fühlt sich persönlich angesprochen von der Frage. *Mäuse!*
Woher weißt du das?	Zeigt auf Bild.
Wo?	*Da.*
Aja, da sind ja welche.	*Da, da und ganz viele Vögel, da, da, da.* Betrachtet weiter das Bild.
Das sieht die Hexe, aja, da guckt se rein.	Ungeduldig: *Lies weiter!*

Text: Baeten, L. (1992), *Die neugierige kleine Hexe* (Oetinger: Hamburg)

Die Szenenausschnitte zeigen, dass ein Kind mehr Zeit braucht, als der unter Umständen kurze Text ihm zum Betrachten lässt. Beide Vorleser überlassen dem Kind das Umblättern. Auch die Mutter des eindreivierteljährigen Hendrik lässt dem Sohn ausgiebig Zeit zum Betrachten. Redepausen fallen dem Erwachsenen beim Vorlesen schwer, aber es lohnt sich, das stille Betrachten mit einzubeziehen. Der Erwachsene überblickt ein Bild schneller, aber nimmt es deswegen nicht unbedingt genauer und besser wahr als das Kind (vgl. auch 1.4).

Die Aufmerksamkeitsspanne ist jetzt viel länger geworden. Jonas werden bei dieser Aufnahme in einer halben Stunde drei Bücher vorgelesen. Auf die Frage, welches ihm am besten gefällt, antwortet er: *Alle. Alle gefällen mir am besten.* Johann ist ein so intensiver Zuhörer, dass ihn die massiven Störungen durch den knapp einjährigen Bruder überhaupt nicht ablenken.

Rhian Jones stellt einen Zusammenhang zwischen dem frühen Vorlesen und späteren Fähigkeiten her: Die beiden Kinder, die sie in einer Langzeitstudie zwischen 0;9 und 2;5 Jahren beim Vorlesen beobachtete, können beide beim Schuleintritt nicht lesen, gehören aber nach zwei Schuljahren zu den Spitzenlesern.

Wie eng lesen, verstehen und erzählen miteinander verknüpft sind, illustriert ein Dialog, bei dem Jonas (5;1) dem Gast, der sein Lieblingsbuch *Der Grüffelo* nicht kennt, den Inhalt im Kern wiedergibt. Er schafft es, die kniffelige Geschichte zu erzählen, dass nämlich die Maus sich den Grüffelo *ausdenkt*, dass es ihn aber *wirklich* gibt. Er besitzt auch schon ein Gefühl für Spannung. Als er dem Gast mehr erzählen soll, erwähnt er nur noch, dass der Grüffelo Hörner hat, weil das im Buch nicht vorkommt, wie er nach dem Vorlesen erklärt:

Ich zeig dir noch mal, wie er aussieht (schlägt die Seite auf). *Aber weil wir, weil wir die Hö, Hörner da nicht mitgesagt haben, darum hab ich sie schon mal vorher gesagt.*

Jonas	Gast
Jetzt will ich auch erzählen.	*Erzähl mir, weil ich's ja nicht so kenne.*
Da ist eine Maus und die erzählt immer den anderen Tieren im Wald von den, von den Grüffelo und die denken dann immer, die Maus wär ganz ***gefährlich!***	*Ha! Ja!*
Ja, und die und eigentlich gibt es gar nicht den Grüffelo, aber die ***Maus*** *denkt das, eigentlich* ***gibt*** *es den Grüffelo im Wald.*	Ja? Und wie sieht er aus?
Das weiß ich nicht, das musst du schon im Buch nachgucken.	*Ach, du willst es spannend machen für mich?*
Ja, aber eins: Der hat ***Hörner*** *so Art Hörner.*	*Das hört sich gefährlich an, ist er eigentlich groß oder klein?*
Das verrat ich nicht.	*Dann können wir's ja mal lesen.*
Jetzt?	*Ja. Jetzt geht's los.*
Er soll zur Titelseite zurückblättern. ***Da*** *musst du anfangen.*	

Text: Scheffler, A. / Donaldson, J. (1999), *Der Grüffelo* (Beltz: Weinheim, Basel)

Jonas kennt das Buch (in Reimen) fast auswendig und spricht weite Teile allein oder mit der Großmutter zusammen; aber Spannung und Freude bleiben bei jedem Mal gleich, über Wochen.

Man könnte meinen, in diesem Alter sei der Vorleser leicht zu ersetzen. Der Vierjährige hört sich die Kassette an, auf der sein Lieblingsbuch, das er vor sich liegen hat, sehr schön gelesen wird. In den USA gibt es Kassetten, bei denen dem Kind das Umblättern mit *bim* signalisiert wird. Das klappt zunächst vorzüglich: Der Vierjährige spricht und »liest« mit, aber dann kommt eine traurige Stelle in der Geschichte mit Vater Bär. Das Kind verweilt beim Bild, es überhört *bim*, und das ganze System funktioniert nicht mehr. Geschichten, die sie kennen, und Lieder auf Kassetten oder CDs zu hören wird

Vierjährigen und Jüngeren schon Spaß machen, aber den Vorleser *ersetzen* können sie nicht, auch nicht bei Kindern im Vorschulalter.

1.7 Über Bild und Text sprechen

1.7.1 Alltags- und Textbezüge: Interpretation

Es ist der erste Schritt zur Interpretation, wenn das Kind Bezüge zwischen dem Bilderbuch und der eigenen Erfahrungswelt entdeckt. Das können schon die Kleinsten, deren Wortschatz nur aus *da* besteht. Auf die entsprechende Frage zeigt Sebastian (1;2) auf die Nase des Kindes im Bilderbuch und greift gleich nach der Nase der vorlesenden Mutter. So beginnt überhaupt die Freude am Lesen, und in jedem Alter motiviert der Bezug zum eigenen Leben zum Lesen, auch den erwachsenen Leser. Zunächst geht es um Alltagsbezüge, die sich immer ergeben und am Anfang die größte Rolle spielen. Je kleiner Kinder sind, umso mehr brauchen sie den Erwachsenen, der mit ihrer Erfahrungswelt vertraut ist und Assoziationen vom Alltag zu Büchern und umgekehrt herstellen kann und versteht, beispielsweise beim Spazierengehen auf etwas zeigt und an ein Bild im Bilderbuch erinnert oder beim Bild vom Supermarkt die eigenen Einkäufe einbezieht.

Selbst Einjährige sind schon fähig, über eine Geschichte zu sprechen und den Fortgang zu erkennen, Parallelen in Inhalt und Form zu finden und mit Erlebnissen und Dingen aus der realen Welt zu assoziieren: Hendrik (1;8) zeigt auf dem Traktorbild auf die Krähen, dann zeigt er auf sein Händchen und sagt: *Au*. Die Mutter kann es erklären: Die Krähen erinnern Hendrik an das Buch mit Vögeln, die krank sind, und dieses wiederum an seine kürzlich verletzte Hand. Hendrik bezieht sich also auf ein anderes Buch, das heißt so klein, wie er ist, und so beschränkt sein Wortschatz ist: Mit seinen minimalen sprachlichen Mitteln stellt er einen *intertextuellen* Bezug her und findet weiter den Bezug zur eigenen Person und realen Welt. Wie befriedigend ist es für ihn, dass seine Mutter diese Assoziationen versteht und Anteil nimmt!

Auch schon bevor Kinder etwas sprachlich ausdrücken können, spiegelt sich ihr Denken im Umgang mit Bildern. Ein solches Anzeichen für visuelle Lesefähigkeit (*visual literacy*) beschreibt Evelyn Arizpe (2003: 32 f.) bei ihrer Tochter Flora im Alter von siebzehn Monaten (1;5). Das Kind hatte viele Male im Bilderbuch der älteren Schwester die Bilder längere Zeit betrachtet. Einmal zeigt es auf den Fuß des Babys im Hochstuhl, dessen Schuh fehlt. Die Mutter fragt: *Wo ist der Schuh?* Das Kind blättert zurück, wo der Schuh unter dem Tisch liegt, dann geht der Finger zurück zum Fuß ohne Schuh und weiter zu seinem eigenen Fuß. Das ist ein Sprung im Verstehen, das heißt im Lesen von Bildern. Ab dann zeigt das Kind auf andere vertraute Objekte im Bilderbuch. Auch ohne Worte *liest* Flora Bilder. Dabei hatte die Mutter gedacht, das

Bilderbuch sei wegen zu vieler Objekte auf einer Seite für Flora noch nicht geeignet. Es ist ein Denksprung, aber die knapp eineinhalbjährige Flora brauchte dazu auch viel Zeit zum Betrachten. Interessant ist, dass sie diesen Sprung machte, als sie eine Weile von zu Hause fort war und dann in die vertraute Umgebung zurückkehrte.

Zitieren ist auch eine Form, Bilderbuch oder Liedtext mit der Alltagssituation zu assoziieren. Der Dreijährige passt Textstellen in seinen Satz ein, die lexikalisch und grammatisch über seinen Sprachstand hinausgehen. Hier ist der sprachfördernde Einfluss der Bilderbücher greifbar.

Beispiele:

(Philipp zitiert den kleinen Häwelmann.) *Das war der Häbelmann, der schrie mehr, mehr.*

(Tags darauf am Aquarium.) *Das sind die Fische, einer fängt jetzt an zu schrein: weg, weg, weg, und der sagt noch, ich will rausgehn.* (2;11.11)

(Philipp kommentiert das Verschwinden des Exkrements in der Toilette.)
Das geht jetzt geschwind in die Ferne. (3;0.1; Liedtext)

(Er legt der Schnecke Grashalme hin, über die sie kriechen soll.) *Gleich geht sie wieder über den Stock und Stein.* (2;10.20)

Das folgende Zitat verwendet er wie Erwachsene im Gespräch in witziger Absicht und vielleicht auch, um Überlegenheit hervorzukehren:

Philipp erklärt der zweijährigen Spielfreundin zu den Büchern, die sie sich anschaut: *Die hat uns der Opa geschenkt.*
Nachbarkind: *Wo is 'n der Opa?*
Philipp: *Das weiß ich nicht* (lächelt und zitiert aus einem Bilderbuch), *wo die hohen Tannen stehn.* (3;4.4)

Im selben Alter untermauert er seine Behauptungen mit dem Hinweis, dass er etwas *in Buch gelesen* habe. Er kennt also schon die Funktion des Buches als objektive Wissensquelle. *In Fernsehn gesehn* kommt auch vor.

Bei erneutem Vorlesen ergeben sich immer wieder neue Aspekte, bei denen das Kind Text und Bilder und ihr Zusammenwirken besser versteht. Das betrifft das Thema des Bilderbuchs, die Geschichte selbst und den Ort der Handlung (was geschieht wo und wann), Hauptperson und Nebenfiguren und ihre Charakterisierung. Zum Beispiel ist im Buch von Sendak *Der kleine Bär* die Hauptperson der kleine Bär. Wie sich seine Freunde verhalten und wie er zu Vater und Mutter steht, dazu können auch Kleine schon viel sagen. Der Dreijährige macht sich Gedanken über das Flusspferd, das gerne wie andere Tiere fliegen oder rennen können möchte, aber nur Misserfolge erlebt und schließlich zu seinen Eltern zurückkehrt. Sie sind stolz, wie tüchtig es sich durch den dichtesten Busch schlägt. Mutter: »Das Flusspferd ist dumm, nein, zum Schluss ist es klug.« Philipp: *Ja, wenn es mitgeht* (2;10.26). Das ist nicht die Botschaft der Geschichte, aber eine Interpretation aus seiner eigenen Sicht, in die man ihm nicht hineinreden würde.

1.8 Das ästhetisch und inhaltlich anspruchsvolle Bilderbuch: Erwachsene lernen von Kindern und geben Hilfestellung

Manchmal sind Autor und Illustrator eine Person, beispielsweise im Fall von Anthony Browne, Satoshi Kitamura, Leo Lionni, Wolf Erlbruch. In anderen Fällen kommt es darauf an, dass Autor und Illustrator harmonieren. Trotz der Bezeichnung *Illustrator*: Die Bilder in Bilderbüchern sind keine Illustrationen. (Text-)*Illustrationen* werden hinzugefügt, um einen Text zu erklären oder anschaulich zu machen. In der Tat profitieren Kinder von Illustrationen, wenn sie durch das Bilderbuchbetrachten im *Lesen von Bildern* geübt sind (Gambrell & Jawitz 1993). Im Gegensatz zu Illustrationen sind im Bilderbuch Bild und Text *gleichwertig*. Das Besondere sind das Spannungsverhältnis, das zwischen Text und Bild entsteht, und das Spannungsverhältnis, das sich aus dem Gegenüber der linken und rechten Bildseite ergibt. Aus beidem entwickelt sich eine Art Dialog im Sehen und Denken. Beim Lesen bedeutet das: innehalten, noch mal betrachten, Neues entdecken und neue Bedeutungen finden. Es eröffnen sich mehrere Schichten, wobei der kleine und ebenso der große Leser immer mehr sehen und immer tiefer in den Text eindringen.

Erwachsene neigen dazu, Bilder in Bilderbüchern als Dekoration zu sehen (Arizpe & Styles 2003). Hier können Erwachsene von Kindern lernen. Jeder, der mit einem Kind schon Bilderbücher betrachtet hat, weiß, dass Kinder mehr entdecken. Sie sehen die Bilder unvoreingenommen an, nicht beengt von Weltwissen und Vorurteilen. Fantasiewelt und Realität liegen noch näher beieinander. Als der Fünfjährige zum ersten Mal *Der Tunnel* von Anthony Browne betrachtet, erlebt der Vorleser zunächst die Dramatik, die das Umblättern für das Kind bedeutet. Es kann kaum abwarten, wie die Flucht des Mädchens durch den tiefen Wald weitergeht. Das Kind blättert am Ende schnell zurück: *Soll ich dir mal was sagen; da wohnt einer*, und zeigt auf Axt, Korb und Seil, die sich farblich gar nicht abheben, und findet noch das versteckte, kleine, aber erleuchtete Haus auf der vorausgehenden Seite. Alles war dem Erwachsenen entgangen, der sich auf die verschlungenen Baumstämme konzentriert hatte, in denen sich Tiere erkennen ließen.

Der Reiz des Bilderbuchs liegt darin, dass Text und Abbildung in vielfacher Weise aufeinander bezogen sein können. Manchmal ist das Verhältnis von Text zu Bild 1:1, aber das Bild kann auch mehr enthalten. Nebenfiguren werden in dem Buch von Ellen Raskin *Nothing ever happens on My Block* im Text gar nicht erwähnt, aber bieten spannende Details im Bild. In *Zoo* von Anthony Browne kommt das eigentliche Thema, Unfreiheit und Leiden der Tiere, im Text überhaupt nicht vor. Das Bild kann als Kontrast zum Text besondere Spannung durch die Perspektive erzeugen. Wie mit der Kamera wählt der Illustrator einen Blickwinkel von Panorama bis Nahaufnahme und beeinflusst Sichtweise und Fokus.

Zoo von Anthony Browne lebt von der Spannung zwischen linker und rechter Bildseite. Die Besucher mit ihrem lächerlichen Verhalten sind auf der linken Seite und die Tiere in ihren Gefängnissen auf der rechten Seite abgebildet. Auf dem rechten Schlussbild kontrastieren die silhouettenartigen geduckten Zoogebäude mit dem großen runden Mond und zwei fliegenden Wildgänsen am Nachthimmel. Die Panoramasicht rückt die Freiheit in der Natur gegenüber dem Gefängnis des Zoos in den Blick und intensiviert den Gegensatz. Vielleicht gehört es zum merkwürdigen Traum, den der Junge der Familie und Erzähler hat, der auf der linken Seite an einer kahlen Wand kauert, den Kopf auf den Knien, im Schatten von Gitterstäben. Beim Lesen von *Zoo* fällt Kindern auf, wie genau jedes Detail gemalt ist. Die Maltechnik verstärkt den Realitätsbezug und legt Kindern nahe, an ihre eigenen Erfahrungen anzuknüpfen. In *Rosie's Walk* von Pat Hutchins macht die Henne sorglos ihren langweiligen Nachmittagsspaziergang über den Hof; der Text besteht aus einem einzigen Satz über ihren Weg. Auf der linken Bilderbuchseite scheitert der gierige Fuchs, der die Henne zu fangen versucht, jedes Mal jämmerlich; er springt auf den Rechen, in den Heuhaufen und ergreift schließlich die Flucht, weil er in einem Bienenstock gelandet ist. Humorvolle Momente gehören dazu. Die warmen Gelb- bis Rottöne unterstreichen die sorglose Stimmung, die die Henne genießt, die aber – das sieht der kleine Leser auf der linken Seite – in höchster Gefahr schwebt.

Farben und Maltechnik können noch mehr vermitteln, beispielsweise den Wechsel der Perspektive in *Come away from the water, Shirley* von John Burningham: Auf der linken Doppelseite sind in wenigen Strichen und blassen Farben die Eltern am Strand zu sehen, jeweils mit einer knappen Ermahnung der Mutter in einer Textzeile. Auf der rechten Seite sind in einem voll ausgemalten Bild voller Aktion in kräftigen Farben die Tagträume Shirleys dargestellt, an denen der Leser teilnehmen darf, aber nicht die Eltern. In *Ein ganz gewöhnlicher Tag* von Fulvio Testa beschweren sich zwei Jungen, im Comicstil gemalt, über die Langeweile in ihrem Leben, obwohl sich in nächster Nähe Aufregendes ereignet. Es wird durch surrealistische Malweise und wirkungsvolle Farben betont. In Raskins Buch *Nothing ever happens on My Block* entsprechen die in Schwarz/Weiß gemalten Bilder der Stimmung der Hauptfigur, die sich tödlich langweilt. Farben sind reserviert für interessante und spannende Handlungen, die sich von Seite zu Seite weiterentwickeln und dabei dieselben Farben behalten. Sie lenken den Blick des kleinen Lesers und leiten ihn weiter. Dazwischen sitzt Chester, schwarz gekleidet und schlechter Laune; aus seiner Sicht vermisst er mutige Jäger, während ein Polizist doch gerade neben ihm einen Räuber fängt. Perry Nodelman (1988: 223) erklärt Ironie im Bilderbuch aus dem Widerspruch zwischen Text und Bildern. Der Leser hat Distanz und weiß mehr. Ironisch erscheint ihm beispielsweise Sendaks *Wo die wilden Kerle wohnen;* im Text heißt es, dass Max Unfug im Kopf hat, aber die Bilder zeigen Schlimmeres, hinter dem Haustier mit dem Messer her sein, ist mehr als Unfug. Dem Text nach sind die wilden Kerle fürchterlich, aber im Bild eher freundlich, und Max hat alle im Griff. Auch für Bettina Kümmerling-Meibauer (1999) ergibt sich Ironie auf dieser Stufe aus dem Kontrast zwischen Text und Bild. Sie definiert Ironie als den Widerspruch zwischen gesprochenem Wort und angedeuteter, unausgesprochener Bedeutung. Sie ermittelt vier Kontrastformen (167 ff.):

1. *Informationslücke:* Wichtige Informationen fehlen im Text, der manchmal langweilig und knapp ist; der Ablauf der Geschichte und die Dramatik sind aus den Bildern zu erschließen, beispielsweise in *Nothing ever happens on My Block*;
2. *Kontrast* in den Darstellungsweisen, beispielsweise zwischen Bild und Text wie in *Ein ganz gewöhnlicher Tag*; auch zwischen Titel und Inhalt;
3. *Wechsel der Perspektive*, beispielsweise in *Come away from the water, Shirley*;
4. *Knapper Text ohne Geschichte*, beispielsweise in *Rosie's Walk.*

Komplizierter sind die Verhältnisse im Bilderbuch *Der Grüffelo.* Die Maus täuscht und belügt ihre Feinde, um sich zu retten, aber der kleine Leser, der mit der Geschichte vertraut ist, erkennt den Widerspruch zwischen Denken und Wirklichkeit, zuerst bei der Maus, dann bei dem Monster. Die Maus, die den anderen Tieren mit dem Monster Furcht einflößt, schwebt selbst in höchster Gefahr. Im zweiten Teil flieht das Monster vor der kleinen Maus genau dann, wenn es seinem Fressziel am nächsten ist. Die Lesebegeisterung für dieses Bilderbuch hat bei Dreijährigen und Jüngeren vor allem mit den Reimen zu tun, aber bei den Älteren sicherlich auch mit den Widersprüchen zwischen Gesagtem und Gedachtem, die die Kinder durchschauen, weil das Bilderbuch sie so klar vor Augen führt in einem Rahmen, der ihnen vertraut ist. In dem Bilderbuch *In den Wald hinein* spielt Anthony Browne spannend mit dem Wissen von märchenerfahrenen Lesern beim Weg des Jungen durch den Wald durch Parallelen zu *Rotkäppchen* (neben Anspielungen auf andere Grimm-Märchen). Der Widerspruch ergibt sich aus der Erwartung des Lesers und den Ereignissen in der Geschichte, oder ist es die Spannung und Erwartung in dem Kind selbst? Der Junge bringt seiner kranken Großmutter einen Kuchen, wundert sich (mit dem Märchen im Kopf) über ihre Stimme, es stellt sich aber heraus, dass sie erkältet ist und im Bett liegt. Der Vater ist bei ihr; diese drei (also nicht Jäger, Kind und Großmutter wie im Märchen) trinken Tee und essen Kuchen.

Bettina Kümmerling-Meibauer (1999) zeigt, wie moderne Bilderbücher auch schon jüngeren Kindern Ironie verständlich machen können, in einfacher Form und in fassbarem Rahmen. Später erweitert sich das Bedeutungskonzept noch bis zum Alter von zirka neun Jahren, wo man erwarten kann, dass Kinder Ironie auch in ihrer weniger direkten Form verstehen (vgl. Teil III, 3.3).

Widersprüche regen den kleinen Leser an, nach anderen möglichen Bedeutungen zu suchen. Es werden kognitive Fähigkeiten und Textverständnis gefördert durch einen Prozess, der sich in drei Stufen vollzieht.

Gemäss Kümmerling-Meibauer (1999: 164; 167) entwickeln sich:
- die Aufmerksamkeit für Text *und* Bilder; beispielsweise rücken bei langweiligem Text die Bilder in den Mittelpunkt,
- das Bemühen, beide Medien zu kombinieren,
- das Bemühen, einen Zusammenhang und Sinn herzustellen.

Nach Auffassung von Bettina Kümmerling-Meibauer enthalten Bilderbücher schon alle Merkmale anspruchsvoller Erwachsenenliteratur in einer einfacheren Form (177). Sie erweitern die Fähigkeit von Kindern, Texte zu verstehen, das heißt, sie vermitteln Lesekompetenz in beiden Medien, Text und Bild.

Genau solche Beobachtungen machten Evelyn Arizpe und Morag Styles (2003), die die Reaktionen von zirka 500 Schulkindern rund um London zwischen vier und elf Jahren auf Bilderbücher untersuchten. Sie wählten aus:

- *The Tunnel* von Anthony Browne; darin geht es um Geschwisterzwist. Das Mädchen liebt Bücher, der Bruder Fußball. Einmal verlangt die Mutter, dass sie gemeinsam spielen. Der Junge kriecht in einen Tunnel. Als er nicht zurückkommt, überwindet sich die Schwester und folgt ihm. Sie besiegt ihre Ängste in dem tiefen Wald aus Sorge um den Bruder, findet ihn versteinert und rettet ihn durch ihre Umarmung.
- *Zoo* von Anthony Browne handelt vom Zoobesuch einer Familie mit zwei Jungen, von denen einer der Erzähler ist. Die Erwachsenen haben, außer vielleicht der Mutter, kein Interesse an den Tieren und sehen nicht das Leiden der Tiere.
- *Lily Takes a Walk* von Satoshi Kitamura handelt von Angstvorstellungen: Das kleine Mädchen geht sorglos in der Dämmerung nach Hause, weil es sich von seinem kleinen Hund beschützt fühlt, während dieser überall Monster sieht und vor Angst zittert.

Bei den Untersuchungen beschäftigten sich zunächst alle 20 Minuten lang im Klassenzimmer mit Vorlesen und Betrachten, dann wurden 84 Kinder 45 Minuten einzeln interviewt. Wie sich herausstellte, hängt die Ausführlichkeit der Antworten von den Fragen der Erwachsenen ab. Sie müssen am Anfang einfach sein, beispielsweise fragte man danach, was bei den Zoobesuchern auffällt oder was einem bei dem Elefanten einfällt, sodass die Kinder merkten, dass nichts abgefragt wurde und der Erwachsene nicht die fertige Antwort im Kopf hatte. Offenbar fühlten sich Kinder mit *Was*-Fragen wohler als mit *Warum*-Fragen (9–13).

Sie bekamen eine halbe Stunde Zeit, ein Bild zu einem der Bücher zu malen. Gerade Kinder, die Schwierigkeiten hatten, sich sprachlich zu äußern, konnten im Bild ausdrücken, was sie wichtig fanden und was sie beeindruckte. Es zeigte sich in den Bildern, wie gut auch jüngere Kinder den tieferen Sinn verstanden hatten.

Schließlich sprach man gemeinsam über die Bücher. Dieses gemeinsame Gespräch stellte sich als fruchtbarste Phase heraus. Auch die Kleinsten entdeckten Erstaunliches. In ihrer Genauigkeit und Unvoreingenommenheit im Wahrnehmen waren die Kinder den Erwachsenen überlegen. Andererseits vermittelten die Erwachsenen den Kindern im Gespräch sozusagen das Gerüst, um ihre Gedanken zu äußern (Fachausdruck: *scaffolding*, engl. *scaffold* = ›Baugerüst‹). Zum Beispiel können auch schon ganz Kleine aus Gesichtsausdruck und Körpersprache Gefühle ablesen, aber sie lernen von den Erwachsenen, auszudrücken, was sie sehen (135).

Mehr als Sprache sind Bilder geeignet, Gefühle zu wecken. Das erklärt auch die Faszination von Bilderbüchern und ihren Einfluss auf das ganze Leben. Wichtig ist, dass gerade *nicht* die Lieblingsthemen Faszination auf die Kinder ausübten und sie herausforderten.

Anthony Browne geht auf die vielen Bezüge innerhalb seiner Bücher ein und sagt, dass sie beinahe immer einen Zweck haben, dass sie nämlich dazu beitragen, die Geschichte anderswohin zu lenken und etwas *über* die Geschichte zu sagen (100). Er spricht von *Puzzeln*. Ein vierjähriges Kind formuliert es treffend: *Er versteckt Dinge*; und genau das reizt Kinder intellektuell. Sie müssen diese Puzzleteile zusammensetzen. Jedes Detail ist bedeutungsvoll für die Geschichte. Der Tiger geht an den Gitterstäben entlang. Ein Kind entdeckt den Schmetterling, in den Farben des Tigers, aber außerhalb des Metallkäfigs im saftigen Grün. Er ist frei. Und das Gras im Käfig? Für einen Vierjährigen sieht es im Käfig *wie in der Wüste* aus. Im kahlen Gehege der Giraffen kontrastiert die wunderschöne Musterung ihres Fells mit der in gleichen Farben gehaltenen, langweilig-perfekten Mauer. Im Text ist an dieser Stelle nur davon die Rede, dass die Kinder Süßigkeiten haben wollen und nicht bekommen.

Um zu zeigen, wie Bilderbücher Kinder dazu anregen, schon alles, was zur Interpretation literarischer Texte gehört, wahrzunehmen und auszudrücken, werden im Folgenden einzelne Aspekte herausgenommen und an Beispielen illustriert. Ergebnisse von Arizpe und Styles (2003) werden mit verarbeitet.

– *Erzähler:* Wer erzählt die Geschichte? In *Zoo* ist der Erzähler einer der beiden Söhne der Familie, die in den Zoo geht und die Tiere kaum beachtet. Er ist nicht die Hauptperson; nur gelegentlich sieht der Leser den Vater aus der Perspektive des Erzählers. Der Blick des Gorillas am Gitter aus nächster Nähe trifft den Leser, nicht den Jungen. Aber zum Schluss wird der Junge als Erzähler ganz wichtig. Vielleicht ist der herausfordernde Satz am Schluss die Frage des Jungen an den Leser: *Meinst du, Tiere haben Träume?*

– Die *Hauptperson* und die *Nebenfiguren* und ihre *Beziehungen* zur Hauptperson: In *Die Hempels räumen auf* von Brigitte Luciani sind alle Familienmitglieder Hauptpersonen. Ein im Alltag oft lästiges, mit Ermahnungen der Eltern beladenes Problem wird hier mit Humor gelöst, denn an Chaos und Aufräumen ist jeder beteiligt. Dem

Titel nach ist Lily die Hauptperson in *Lily Takes A Walk*. Die freundlichen Farben verbinden sich mit ihrer Person, aber der (kleine) Leser identifiziert sich eher mit ihrem kleinen furchtsamen Hund, wobei auch die kleinsten Leser noch ein bisschen Überlegenheit empfinden können.

- *Perspektive:* Aus welcher Perspektive wird etwas gesehen? Die Perspektive kann wechseln und muss nicht immer identisch mit der des Erzählers sein. Die Perspektive zu erkennen, ist später noch für ältere Schüler beim Interpretieren ein schwieriger Aspekt. Bilder erleichtern es Kindern, Perspektive beziehungsweise Perspektivenwechsel zu erkennen, erst recht, wenn zwei gegensätzliche Perspektiven einander kontrapunktartig auf der linken und rechten Bildseite gegenübergestellt sind. In *Lily Takes A Walk* hat Lily nie Angst, weil sie sich von ihrem Hund Nick beschützt fühlt, doch der kleine Hund wird immer ängstlicher, je dämmriger es wird, und zittert so vor Angst, dass es aussieht, als habe er acht Beine. Wenn Lily schon ruhig schläft, sieht er immer noch für ihn Furchterregendes: Mäuse, die über eine Leiter in seinen Korb klettern. Das Buch kontrastiert zwei Perspektiven und macht Einbildung und Ängste sichtbar, aber verpackt sie in Humor. Der comicähnliche Stil erlaubt Übertreibung. In sprechblasenähnlichen Kreisen sind rund um den Kopf des kleinen Hundes die Schreckgespinste gemalt, die er auf dem Spaziergang sah, so übertrieben, wie sie ihm erschienen: Er stellt sich den Baum, der sich im Wind bewegt hat, als ein Ungeheuer vor, das zu ihm spricht. Er sieht ein unheimliches Gesicht, das sich aus (Nasen-)Straßenlaterne und Mond und Kirchturmuhr als Augen, die auf ihn schauen, zusammensetzt. Zwei Kinder, Ashok (4;0) und Anne (9;0), malen den sprechenden Baum. Nils (3;0) will immer wieder den Mülleimer sehen, der sich vorbeugt als offener Rachen mit Zähnen, und beruhigt sich mit dem wiederholten Kommentar: *nicht in echt*, aber keinesfalls will er nochmals den Mülleimer mit den vielen Monstern anschauen. Annika (5;0) hat nachts Angst und kann nicht einschlafen. Ihrer Mutter zeigt sie das Buch und erklärt, dass der Hund *denkt*, da seien Monster. Beim Lesen findet ein Fünfjähriger die Drachenköpfe aus der Mülltonne und anderes auch bedrohlich und versteht das Hundchen, erkennt aber gar nichts Furchterregendes im Laternenbild: Er zählt Kirchturm, Mond und Laterne auf und fragt sich, wovor es sich eigentlich fürchtet. Man sieht, dass alle Reaktionen geeignet sind, über Angstgefühle zu sprechen.
- *Charakterisierung* und *Wertung:* Kinder können etwas über das Äußere sagen, Verhaltensweisen vergleichen und vielleicht eine Veränderung beziehungsweise Entwicklung der Figur(en) erkennen. In *Zoo* bekommen die Menschen immer mehr tierische Merkmale, der Erzähler und sein Bruder finden die Affenmützen das Schönste am Zoo. Die Mutter kommt zu dem Schluss, dass der Zoo etwas für Menschen ist und nicht für Tiere. Der Vater, der den Kindern die Schokolade verweigert, wird aus der Froschperspektive gezeichnet und wirkt übermächtig, womit

Browne die Perspektive des Sohnes noch übertreibt. Beim Lesen entdeckt der Fünfjährige, dass die Wolken hinter dem Kopf des Vaters wie Hörner aussehen. Der Siebenjährige sagt gleich: *Wie ein Stier!* Der Orang-Utan kauert mit dem Rücken zu den Zoobesuchern vor einer nackten Wand: *Der ist einsam*, sagt der Fünfjährige und weiß, dass der Orang-Utan lieber *in den Bäumen, im Wald* wäre. Der Gorilla – aus nächster Nähe gesehen – ist *sauer, der guckt so*. Ein Kind stellte fest, dass er *Augen wie mein Opa* hat.
Auch der Wechsel der Perspektive wirkt sich auf die Charakterisierung aus. Ein Fünfjähriger meint nach dem ersten Vorlesen, dass es dem Eisbär, in seinen nackten Felsen, aus der Ferne gesehen, gut ginge. Vielleicht entdeckt er später dessen Leiden. *Zoo* hat Gefängnis und Unfreiheit zum Thema. Tiere leiden unter ihrer Unfreiheit, ohne dass es die Menschen im Buch kümmert, die kleinen Leser aber sehr wohl.

– *Metaphern: The Tunnel* ist reich an Details, die Kinder zusammensetzen müssen und die den Gegensatz zwischen den Geschwistern markieren. Wie Textmarkierungen assoziieren Kinder visuelle Markierungen, die Browne durchgehend verwendet: *Buch/Blume* vs. *Fußball/Backstein* zur Charakterisierung der gegensätzlichen und zerstrittenen Geschwister Rose und Jack. Rose liest, Jack spielt Fußball. Kinder unterlegen den Dingen auch schon eine metaphorische Bedeutung, Muster und Farben stützen die Metapher. Man entlockt Kindern nicht nur mit Fragen ihre Gedanken, sondern man kann auch einfach eigene Beobachtungen machen, die Kinder dann weiterführen. Die Bemerkung, dass die Muster hinter den Portraits der Geschwister, Blumentapete und Backsteinwand, schon mal vorkamen, veranlasst den Siebenjährigen zu der Feststellung: *Das haben die im Kopf*. Der Fünfjährige erkennt, dass Buch und Fußball auf der letzten Seite zusammenliegen. Die kleinen Leser müssen in ihrer Vorstellung die ganze Geschichte zusammensetzen, um solche innertextuellen Bezüge herzustellen. Eine Geschichte ganz im Kopf zu haben, macht später den guten Geschichtenerzähler aus. Mit dem Geschwisterstreit baut das Buch über die Bilder auch eine Brücke zu Alltagsproblemen. Besonders die Kleineren tragen gerne Alltagserfahrungen aus ihrer Umgebung zur Auslegung bei (Zu konzeptueller Metapherntheorie und Bilderbuchbezügen vgl. Teil II, 3.2.).

– *Spannungsbogen:* Spannung, Aufbau und Lösung sind Strukturelemente, nicht nur von Geschichten, sondern auch von Sachbüchern, wenn beispielsweise der Wühlmaus Gefahren von Feinden drohen. In der Geschichte *Die Hempels räumen auf* von Brigitte Luciani gibt es beim Aufräumen einen Tiefpunkt, auf den das Finderglück folgt: die Entdeckung des Schneebesens, der zum Kuchenbacken gesucht wurde. Das Wohnungschaos verwandelte sich dabei in schönste Ordnung. Die Familie sitzt, von oben gesehen, mit betont geometrischen Formen, die Ordnung vermitteln, um den Tisch mit dem Schokoladenkuchen in der Mitte: *Denn den Kuchen haben sie sich wirklich verdient.* Aber man ahnt schon die Anfänge von neuem Chaos beim Kuchenessen der Kinder und beim Beobachten der Katze. Auf der vorderen Innenseite nähert sie sich dem Breitopf, auf der letzten Seite entfernt sie sich mit Schokoladentatzen vom umgekippten Topf; man sieht gerade noch den gestreiften Schwanz.

- *Aufbau*: Anfang und Ende und der Höhepunkt, die spannendste Stelle, markieren die Struktur einer Geschichte. In *The Tunnel* ist es die Rückverwandlung des versteinerten Bruders durch die Umarmung der Schwester. Dabei entdeckten Kinder beispielsweise das Detail, dass sich die Steinchen im Kreis um den Bruder in kleine Blumen verwandelten.

- *Schauplatz / Ort* gehören zur Geschichte. Beispielsweise verwischt er die Grenzen zwischen Fantasie und Wirklichkeit in *The Tunnel* oder unterstreicht das Thema der Unfreiheit durch die verschiedenartigen Gehege und Käfige, die aber alle gleich kahl und steril sind. Er ist Teil der Atmosphäre.

- *Atmosphäre* nehmen die Kinder durch das Bild wahr und können beispielsweise konkret beschreiben, was dazu beiträgt. Später ist es schwierig, allein aus dem Text herauszusuchen, was die Atmosphäre ausdrückt. Kinder, so stellte man fest, sind für Atmosphärisches besonders empfänglich. In *Lily Takes A Walk* tragen die dunklen Gebäude, schwarzen Fenster, leeren Autos und menschenleeren Straßen zur unheimlichen Atmosphäre bei.

- *Titel* und *Deckblatt*: In den Tests ist der Einstieg immer die Frage: *Hast du Lust, das Buch zu lesen? Warum? / Warum nicht?* Im Bilderbuch *The Tunnel* sieht man die Beine eines Mädchens, das in einen Tunnel kriecht und fast verschwunden ist. Das lockt kleine Leser. Oft sind Anfangs- und Schlussseiten mit Bezug zum Inhalt gestaltet. Auch hier hat wieder die Schlussszene etwas Herausforderndes: Vorne sind die Geschwister nebeneinander abgebildet, auf der letzten Seite schauen sie sich an, die Schwester lächelt den Bruder an, der Junge lächelt wahrscheinlich zurück, aber das kann der Leser nicht sehen, denn der Junge wird von hinten gezeigt. Die Mutter weiß nichts vom Erlebnis der Kinder. Was denken die beiden oder sagen sie zueinander oder der Mutter? Auf dem Deckblatt von *Lily Takes A Walk* ist alles schon angedeutet, was Angst machen könnte, und das angstvolle Gesicht des Hundchens lässt schon Fürchterliches ahnen, aber das sind Details, die erst *nach* dem ersten Lesen entdeckt werden.

- *Thema*: In *Zoo* ist unter dem Titel, der erst auf Seite 5 (!) erscheint, ein Käfig mit Laufrad abgebildet, und ein kleiner Hamster schaut durch die Stäbe. Beim wiederholten Anschauen bekommt das Bild erst Bedeutung. Browne bringt das Thema *Gefängnis* beziehungsweise *Freiheit* schließlich auch mit der Haltung von Haustieren in Verbindung.

Mit inhaltlich und ästhetisch anspruchsvollen Bilderbüchern lernen Kinder, was ihnen später im Lese- und Literaturunterricht weiterhilft. Sie werden intellektuell gefördert in Fähigkeiten, die sie teilweise mitbringen und in denen sie den Erwachsenen noch überlegen sind. Eine Fünfjährige fasst es in Worte: *Bei den Bildern kann man sich mehr Zeug denken* (Arizpe & Styles 2003: 135). Zunächst erleben Kinder, dass jeder über eine Geschichte etwas sagen kann, und jeder wird dazu ermutigt. Der Weg zur Interpretation ist lang, und vielleicht helfen diese Anfänge später beim selbstständigen Lesen und halten ganz allgemein eine Grundhaltung wach, die man mit *aktivem Sehen und Hören* umschreiben kann. Hier liegen die Anfänge der Fähigkeit, über Fernsehsendungen, Filme und Zeitungsartikel zu sprechen, wenn man sich angeregt fühlt und ausdrücken kann, was einem gefällt, was einen wundert, was einem missfällt und warum. Dazu gehört die frühe Erfahrung, dass andere zuhören und jeder etwas beizutragen hat. Es sind Fähigkeiten, die in einer Gesellschaft, in der Bilder immer wichtiger werden, gebraucht werden. Bilderbücher sind besonders geeignet, das Nachdenken über eine Geschichte zu fördern durch:

- das Spannungsverhältnis zwischen Bild und Text,
- das Pendeln zwischen Bild und Text
- und erneutes Bildbetrachten mit tieferem Eindringen in den Text.

Es wundert nicht, dass auch Erwachsene anspruchsvolle Bilderbücher schätzen und gerne lesen.

1.9 Wie reagieren Vier- und Fünfjährige auf verschiedene Genres in Bilderbüchern?

Lernziel in der Schule ist es, dass Kinder lernen, unterschiedliche Textsorten zu erkennen und damit umzugehen. Die texanischen Forscherinnen Stephanie Shine und Nancy L. Roser (1999) gingen der Frage nach, ob schon Vorschulkinder in ihren Reaktionen auf unterschiedliche Bilderbücher erkennen lassen, dass sie Unterschiede wahrnehmen. Dass diese Frage zu bejahen ist, wundert nicht nach den Beobachtungen von Evelyn Arizpe und Morag Styles (2003). Shine und Roser suchten aus einer größeren Gruppe neun Kinder zwischen 4;4 und 5;6 Jahren aus, die beim Vorlesen durch ihre aktive Beteiligung am Gespräch aufgefallen waren. Fünf davon konnten ein Lieblingsbuch nennen (offenbar die Buchfassung von Disney-Filmen wie *Schneewittchen*), drei lasen regelmäßig mit ihren Eltern. Die Vorlesegruppe mit einem Erwachsenen bestand aus fünf Kindern, damit jedes Kind genügend Gelegenheit zum Sprechen hatte. Die Bücher waren den Kindern neu, sie wurden ihnen jeweils zweimal vorgelesen in zweiwöchigem Abstand. Die Rolle des erwachsenen Vorlesers bestand darin, am Ende nach dem Inhalt der Geschichte zu fragen. Die Kinder trugen ihn gemeinsam zusammen und hatten dabei die Möglichkeit, gemeinsam darüber zu sprechen. Aufgabe des Erwachsenen war es auch, nachdenkliche Fragen in Gang zu halten, aber das Gespräch nicht zu dominieren. Es wurden vier verschiedene Genres von Bilderbüchern ausgewählt:

- Fantasiegeschichten (moderne Geschichten mit Zauberelementen),
- realistische Geschichten aus dem Alltag, wie man früher und heute lebt,
- Sachbücher (beispielsweise über Sonne, Wind und Regen) und
- Dichtung in rhythmischer Sprache und mit Bildern, die Bewegung und Rhythmus der Verse nachzeichnen (beispielsweise wie ein kleiner Junge die Vögel nach dem allerersten Lied fragt).

Es stellte sich heraus, dass Kinder in ihrer Interpretation bei allen Genres zunächst von ihren persönlichen Assoziationen ausgehen, die sie mit den Personen in der Geschichte, den Ereignissen, Bildern und Themen verbinden. Trotzdem nehmen sie doch unterschiedliche Grundeinstellungen bei den verschiedenen Genres ein, die die Forscherinnen in einem Satz zusammenfassen.

Bei *Fantasiegeschichten: Ich stelle mir vor*. Die Äußerungen der Kinder spiegeln wider, dass Eigenschaften und Gefühle der Figuren und das Geschehen selbst am wichtigsten sind, ebenso der Ort der Handlung. Text und Bild fesseln Kinder gleichermaßen. Sie beobachten, wie Dinge und Figuren dargestellt werden. Ein Kind merkte sogar, dass im gelesenen Buch Eigennamen fehlten, was eine Diskussion auslöste.

Bei *realistischen (Alltags-)Geschichten: Ich erkenne es (wieder)*. Hier ziehen Kinder spontan Parallelen zu ihren eigenen Erlebnissen, kombinieren Text mit Bild, indem sie mutmaßen, was wohl in der abgebildeten Kiste ist oder wem welches Auto auf der Straße gehört. Einer entdeckt einen Hund und erweitert die Geschichte wie der Autor selbst: *Der Hund will dich beißen …!* Solche Bemerkungen können zündend für ein lebhaftes Gespräch sein.

Bei *Sachbüchern: Ich weiß es*. Kinder bringen ihr Wissen ein und gehen Ideen nach, die vom Text ausgelöst sind. Anders als bei Fantasiegeschichten schildern sie hier Abläufe und wenden ihre Aufmerksamkeit ganz stark den Abbildungen zu. Offenbar suchen sie auch in diesen Büchern nach Menschen. Den Forscherinnen fiel auf, dass Kinder beim Sachbuch über den Schmetterling nach Mutter und Kind fragten und beim Wetterbuch nach den (fehlenden) Personen.

In Kindersachbüchern mischen sich die Erzählformen, ein Tier wird menschlich dargestellt, der Schmetterling stellt sich selbst vor mit *ich* – spricht also in der ersten Person. Im Buch *Die Wühlmaus* von Annet Planten und Ries Moonen wird der Jahresverlauf im Leben des Tieres beschrieben. Die Autorin benutzt *Wühlmaus* ohne Artikel wie einen Eigennamen, beispielsweise *Wühlmaus ist jetzt erwachsen.* Die Äußerungen der Kinder spiegelten wider, dass sie trotz solcher Merkmale den Inhalt als allgemeine Sachinformation verstanden haben. Jonas' Reaktion bestätigt die Beobachtungen von Shine und Roser. Nach dem ersten Vorlesen spricht Jonas (5;1) allgemein von *Wühlmäusen* (ohne Artikel) und *Wildschweinen*, bewertet ihr Verhalten und nennt Wühlmäuse *sehr schlau.* Er entwickelt Möglichkeiten, wie Wühlmäuse ihre Jungen (im Dialog: *das*) vor den Wildschweinen retten könnten (*vielleicht*, Konjunktiv).

Jonas (5;1)	Gast
Mm; aber Wühlmäuse sind sehr schlau.	*Ja, das find ich auch, ja.*
Blättert im Buch, sucht Baum. Zeigt. *Außerdem kommt ein Wildschwein nicht in so kleine Gänge rein. Aber vielleicht können auch Wühlmäuse das untern Baum tragen, ja tragen, und dann können Wildschweine nicht da dran.*	*Das ist eine gute Idee.*
Aber dann müssten sie sehr schlau sein.	

Text: Platen, A. & Ries, M. (1978), *Die Wühlmaus.* (Stalling: Oldenburg, Hamburg)

Bei *poetischen Büchern: Ich fühle mich ein / Ich eigne es mir an.* Diese Einstellung spiegelte sich darin, dass Kinder bei der Beschreibung der Bilder vom Text beeinflusst wurden. Klang und Rhythmus beeinflussten ihr Sprechen, sie ließen sich emotional anstecken und spielten nach, beispielsweise heulten sie wie der Wolf oder krabbelten wie die Spinne im Buch. Sie suchten weniger nach einem Bezug zum eigenen Erleben, sondern verglichen die Figuren mit solchen in Filmen, Comicbüchern, Märchen oder in anderen Büchern.

Aus den Ergebnissen der Studie, in die andere Untersuchungen einbezogen wurden, lassen sich Schlüsse ziehen für Grundschul- beziehungsweise Primarstufenlehrpersonen und ErzieherInnen, aber auch für das Vorlesen in der Familie, wenngleich die Situation dort eine andere ist.

Es lohnt sich, Vier- und Fünfjährigen Bilderbücher verschiedener Genres vorzulesen und sie damit bekannt zu machen. Kinder reagieren spontan mit einer Fülle von Äußerungen auf Bücher, je nachdem, ob ihnen eine Fantasiegeschichte, eine realistische Alltagsgeschichte, ein Sachbuch oder ein poetisches Buch vorgelesen wird. In der Studie wurden die Bücher nur zweimal vorgelesen; mehr Wiederholungen würden sicher zu mehr Nachdenken anregen. Kinder nehmen Unterschiede im Genre wahr und versuchen, entsprechend unterschiedlich die Geschichte zu verstehen. Sie kommen spontan auf Dinge, die den Umgang mit literarischen Texten charakterisieren, kurzum, sie beginnen zu interpretieren. Da, wo ihnen die Mittel des Eindringens am ehesten fehlen, bei poetischen Büchern, spielen sie nach, übernehmen Klang und Rhythmus der Sprache und finden so Zugang zum Text. Bei realistischen Geschichten bringen sie ihre eigenen Erfahrungen ein, widmen sich der Erklärung von Details und weiten die

Geschichte aus. *Ein* Ergebnis erscheint besonders wichtig für alle, die Kindern Bilderbücher vorlesen: Nicht die realistischen (Alltags-)Geschichten, sondern Fantasiegeschichten regen Kinder am meisten an, sich mit den Charakteren und deren Gefühlen zu beschäftigen. Die Studie ergab, dass hier Kinder am tiefsten in das Verständnis der Geschichte eindringen. Vielleicht bieten Fantasiegeschichten für jüngere Kinder die beste Möglichkeit, im sicheren Rahmen der Fantasie sich auch mit tief beunruhigenden Themen auseinanderzusetzen wie beispielsweise der Trennung von der Familie. *Der Tunnel* ist ein Beispiel dafür, wie ein schwieriges psychologisches Problem, die Kluft zwischen Geschwistern, in einer Fantasiegeschichte mit Alltagselementen gelöst wird.

Die Studie zeigt, dass Kinder mit ihrer Alltagserfahrung und im Umgang mit Film und Fernsehen von sich aus Zugänge zu Büchern entwickeln. Trotzdem vermittelt der Vorleser klare, ganz bestimmte Werte:

- Die Vorlesestunde (oder: das Vorlesestündchen) ist wichtig. Wichtigkeit wird auch durch Regelmäßigkeit vermittelt.
- Jeder Gedanke und Beitrag eines Kindes ist wertvoll, auch der, der unter Umständen vom Text wegführt.
- Freude und Interesse zählen am meisten.

Welche Vorlesestrategie die beste ist, wird der einfühlsame Vorleser selbst herausfinden und merken, wo vielleicht kleine Hinweise sich lohnen und wie Kinder das Vorlesen steuern. Wir erinnern uns, dass es am Anfang des Bilderbuchlesens – ab zirka neun Monate – wichtig ist, an die Erfahrungen des Kindes anzuknüpfen, um überhaupt seine Aufmerksamkeit zu fesseln. Interaktivität im Dialog und die Abbildungen halten das Interesse wach. Allmählich rückt der gedruckte Text in Kombination mit dem Bild in den Blick. Ein Einwurf, ausgelöst von einer missverständlich formulierten Textstelle, zeigt, wie konzentriert und genau Kinder zuhören. Die Großmutter liest Jonas (4;5) aus seinem Lieblingsbuch vor:

»Hast du schon mal einen Löwen getötet?«, fragte der Alte Findus.
Jonas: *Aber Findus ist doch gar nicht alt* (*sc.* mit *der Alte* war Pettersson, eine andere Person, gemeint).

Es genügt, Kinder beim Vorlesen zu beobachten. Ab einem bestimmten Punkt in ihrer Leseerfahrung erwarten sie den vollständigen Text. Der leseerfahrene Jonas (5;1) besteht darauf, dass die Großmutter auch die Titelseite liest, und fragt am Ende des Buchs: *Jetzt ist alles fertig, oder?* Von der Wühlmaus ist alles gesagt, aber das letzte Doppelblatt des Sachbuchs enthält noch eine Zusammenfassung über Nahrung und Feinde der Wühlmaus. Jonas kontrolliert, ob alles gelesen wird.

Kleine Kinder haben einen unendlichen Wissensdurst, den es wachzuhalten gilt, ohne sie zu überfordern.

1.10 Worauf es ankommt

- Bilderbücher sind kein Spielzeug. Beim frühen Bilderbuch-»Vorlesen« (ab zirka 9 Monaten) lernt das Kind den Umgang mit Büchern: richtiges Halten des Buchs (zuerst mit Hilfe), Lesen vom Buchanfang an, Umblättern zur nächsten Seite, Schluss und Zuklappen.

- Schon die ersten Bilderbücher bekommen einen gesonderten Platz, wo sie aber möglichst greifbar für das Kind sind. Sie gehören nicht in die Spielzeugkiste.

- Zwischen Bilderbuch und der Erfahrungswelt des Kindes ist eine Kluft, die der Vorleser zunächst überbrücken muss, um das Interesse des Kindes zu sichern. Er ist mehr Textschöpfer als Textleser. Er sollte daher am Anfang völlig vertraut sein mit der Erlebniswelt des Kindes. Daraus ergibt sich weiter:

- Da die Aufmerksamkeitsspanne der Kleinsten noch kurz ist, wird an das Interesse des Kindes angeknüpft. Der Vorleser vermittelt zwischen Bilderbuchgeschichte und Aufmerksamkeitsfokus des Kindes, das unter Umständen ganz Nebensächliches im Blick hat. Der Bilderbuchtext sollte allmählich in den Vordergrund rücken. Die Entwicklung führt später zur Geschichte mit nur wenigen Illustrationen und zum eigenständigen Lesen.

- Vorlesen am Abend vor dem Einschlafen ist ein schönes Ritual, aber ein Kind ist dann schon müde. Für das eigentliche Lesen sollte man im Tagesablauf eine Zeit relativer Ruhe reservieren, in der das Kind wach und maximal aufnahmefähig ist. Eine solche Vorleseroutine geht dann über in eine tägliche Routine, in der das Kind selbstständig liest. Leselust entwickelt sich auch zu einem guten Teil aus Routine.

- Die Vielfalt sogenannter interaktiver Bilderbücher für die Kleinsten ist groß, mit Klapp-, Falt-, Puzzlebüchern und solchen mit Soundmodul. Sie sind sicherlich keine Notwendigkeit, aber mögen manchen Kindern Spaß machen und das Betrachten spannender werden lassen. Fühl- und Klappbücher helfen Einjährigen und Jüngeren in der Übergangsphase, in der sie lernen, wirkliche Objekte von ihren Repräsentationen im Bilderbuch zu unterscheiden. Die ersten Bilderbücher im Kleinformat mit Pappseiten, auf denen Gegenstände aus der Umgebung des Kindes abgebildet sind (leider auch schon längst veraltete), fördern die frühe Konzeptbildung, den Denkschritt von dem vertrauten Gegenstand zur Speicherung des Abbilds im Gehirn, im mentalen Lexikon.

🕮 Das Bilderbuchlesen fördert den Spracherwerb in vielerlei Hinsicht: Wörter werden nachgesprochen, nach Wörtern wird gefragt, sie prägen sich durch Wiederholung ein. Ganze Textstellen werden auswendig gelernt. Wiederholung fördert den Spracherwerb in Bezug auf Aussprache, Wortschatz, Grammatik und die Wahrnehmung von Lauten, besonders durch Reime und Wortspiele (beispielsweise *Lirum larum Löffelstiel*). Der Erwachsene folgt anfangs Blicken, Gesten des Kindes und versprachlicht sie, indem er Einzelwörter als Stichwörter nimmt, die er gegebenenfalls wiederholt (und so sanft verbessert), zu Sätzen erweitert und ergänzt. Wiederholung stellt zunächst sicher, dass das Kind selbst etwas zum Vorlesedialog beitragen kann. Das macht Spaß und regt an. Immer wieder dasselbe Buch bedeutet auch, dass das Kind dasselbe Bild, dieselbe Geschichte jedes Mal wieder neu und anders erlebt. Das Zauberwort beim Lesen ist Wiederholung.

🕮 Bücher machen den Kinderalltag reicher an Anregungen. Schon das erste Bilderbuch im Kleinformat bietet dem Kind Neues, Objekte, die es nicht kennt oder die es noch nie gesehen hat. Von Anfang an sind Bilderbücher auch Wissensquelle. Hier wird vorbereitet, was später Bücher in der Schulzeit leisten. Schon die Kleinsten sind unendlich wissensdurstig, und man sollte ihren Wissensdurst entsprechend stillen und wachhalten, indem man aber auch darauf achtet, gerade die Kleinsten nicht zu überfordern. In den Anfängen des Lesens muss der Erwachsene abwägen und sich in Sprache und Inhalt nach dem Wissensstand des Kindes richten.

🕮 Vorlesen schafft einen engen Kontakt zwischen Vorleser und Kind. Das Kind empfindet durch die Nähe Geborgenheit. Gefühle teilen sich mit. Die gemeinsame Perspektive fördert gegenseitiges Verstehen und den sprachlichen und gedanklichen Austausch. Der Einfluss auf das Kind ist groß.

🕮 Die Situation ist umkehrbar, das Kind kann »vorlesen« oder mitlesen, was es auswendig kann. Der Vorteil zeigt sich auch im Schulalter. Wenn das Vorlesen Routine ist, wird es noch leichter sein, Kindern bei Lesedefiziten zu helfen, indem man zu zweit liest und nach bestimmten Regeln verbessert. Die Engländer entwickelten entsprechende Modelle (beispielsweise *paired reading*).

🕮 Mit Bilderbüchern wächst ein Kind in unsere Kultur hinein, indem es Bilder verstehen lernt. Sie fördern Wahrnehmung und Orientierung in einem längeren Entwicklungsprozess. Der Erwachsene versteht Bilder, weil er mit den Konventionen der Darstellung vertraut ist; ein Kind lernt diese Konventionen erst aus der Erfahrung mit Bilderbüchern. Es braucht dazu die Hilfestellung des Erwachsenen, ohne dass eine Unterrichtssituation entsteht. Das Kind braucht Zeit, sich in der Abbildung zu orientieren, um sich beispielsweise eine Szene im Kopf dreidimensional und belebt vorzustellen, zu vergleichen und in seine Vorstellungen einzuordnen. Es hat nicht so schnell alles im Blick wie der Erwachsene, aber sieht oft mehr Details. Die Zeit, die der Vorleser dem Kind zum Betrachten lässt, ist oft länger als die Zeit, die er beispielsweise für das Vorlesen des Texts benötigt. Er muss Pausen zum Betrachten zulassen, auch bei Büchern, die das Kind schon in- und auswendig kennt. Man lässt Kinder, sobald es möglich ist, besser selbst umblättern. Man erleichtert den Kleineren das Umblättern, wenn man die nächste Seite schon etwas lockert.

🕮 Wir erleben, wie Bilder zur schnellen Orientierung in unserer Gesellschaft immer wichtiger werden und Text zurückdrängen, beispielsweise in Zeitungen, in Schulbüchern und auf Internetseiten. Die unterschiedlichen Illustrationen fördern das Lesen von Bildern zu einem frühen Zeitpunkt. Es formen sich geistige Bilder, die die Kinder dann besser befähigen, beispielsweise eine Geschichte zu erzählen. Bilder sind eine Hilfe beim sinnentdeckenden Lesen in der Schule. Die Erfahrung im Bilderbuchlesen hilft Kindern auch, (später) Illustrationen zum Verstehen von Text zu nutzen.

🕮 Manchmal regen geliebte und oft vorgelesene Bilderbücher mit wenig Text die Kinder schon im Vorschulalter zum Rollentausch an: Das Kind orientiert sich beim »Lesen« an den Abbildungen. Motiv für das Lesen ist schon früh die Identifikation. Das Kind stellt sich in den Geschichten eine eigene Biografie zusammen.

🕮 Man hat Grund zu der Annahme, dass das Bilderbuchbetrachten auch eine Vorübung für Lesen und Schreiben ist: Das Kind übt sich darin, dasselbe Objekt in unterschiedlichen Szenen (klein, groß, allein oder unter vielen anderen abgebildet) zu identifizieren, genauso, wie es später den gleichen Buchstaben in unterschiedlicher Umgebung und einen Laut mit unterschiedlicher Klangfarbe (Allophone) wiedererkennt.

🕮 Auch Reime spielen ein wichtige Rolle, und zwar unabhängig von der Intelligenz: Frühe Reimer beginnen früher zu lesen. Reimen fördert ein Kind darin, Laute wahrzunehmen und zu unterscheiden, und fördert später die Assoziation mit Buchstaben.

Beim Bücherlesen – und dazu gehört auch schon das Bilderbuchbetrachten – entwickelt sich ein Lernen in zwei Richtungen. Es ist ein Schritt auf dem Weg in die Gesellschaft und ein Sozialisierungsprozess, aber es stärkt auch die Individualität und die Persönlichkeit des Kindes. Wie später nicht jedes Buch jedem gleich gut gefällt, so entwickeln schon die Kleinsten dabei Vorlieben und Interessen, die der Erwachsene beachten sollte. Man fand den Unterschied zwischen referenziellen und expressiven Kindern: Die einen zeigen am liebsten auf Objekte und benennen sie, die anderen interessiert mehr, was um sie herum vorgeht, Aktivitäten und Beziehungen. Auf solche Vorlieben wird der Erwachsene bei der Auswahl der Bilderbücher Rücksicht nehmen. Wenn man sein Kind mit in das Buchgeschäft oder die Leihbücherei nimmt, kann man schon den Kleinen größere Wahlmöglichkeiten anbieten. Den Horizont erweitert es auch, Kinder mit unterschiedlichen Genres vertraut zu machen: Fantasiegeschichten, realistische Alltagsgeschichten, Sachbücher und poetische Bücher. Fantasiegeschichten mit Alltagselementen scheinen am besten geeignet, bedrückende Themen zu thematisieren.

Bilderbücher erziehen auch ästhetisch. Auch unter diesem Gesichtspunkt sind sie sorgfältig auszuwählen, aber ebenso in ihrer ganzen Vielfalt zu beachten. Die Bilderbuchauswahl gibt Kindern die Freiheit, Initiative zu entfalten und die Kommunikation zu steuern.

Bilderbücher eröffnen eine neue Perspektive auf Objekte, Ereignisse, Situationen, Handlungen und Charaktere und geben früh Anlass, auszudrücken, was auffällt, was gefällt und nicht gefällt, wo Parallelen zum eigenen Leben zu entdecken sind. Das sind oft scheinbar unbedeutende Beobachtungen, dass beispielsweise der Hund im Buch dem Nachbarhund ähnlich sieht oder viel lieber ist als der Nachbarhund und der kleine Bär jetzt wieder fröhlich ist, nachdem er in einer anderen Geschichte krank und traurig war. Mit solchen Gesprächen beginnt Interpretation. Kein Erwachsener braucht philologische Bildung, um mit dem Kind über Darstellung und Inhalt zu sprechen. Zugang zum Buch findet man auch später über eigenes Erleben und eigene Erfahrungen. Identifikation mit dem Thema oder gerade das Gegenteil lassen den Menschen auch später zum Buch greifen.

Ästhetisch und inhaltlich anspruchsvolle Bilderbücher enthalten alle Aspekte literarischer Werke, aber eignen sich durch das spezielle Spannungsverhältnis zwischen Text und Bild und das Spannungsverhältnis zwischen linker und rechter Bildseite in besonderem Maße zur Entwicklung der Fähigkeit, tiefer

in die Bedeutungsschichten einer Geschichte einzudringen. Kinder beachten die Bilder viel stärker und sehen unvoreingenommen, sodass Erwachsene von ihnen lernen können. Andererseits vermitteln Erwachsene Kindern das sprachliche Rüstzeug, sich auszudrücken *(scaffolding)*. Auch wenn der Weg zum Interpretieren ein langer ist, so prägt sich doch von früh an ein, dass zum Sehen, Hören und Lesen auch noch gehört, über ein Buch nachzudenken und etwas dazu zu sagen. Das kommt nicht nur dem Lesen von Geschichten, sondern auch dem Fernseh- und Filmkonsum zugute. Es bedeutet aktives Sehen und Hören beziehungsweise Verarbeiten statt einfach Konsumieren.
Das Bilderbuchbetrachten ist nicht auf das Vorschulalter beschränkt. Anspruchsvolle Bilderbücher sind in der ganzen Grundschulzeit geeignet, Interpretationsfähigkeiten zu fördern. Es wundert nicht, dass auch Erwachsene anspruchsvolle Bilderbücher lesen.

📖 Das Bilderbuchbetrachten fördert Diskursfähigkeit. Dialoge zwischen Bezugsperson und Kind beginnen mit der Geburt. So gering die Beiträge des Kindes zunächst erscheinen und so einseitig das Vorlesen wirken mag, weil das Kind vielleicht nur *da-da* oder *te-te* sprachlich beiträgt, so werden doch schon wichtige Regeln der Kommunikation eingeübt beziehungsweise dem Kind durch die vorlesende Person vermittelt, die sich auf das Kind einstellt, hinhört und seine Reaktionen beachtet, sein Interesse sicherstellt und verstärkt und zusieht, dass das Kind alles versteht.

📖 Das Lustprinzip: Lesen macht Freude. Diese Motivation gilt für jedes Lebensalter und muss von Anfang an höchstes Gebot schon beim Bilderbuchvorlesen sein. Es prägt die Grundeinstellung zum Lesen und sichert die Lust auf Fortsetzung.

1.11 Im Text angeführte Bilderbücher

Baeten, L. (1992), *Die neugierige kleine Hexe* (Oetinger: Hamburg)

Berner, Rotraut Susanne (2004), *Frühlings-Wimmelbuch* u.a. Jahreszeiten (Gerstenberg Verlag: Hildesheim)

Beskow, Elsa (2005), *Die Wichtelkinder*. Ins Deutsche übertragen v. Arnica Esterl (Verlag Urachhaus: Stuttgart) 4. Aufl.; urspr. 1994

Browne, Anthony (2004), *In den Wald hinein* (Lappan Verlag: Oldenburg)

Blake, Jon und Axel Scheffler (Illustrator), (1992), *He Duda* (Geltz & Gelberg: Weinheim, Basel)

Bruna, Dick (1973), *Erste Bilder* (Otto Maier Verlag: Ravensburg), urspr. 1962

Bruna, Dick (1971), *Bunte Bilder* (Otto Maier Verlag: Ravensburg), 3. Aufl., urspr. 1968

Carle, Eric (1969), *Die kleine Raupe Nimmersatt* (Gerstenberg Verlag: Hildesheim)

Damm, Antje (2001), *Siehst du Gespenster?* (Atlantis, Verlag pro juventute: Zürich)

Damm, Antje (2006), *Was ist das?* (Gerstenberg: Hildesheim)

Erlbruch, Wolf (2004), *Die große Frage* (Peter Hammer Verlag: Wuppertal)

Gutman, Anne und Georg Hallensleben (2005), *Schlaf schön, Penelope* (Carlsen Verlag: Hamburg), urspr. 2003 (Gallimard Jeunesse: Paris)

Höppner, Gabi und Birgit Meyer (2005), *Quak Quak! macht die kleine Ente* (Coppenrath Verlag: Münster)

Kitamura, Satoshi (2003), *Die komischen Abenteuer von Kater Stiefel* (bohem press: Zürich), urspr. 2002 (Andersen Press: London)

Luciani, Brigitte (2004), *Die Hempels räumen auf* (Michael Neugebauer Verlag: Zürich)

Maar, Paul (1997), *Die Maus, die hat Geburtstag heut* (Oetinger: Hamburg), in Reimen

Metzger, Wolfgang (1997), *Aufladen – Abfahren* (Ravensburger Buchverlag: Ravensburg), zum Aufklappen

Mim Chindli. E neus Bilderbuech für die ganz Chline (Rascher & Cie Zürich), urspr. 1910, ohne Verfassernamen

Mitgutsch, Ali (1993), *Rundherum in meiner Stadt* (Ravensburger Buchverlag: Ravensburg), urspr. 1968

Napp, Daniel (2004), *Tut! Tut! macht der Traktor* (Oetinger: Hamburg), mit Soundmodul

Napp, Daniel (2004), *Tut! Tut! macht der Laster* (Oetinger: Hamburg), mit Soundmodul

Neubauer-Fesser, Monica und Andrea Erne (2004), *Mein erstes Fühlbuch* (Ravensburger Buchverlag: Ravensburg)

Osterwalder, Markus (2004), *Bobo Siebenschläfer* (Rowohlt Tb.), urspr. 1984

Platen, Annet und Ries Moonen (1978) *Die Wühlmaus* (Verlag Stalling AG: Oldenburg, Hamburg)

Scheffler, Axel und Julia Donaldson (2005), *Das Lieblingsbuch von Benni Stern*. Aus dem Engl. von Monika Osberghaus (Beltz & Gelberg: Weinheim, Basel), in Reimen

Scheffler, Axel und Julia Donaldson (1999), *Der Grüffelo*. Aus dem Engl. von Monika Osberghaus (Beltz & Gelberg: Weinheim, Basel), in Reimen

Scheffler, Axel (2004) *Der magnetische Bauernhof* (Beltz & Gelberg: Weinheim, Basel)

Schwarz, Hans-Dieter (Illustrator), (1973), *Das kleine Flusspferd*: nach einem afrikanischen Märchen (Altberliner Verlag Lucie Groszer: Berlin)

Sendak, Maurice (Illustrator), (1973), *Der kleine Bär* (Verlag Sauerländer: Aarau, Frankfurt a. Main), urspr. 1957

Sendak, Maurice (1967), *Wo die wilden Kerle wohnen* (Diogenes Verlag: Zürich), urspr. 1963

Spanner, Helmut (1998), *Meine ersten Sachen* (Ravensburger Buchverlag), urspr. 1977

Steichen, Mary Calderone and Edward Steichen (1930) *The First Picture Book.* Everyday *Things for Babies* (Fotofolio: New York), in Association with the Whitney Museum of American Art, New York

Stohner, Anu und Henrike Wilson (2005) *Das Schaf Charlotte* (Carl Hanser Verlag: München, Wien)

Testa, Fulvio (1982), *Ein ganz gewöhnlicher Tag* (Nord-Süd Verlag AG: Zürich/Schweiz)

Tidholm, Anna-Clara (1999), *Klopf an!* (Carl Hanser Verlag: München, Wien), urspr. 1992 Stockholm

Tidholm, Anna-Clara (2005), *Alle dürfen mit* (Carl Hanser Verlag: München, Wien), urspr. Stockholm 2004

Wernhard, Herrmann (1988), *Mein erstes Buch* (Ravenburger Buchverlag: Ravensburg)

Reimsammlung

Roscher, Achim und Gertrud Zucker (2004), *Ilse Bilse* (Kinderbuch Verlag: Berlin)

Angelsächsische Kinderbücher in englischer Sprache (z. T. auch auf Deutsch erschienen)

Browne, Anthony (1989), *The Tunnel* (Walker Books: London, Boston, Sidney) Übersetzung: *Der Tunnel* (Lappan Verlag GmbH: Oldenburg), 1989

Browne, Anthony (1992), *Zoo* (Sunburst Book 2002: Farrar, Straus and Giroux), Übersetzung: *Zoo* (Lappan Verlag GmbH: Oldenburg), 1992

Burningham, John (1977), *Come away from the water, Shirley* (Jonathan Cape: London)

Hutchins, Pat (1968), *Rosie's Walk* (Macmillan: New York)

Kitamura, Satoshi (1987), *Lily Takes A Walk* (Happy Cat Books Ltd: Bradfield, Essex, UK)

Raskin, Ellen (1966), *Nothing ever happens on My Block* (Athenaeum: New York)

Sirett, Dawn (2006), *Baby says peekaboo!* (DK Publishing, Inc.: New York)

Für blinde Kinder

Jensen, Allen Virginia und Dorcas Woodbury Haller (1993) *Was ist das?* (Verlag Sauerländer: Frankfurt et al.), 8. Aufl., urspr. 1977

Jensen, Virginia Allen (1984) *Vierkantitis kannst du nicht essen!* (Verlag Sauerländer: Aarau, Frankfurt, Salzburg), Übers. aus dem Dänischen v. Rolf Inhauser; urspr. 1984 (Forlager IBIS: Kopenhagen)

1.12 Literaturverzeichnis

Apseloff, Marilyn (1987), Books for Babies: Learning Toys or Pre-literature? *Children's Literature Association Quarterly* 12, 63–66

Arizpe, Evelyn und Morag Styles (2003), *Children reading pictures. Interpreting visual texts* (Routledge Falmer: London, New York)

Gambrell, L. B. und Jawitz P. Brooks (1993) Mental imagery, text illustrations, and children's story comprehension and recall. *Reading Research Quarterly* 28, 265–273

Glynn, Ted (1996) Pause Prompt Praise: Reading tutoring procedures for home and school partnership. In: Wolfendale, Sheila and Keith Topping (Eds), *Family Involvement in Literacy. Effective Partnerships in Education* (Cassell: London, New York) 33–44

Hall, Joanne Larson and Jackie Marsh (Eds) (2001), *Handbook of Early Childhood Literature* (Sage: London)

Jones, Rhian (1996), *Emerging Patterns of Literacy. A Multidisciplinary Perspective* (Routledge: London, New York)

Kress, Gunther (1997), *Before Writing. Rethinking the Paths to Literacy* (Routledge: London, New York)

Kress, Gunther and Theo van Leeuwen (2006), *Reading Images: the Grammar of Visual Design, 2nd ed. (Routledge: London and New York),* 1st ed. 1996

Kümmerling-Meibauer (1999), Metalinguistic awareness and the child's developing concept of irony. *The Lion and the Unicorn,* 23: 168–176

Kümmerling-Meibauer, Bettina und Jörg Meibauer (2005), First Pictures, Early Concepts: Early Concept Books. *The Lion and the Unicorn* 29, 324–347

Kümmerling-Meibauer, Bettina (2006), Literacy. In: Zipes, Jack (Ed.) *The Oxford Encyclopedia of Children's Literature* (Oxford University Press: Oxford)

Lewis, David (2001), *Reading Contemporary Picturebooks. Picturing text* (Routledge-Falmer: London and New York)

Lowe, Virginia (2007), *Stories, Pictures and Reality. Two children tell* (Routledge: London, New York)

Maclean, Morag, Peter Bryant und Lynette Bradley (1987), Rhymes, Nursery Rhymes and Reading in Early Childhood. *Merrill-Palmer Quarterly* Vol. 33, No. 3, 255–281

Nikolajeva, Maria, and Carol Scott (2001), *How Picturebooks Work* (Routledge: New York)

Nikolajeva, Maria (2003), Verbal and Visual Literacy: The Role of Picturebooks in the Reading Experience of Young Children. In: Hall, Joanne Larson, and Jackie Marsh (Eds) *Handbook of Early Childhood Literature* (Sage: London)

Nodelman, Perry (1988), *Words About Pictures. The Narrative Art of Children's Picture Books* (The University of Georgia Press: Athens and London)

Roberts, K., and F. D. Horowitz (1986) Basic Level Categorization in Seven- and Nine-Month-Old Infants. *Journal of Child Language* 13, 191–208

Shine, Stephanie und Nancy L. Roser (1999), The Role of Genre in Preschoolers' Response to Picture Books. *Research in the Teaching of English* Vol. 34, Nov. 1999, 197–251

Topping, Keith (1996), Tutoring Systems for Family Literacy. In: Wolfendale, Sheila and Keith Topping (Eds), *Family Involvement in Literacy. Effective Partnerships in Education* (Cassell: London, New York) 45–60

Wolfendale, Sheila and Keith Topping (Eds), (1996), *Family Involvement in Literacy. Effective Partnerships in Education* (Cassell: London, New York)

2 Geschichten erzählen

2.1 Übergänge zwischen Geschichten hören und erzählen

Man kann davon ausgehen, dass ein Kind durch das Vorlesen von Geschichten eine gewisse Vorstellung von dem erwirbt, was eine Geschichte ausmacht. Um den dritten Geburtstag herum ist der Wortschatz so groß, dass ein Kind sich dazu auch schon in ganz aufschlussreicher Weise äußern kann.

Philipp liebt Bilderbücher und hat schon viel Leseerfahrung in knapp zwei Jahren gesammelt. Er bringt Bücher herbei, aus denen er vorgelesen haben will, weiß bei bevorstehendem Besuch gleich die Titel der Bücher, die er sich wünscht, und animiert dazu, weiter vorzulesen:

Mutter: *Der Opa liest euch was vor.*
Philipp: *Rumpelpumpel oder Ri-ra-ritsch liest der Opa auch vor.*

Opa, lest du morgen? (morgen = ›gleich‹). *Das mag ich so gerne. Ich hol dir noch was, was ganz Tolles.* (2;10.0)

Zur Mutter: *Les das doch mal vor mit'n Hahn.* (2;10.0)

Ja, wir haben noch nie lange in den Buch Kleiner Angsthase gelesen. (2;11.22)

Philipp: *Ich hab Bücher.*
Vater: *Was willst du denn damit?*
Philipp: *Die will ich mit der Mama vorlesen.* (3;0.15)

Im Wortschatz mischt sich *erzählen* mit *vorlesen* zu *erzähl vor!*
Erzähl eine Geschichte von das Krebschen vor. (3;0.19)

Wie soll er das nennen, wenn er eine Kassette hört und dabei die Geschichte im Buch verfolgt? *Ich hab's vorgelesen.* (3;2.9).

Wie eng erzählen und vorlesen miteinander und mit dem Begriff *Geschichte* verknüpft sind, zeigt die folgende Äußerung:

Erzähl mir eine Geschichte (Pause) *von den Krebschen.*
Mutter im Spaß: *Das Krebschen krebste.*
Philipp: *Nein, da muss man richtig die Geschichte – emem – vorlesen.* (3;1.10)

Philipp kehrt nun auch schon die Rollen um: Er selbst liest vor beziehungsweise tut so, als ob. Er weiß, dass zur Rolle seiner (jüngeren) Zuhörerin gehört, etwas zu den Bildern zu sagen.

Philipp sieht Mutter, hält Papier in der Hand, gefaltet wie eins der kleinen selbst gemachten Bücher der älteren Schwester: *Ich will dir was vorlesen.*
Die Maus hat kein Haus in Nest. Der Bär traf die Eule. »Guten Tag«, sagte der kleine Bär. Da kam die Ente herein. Jetzt ist die Geschichte aus. (3;1.21)

Liest dem jüngeren Nachbarkind vor: *Mama, ich les ihm vor. Das sagt, das sind Käfer.* (3;1.1)
Jüngeres Nachbarkind spielt Lego: *Komm, Sabinchen, ich les dir lieber was vor.* (3;1.24)
Bei der Mutter will er sich mit Vorlesen revanchieren: *Mama, kann ich mir en Apfel geben* (= nehmen)? *Ich les dir auch was vor. Aber du musst ihn schälen, dann les ich dir auch eine Geschichte vor, weil du mir den Apfel geschält hast.* (3;1.26)

Zu seinem Konzept *Geschichte* gehört die Markierung von Anfang und Ende:

Es war einmal ein Baumstumm (= -stamm). *Da pickte ein großer Specht. Da kam eine alte Hexe und sagte: »Guten Tag, Specht.« Hat ein Specht ein Nest, Mama?* (3;1.5)

Die Frage lenkt ihn ab. Ansonsten markiert er das Ende schon ausdrücklich seit Anfang drei: *Jetzt/Dann ist die Geschichte aus* (3;0.11).

Im Folgenden wird die frei erzählte Geschichte eines Dreijährigen in ihren Strukturelementen analysiert. Die Ergebnisse illustrieren, wie Geschichten *hören* das Geschichten*erzählen* stark beeinflusst und fördert.

Philipp zur Mutter	Mutter
Ich hab dir doch von der Maus (sc. erzählt); *die wollte Holz suchen.*	*Holz?*
Holz.	*Nicht zu (...?)*
Die wollte ein Versteck suchen, die wollte Gespenster töten. Da kam ne Hexe, und die wollte mit ne große, mit so 'n großen Gewehr schießen.	*Das Mäuschen?*
Und die Hexe hat kein einzigen Peöng (= Gewehr). *Da kam ein kleiner Jäger: »Ich werde dich wieder ins Loch bringen, wo's nass ist.« Da sagt das Mäuschen* (verstellt Stimme): *»Ich hab keine Angst, ich hab keine Angst.« Da kam ein lieber Panther und sagte: »Ich werde dich nicht auffressen.« Da kam ein junger Mann und sagte: »Ich bin lieb.« Jetzt ist die Geschichte aus.* (3;1.21)	

- Der Übergang vom Alltag zur Geschichte wird gekennzeichnet. Genauso erzählt er morgens am Frühstückstisch regelmäßig seinen Traum, der oft aufregend und von Bilderbuchgeschichten geprägt ist. Er beginnt: *Ich hab (von ...) geträumt.* Ganz nachdrücklich markiert er das Ende: *Jetzt/Nun ist die Geschichte aus.*
- Es gibt einen Helden beziehungsweise eine Zentralfigur, hier *die Maus.*
- Der Erzähler denkt sich in die Hauptfigur (Maus) hinein und gibt ihre Absicht wieder: *Die wollte Holz suchen / die wollte ein Versteck suchen.* Er versetzt sich psychologisch in ihre Gefühle: *Ich hab keine Angst. (2x!)*
- Es geschieht Aufregendes, die Lage ist gefährlich: *Gespenster töten, Versteck suchen, auffressen und anderes.* Danach gibt es eine Art Auflösung, Konfliktlösung: *Ich werde dich nicht auffressen, lieber Panther, ich bin lieb.*
- Die Figuren werden klar, aber gleichförmig eingeführt; dieses wiederkehrende Element zeigt besonders augenfällig, wie sich das Kind an Bilderbuchgeschichten hält. *Da kam ne Hexe; da kam ein kleiner Jäger usw.*

- Stilistische Mittel zur Belebung sind hier schon direkte Rede und Hervorhebungen: *kein einzigen Peöng,* und durch Wiederholung: *keine Angst* (2x).
- Zur dramatischen Gestaltung gehört das Verstellen der Stimme, was den Perspektivenwechsel betont: *Da sagt das Mäuschen: »Ich hab keine Angst, …«.*
- Unter dem Einfluss des Bilderbuchlesens ist Philipp beim Geschichtenerzählen sprachlich weiter als in seiner Alltagssprache. Zum Beispiel verkettet er Ereignisse mit *Null-Subjekt: Da kam ein lieber Panther und … sagte: …* Es gelingt schon ein *Relativsatz: ins Loch …, wo's nass ist.* Erzähltempus ist das *Präteritum,* sicher in der Verbindung *da kam* und wegen seiner Häufigkeit meist auch *sagte.* Die Vergangenheitsformen *wollte* und *war* sind in der gesprochenen Umgangssprache gängig. Aber *traf, schrie* und andere Formen starker Verben in anderen Geschichten stammen aus der Bilderbuchlektüre. Das *Futur* kommt zuerst im Geschichtenkontext vor und ist darauf beschränkt. Es beweist direkt, welchen Einfluss das Vorlesen auf den Spracherwerb hat. Beispiel: *Ich werde dich wieder ins Loch bringen / ich werde dich nicht auffressen.* Zu diesem Zeitpunkt stellt ihn *werden,* das für Passiv *und* Futur verwendet wird, in seiner Alltagssprache noch vor Probleme.

Wirklichkeit auf der einen und *Traum* auf der anderen Seite sind Welten, die ineinander übergehen. Er will *noch die andere letzte Strophe* (= Geschichte) auf der Kassette hören und sagt dann zur Stimme im Diktafon *Gute Nacht* (3;1.15). In der Fernsehgeschichte nach der Ballade *Das Riesenspielzeug* hält er es für möglich, dass *der kleine Müller* aus dem Fernseher läuft. Wenn die vier Jahre ältere Schwester verkündet, es gäbe keine Meerjungfrauen, besteht Philipp darauf, dass es Gespenster gibt. Beim Schlittenfahren meint er, dass Zwerge aus dem Wald kommen könnten. Vom dicken Lollus aus dem Märchenbuch nimmt er an, dass er im Keller wohnt und gefüttert werden will.

Obwohl Philipp einige Fernsehprogramme mit seinen Geschwistern sieht, spielen diese in seinen Geschichten keine Rolle. Es unterstreicht, wie wichtig das Bilderbuchlesen ist und welche große Rolle es in Fantasie und Sprache spielt. Gelegentlich tauchen merkwürdige Erinnerungen auf, die zeigen, wie wenig er von den Fernsehgeschichten versteht:

Am Tisch: *Mama, ich hab in der Geschichte* (bricht ab), *ich hab in der Geschichte gesehn, da war ein Mann, der hatte ein Tier verloren.* (3;1.23) Schwester, neun Jahre, erklärt, dass er ein halbes Kalb trug.

Anders ist es mit der Fernsehwerbung; da bleibt einiges früh hängen, wenn es beispielsweise um so Beliebtes wie Eisschlecken geht: *Hmm, ein Genuss!* (2;11.27)

Die Alltagsgeschichten der Allerkleinsten sind Erlebnisse, bei denen etwas Ungewöhnliches, Unerwartetes sich ereignete, beispielsweise wenn Philipp vom Bahnsteig aus im Zugabteil jemanden schlafen sieht. *Einer schläft da, die anderen nicht.* Das löst Erstaunen aus. Später erzählt er: *Einer hat in den Zug geschlafen!* (2;11.5) Um die Entwicklung des Geschichtenkonzepts in der kindlichen Vorstellung soll es im Folgenden gehen.

2.2 Was ist eine Geschichte?

Der zweijährige Philipp S. erzählt: *Stephan Schaukel.* Das ist im Keim eine Geschichte.

Was kommt in seiner Geschichte vor?

Hauptperson	**Stephan**
Ort/Teil der Episode	**Schaukel**
Emotionale Beteiligung	Philipp S. erzählt etwas **Aufregendes.**
Folgendes fehlt in seiner Geschichte und muss von seiner Mutter ergänzt werden, damit die Geschichte vollständig ist und vom Zuhörer verstanden wird:	
Setting	Spielplatz, am Vortag.
Auslösendes Ereignis	**Stephan schaukelt.**
Komplikation	**Stephan fällt von der Schaukel.**
Folgeereignis	Er **verletzt sich am Kopf.**
Schluss	?

Eine Geschichte besteht aus Elementen, die für das Verständnis notwendig sind. Man spricht von *Strukturelementen* und insgesamt von einem *Erzählschema.* Es wurden verschiedene Modelle für das Erzählen einer Geschichte entworfen. Dietrich Boueke und vier weitere MitarbeiterInnen fassen in dem Buch *Wie Kinder erzählen* (1995) die Forschungen zum Erzählerwerb zusammen und entwickeln ein eigenes Schema zur Erzählstruktur einer Geschichte. Sie integrieren die bekannten Modelle der Geschichtengrammatik (*story grammar*) und beziehen darüber hinaus auch Emotionen und Affekte unter drei Aspekten in ihr Modell ein: Valenz, Plötzlichkeit und psychologische Nähe, die beim Geschichtenerzählen oft zusammenspielen. Darauf wird später eingegangen.

Eine Geschichte besteht aus einer Reihe von Ereignissen. Es gibt Alltagsgeschichten und literarische Geschichten, die aber beispielsweise gemeinsam haben, dass sie beide im weitesten Sinne unterhalten wollen und dass sie mit innerer Beteiligung (Affekten) erzählt werden. Der Mensch hat von Handlungen, Situationen und Verhaltensweisen bestimmte *Scripts* im Gedächtnis gespeichert, beispielsweise wie ein Restaurantbesuch abläuft. Etwas wird »erzählwürdig«, wenn ein Bruch zum normalen Ablauf eintritt, wenn etwas sich anders abspielt, als man es erwartete. Kern einer Geschichte ist demnach eine Episode, bei der ein Ereignis eine Komplikation auslöst, die dann einer Auflösung bedarf. Außerdem benötigt eine Geschichte eine Einführung, die Ort, Zeit und Umstände und die beteiligten Personen betrifft *(setting).* Daraus ergibt sich grob die Struktur einer Geschichte mit den folgenden Elementen (vgl. Boueke et al. 1995: 76):

Setting → Episode (auslösendes Ereignis + Komplikation) → Auflösung

Wer eine Geschichte in dieser Weise geistig überblickt, kann die Ereignisse ordnen und eine Geschichte unterhaltsam und spannend erzählen. Das (hier vereinfachte) Strukturschema oder -gerüst ist die mentale Repräsentation einer Geschichte. Man kann auch von *Begriff* oder *Konzept* (*Geschichten-Konzept*) sprechen.

Um die empirischen Ergebnisse von Boueke und seinen Kolleginnen und Kollegen zusammenzufassen: Kinder sind mit zirka sieben Jahren so weit, den Kern einer Geschichte, *Ereignis + Komplikation*, herauszuarbeiten, und haben erst mit zirka neun Jahren oder später das Konzept erworben, das dem Konzept Erwachsener entspricht. Ein Kind erwirbt allmählich dieses Konzept, und man kann an seiner Erzählweise erkennen, wie weit es in dieser Entwicklung ist.

Zunächst ist es nötig zu beschreiben, wie die Daten gewonnen wurden. Man muss Kinder erzählen lassen, um Erzähltypen herauszufinden. Um die Ergebnisse vergleichbar zu machen, wählten die Forscher Bildergeschichten. Dietrich Boueke und seine Kollegen und Kolleginnen legten ihren Probanden drei kurze Bildergeschichten ohne Worte mit jeweils vier Bildern vor (aus Press, *Der kleine Herr Jakob*). Die Tests wurden variiert, indem man den Schluss wegließ oder die Bilder in der Reihenfolge mischte. Getestet wurden drei Altersgruppen von jeweils 32 Probanden (und eine Kontrollgruppe Erwachsener):

Vorschulalter	5;7–5;11
2. Grundschulklasse	7;7–11
4. Grundschulklasse	9;7–9;11

Insgesamt 496 Geschichten wurden ausgewertet und sind im *Bielefelder Korpus Kindergeschichten* im Internet zugänglich. Was man auf diese Weise testete, ist »lautes« Denken, die *Online*-Produktion von Geschichten.

In den sprachvergleichenden Forschungen in dem Band von Ruth A. Berman und Dan I. Slobin (1994) wird ein und dieselbe Froschgeschichte in 24 Bildern (ohne Worte) mit dem Titel *Frog, where are you?* (*Frosch, wo bist du?*) mit englisch-, deutsch-, spanisch-, türkisch- und hebräischsprachigen Kindern im Alter von drei, fünf und neun Jahren und mit Erwachsenen getestet. Michael Bamberg (1994) untersuchte die Froschgeschichten der deutschsprachigen Probanden. In der Geschichte geht es um einen Frosch, der aus seinem Glas entkommt. Ein Junge sucht ihn zusammen mit seinem Hund, überwindet verschiedene Hindernisse und findet schließlich in einem Teich ein Froschpaar mit Jungen. Mit einem Frosch auf der Hand winkt er zurück und macht sich mit seinem Hund auf den Heimweg.

2.3 Kindergartenkinder (3–5 Jahre) erzählen Geschichten

Boueke und KollegInnen (1995) analysierten die online entstandenen und aufgezeichneten Geschichten und ermittelten vier Strukturtypen. Nicht alle Kinder einer Altersklasse haben denselben Entwicklungsstand, aber es dominieren trotz großer Unterschiede jeweils zwei Erzähltypen in einer Altersgruppe, und zwar so stark, dass man die anderen vernachlässigen kann. Die Ergebnisse von Boueke et al. und Bamberg und anderen zum frühen Erzählerwerb widersprechen sich nicht. Allerdings vertritt Boueke mit KollegInnen die Meinung, dass nach dem Alter von neun Jahren (bei einer Minderheit auch später) nur noch Stilistisches hinzugelernt wird, während Bamberg, Berman und andere stärker Sprach- und Pragmatikerwerb einbeziehen und über einen längeren Zeitraum beschreiben, was Kinder lernen müssen, um eine Geschichte unterhaltsam zu erzählen (Berman & Slobin 1994; Bamberg & Marchman 1994; Boueke et al. 1995). Die Forschungsergebnisse von Bamberg ergänzen die von Boueke et al. durch die Altersgruppe der Dreijährigen.

2.3.1 Erzähltypen in ihrer Entwicklung auf verschiedenen Altersstufen

Zunächst wird das Boueke-Modell mit den vier Entwicklungsstufen im Erzählerwerb dargestellt. Im Anschluss wird genauer beschrieben, wie Kinder im Kindergartenalter Geschichten erzählen. Es wird ergänzt durch einen Ausblick auf die (weitere) Entwicklung aus deutscher und angelsächsischer Sicht. Die Erzählforschung gibt Kriterien an die Hand, zu erkennen, was Kinder leisten, wenn sie etwas erzählen. Der Vorleser kann sie zur Beurteilung von Geschichten heranziehen.

Die Erzähltypen in einer Übersicht:

Erzähltyp	
isoliert	Die Kinder setzen die einzelnen von ihnen dargestellten Elemente unverbunden nebeneinander.
linear	Die Kinder verknüpfen die Elemente zu einer linearen Kette entsprechend den Bildinformationen. Erzähltyp *isoliert, linear:* **Kindergartenalter**
strukturiert	Die Kinder sind fähig, den Kern der Geschichte, die zentrale Episode mit Bruch herauszuarbeiten. Erzähltyp *linear, strukturiert:* **7-jährige Kinder** (2. Grundschulklasse)
narrativ strukturiert	Das Geschichtenschema ist vollständig entwickelt. Erzähltyp *strukturiert, narrativ strukturiert:* **9-jährige Kinder** (4. Grundschulklasse)

Nach Boueke, D. et al. (1995), *Wie Kinder erzählen. Untersuchung zur Erzähltheorie und zur Entwicklung narrativer Fähigkeiten* (Fink: München)

2.3.2 Erzähltyp *isoliert* und *linear* im Kindergartenalter

Dreijährige setzen die einzelnen Ereignisse und Zustände nebeneinander. Das bewirken die vielen Prädikate mit *sein* und das Perfekt in seiner resultativen Bedeutung (*sind ... runtergeplumps*); sie beginnen fast zwei Drittel der Sätze mit örtlichem *da* (hinweisend):

Da ist der Hirsch, da ist wieder der Hirsch und da sind die wieder. (3;5)
Und der Hund und Walter – die plumpsen da runter, da sind die runtergeplumps und da sind die im Wasser. (3;11).

Fünfjährige gebrauchen weniger oft *da* und wechseln zwischen *hier* und *jetzt* (Präsens und Perfekt):

Und da fällt der runter und der Hund auch. Kuck mal jetzt sind se ins Wasser gefallen. (5;3)

Erst einmal gebrauchen die Kleinsten *jetzt* und *nun* und verankern damit ihre Geschichte zeitlich. (*Und*) *dann ... und dann* kommt später und zeigt schon, wohin die Entwicklung geht, nämlich zu einer *Verkettung* der Ereignisse; *und dann* verbindet die Ereignisse zeitlich.

Da hat örtliche Bedeutung. Auch die zusammengesetzten Verben (Partikelverben) im Deutschen bieten Kindern reiche Möglichkeiten, Bewegung mit Richtung zu kombinieren, beispielsweise *runterfallen, runterplumpsen, weglaufen.* Bamberg zählt 37 unterschiedliche Bewegungsverben in solchen Zusammensetzungen in seinem Geschichtenkorpus.

Ein typisches Merkmal in den Geschichten der Dreijährigen sind auch *Fragen*:

Sind da die Frösche, die kleinen? Wie sind die da hochgekommen?
Wo ist der Reh hin? Der ist weggelauft. (3;6)
Und da, warum rennt der denn da weg? (3;8)

Bei solchen Fragen nehmen wir direkt am Denkprozess teil, bei dem die Dreijährigen sich überlegen, was und warum etwas zu sehen ist. Diese Fragen nehmen bei älteren Kindern zahlenmäßig ab.

Der Zuhörer muss wissen, von welcher Person die Rede ist, das heißt, wer handelt. Normalerweise wird eine Person mit ihrem Namen oder einem Nomen und einem unbestimmten Artikel eingeführt (*Peter* oder *Ein Junge ...*). Das kann mit einem Pronomen fortgesetzt werden (*er, der*), wenn die handelnde Person dieselbe bleibt. Wechselt die handelnde Person, muss man wieder der Klarheit wegen den Namen oder ein Nomen verwenden: *Peter* oder *Der Junge ...* Dreijährige verwenden offenbar eine andere Regel: Sie benutzen das Pronomen durchweg für die Hauptperson, aber für die anderen Figuren Nomen wie *ein Maulwurf, die Bienen* etc. Schon bei Fünfjährigen zeigt sich in einigen wenigen Selbstkorrekturen, dass sie sich bemühen, klarzumachen, *wer* gerade handelt. Im Beispiel erscheint dem Fünfjährigen in folgendem Beispiel besser, das Pronomen *er* noch mal mit dem Zusatz *der Frosch* zu klären:

Und dann ruft er ganz laut, aber er kam nicht, der Frosch. (5;0)

Auch Dreijährige haben beim Betrachten der Bilder schon eine Vorstellung von dem, was man *nicht sieht.* Die Kleineren beschäftigt, was einer sich *wünscht* oder *will* oder *wollte,* und beziehen sich damit auf die *Absicht* einer Figur. Bei Drei- und Fünfjährigen spielt die psychologische Seite, das heißt die Wirkung der Ereignisse auf die innere Verfassung der Figur, noch keine Rolle. Von allen Möglichkeiten kommt nur *erschreckt* kombiniert mit *plötzlich / auf einmal* vor. Die beiden Teile haben unterschiedliche Bedeutung, aber Fünfjährige benutzen die Kombination in neuer Funktion, *plötzlich* verstärkt *erschrecken.*

2.3.3 Entwicklungslinien im Erzählerwerb

Zur stilistischen Weiterentwicklung gehören dann im Lauf der Grundschul- beziehungsweise Primarstufenzeit (und später) die sprachlichen Mittel, die einzelnen Teile auszugestalten, um lebendig zu erzählen. Boueke et al. (1995: 114–118) gehen ausführlich darauf ein und beschreiben die Fähigkeiten, die Kinder erwerben müssen, um Stimmung (Valenz), psychologische Nähe und die Betonung der plötzlich eintretenden Wendung im Ablauf der Geschichte »rüberzubringen«.

Valenz (Wertigkeit) heißt, dass die gefühlsmäßige Grundstimmung betont wird, beispielsweise schwingt in der Formulierung *er macht einen Sonntagsspaziergang* Positives mit (positive *Konnotation*). Der Erzähler kann auch Wörter mit negativer Konnotation wählen, beispielsweise *mit jemandem zusammenknallen*, oder er fügt ein, wie die Hauptperson innerlich reagiert: *Er war glücklich / zufrieden / erfreut; er war traurig / wütend / enttäuscht.* Das kann er noch intensivieren, zum Beispiel *sehr glücklich.* Diese Textelemente malen die Grundstimmung intensiver und betonen daher den Bruch empfindlicher.

... krachen zusammen und dann schimpfen se beide miteinander und sind böse auf den andern.

Plötzlichkeit: Wir hatten gesehen, dass das Unerwartete, die Abweichung vom Script, dem normalen Ablauf, ein Ereignis »erzählwürdig« macht. Plötzlichkeit wird weder positiv noch negativ empfunden, steigert aber die Erregung. Markierungen für das Unerwartete sind Adverbien wie *plötzlich, auf einmal.* Auch die Ahnungslosigkeit der

Hauptperson kann diese Erregung steigern. Das folgende Beispiel illustriert, wie ein Siebenjähriger schon Zusammenstoß und Reparatur, den Erzählkern mit Komplikation und Auflösung, herausarbeiten kann:

... und dann auf einmal krachen se zusamm und das Rad e bei dem is n bisschen krumm und dann repariert der das. und dann. noch. und dann pas/. dann fahrn se wieder richtig das eine Rad liegt da auf ner Wiese und dann krachen se noch mal zusamm. (7;0)

Psychologische Nähe: Dabei geht es darum, wie man den Zuhörer in das Geschehen hineinzieht, wie man die Geschichte lebendig erzählt, damit sie intensiver nachvollzogen werden kann. Mittel dazu können an jeder Stelle der Geschichte eingesetzt werden. Dazu gehören direkte Rede, der Wechsel zum Tempus der Gegenwart, Wiedergabe der Gedanken der Hauptperson, Lautmalerei und andere Arten von akustischen Sinneseindrücken: *Es war ruhig.* Aber auch Aussagen wie *Er war traurig* tragen dazu bei.

In der angelsächsischen Forschung gebraucht man anschauliche Begriffe, um zu beschreiben, was Kinder lernen müssen, um den Zuhörer mit ihrer Geschichte zu fesseln: Herausfiltern und Verpacken (*filtering* und *packaging*) und zurückblickende und vorausschauende Verknüpfung der Ereignisse (*wrapping up*, *foreshadowing*).

Herausfiltern und *Verpacken* sind Bilder für das, was der Erzähler leistet, wenn er eine Geschichte in Ereignisse zerlegt und in Satzkonstruktionen zusammensetzt. Das Kind sieht die Bilder und assoziiert damit einzelne Ereignisse. Es kann sie entweder nacheinander erzählen oder zusammenfügen wie in den folgenden Beispielen:

1. **Es war Morgen. Der Junge wachte auf. Er schaute auf das Glas. Es war leer.**
   Beispielsweise: *Da ist der Frosch drin, da guckt der rein, der Junge auch, und da schlafen die, und da schlüpft der Frosch raus. Da wachen die wieder auf. Da ist der Frosch weg.* (3;11)
2. **Als der Junge am Morgen aufwachte, sah er, dass das Glas leer war.**
   Beispielsweise: *Als er sich auf die Fensterbank setzte und herunterfiel, zerbrach das Glas in tausend Stücke.* (9;11)
3. **...sah er, dass der Frosch weggelaufen war.**
   Beispielsweise: *Und abends, als der Junge schläft, steigt der Frosch heimlich aus dem Glas und zum Fenster raus, und morgens, als der Junge aufwacht, sehen sie, dass der Frosch weg ist.* (9;3)

Beispiel 2 ist ökonomischer als 1 und außerdem auf die Entdeckung des Jungen zugespitzt. Beispiel 3 zeigt, dass man auch zurückschauend (und vorausschauend) etwas erzählen kann, was man nicht tatsächlich gesehen hat. Der Erzähler kann die Ereignisse mehr oder weniger zusammenpacken und so Rhythmus und Tempo der Geschichte verändern, raffen und in die Länge ziehen und damit Spannung und Überraschung erzeugen (Berman & Slobin 1994).

Bei *wrapping up*, was so viel heißt wie *zurückblickend zusammenfassen*, geht es darum, sich auf schon Erzähltes zu beziehen, und beim *foreshadowing* blickt der Erzähler auf den weiteren Fortgang. Zuerst lernen Kinder beim Erzählen zurückzublicken, aber auch bei Fünfjährigen sind die Beispiele noch selten:

Und da suchen se immer noch den Frosch. (5;0)
Da ist er auch nicht.

Wieder verstehen auch schon die Dreijährigen in seiner zyklischen Bedeutung, es ist mehr als reine Wiederholung, wie sie durch *noch mal* oder *noch einmal* ausgedrückt wird. Aber die Dreijährigen orientieren sich örtlich:

Wieder da rauf wollen (*sc.* auf den Baumstamm im letzten Bild);
wieder nach Hause gehen. (3;0)

Erwachsene gebrauchen *wieder* in Formen, die das ganze Thema der Geschichte ausdrücken, wie *wiederfinden, wieder komplett sein, wiederbekommen, wiederentdecken, wiedersehen.*

Foreshadowing wird auch von einem Verb wie *anfangen* signalisiert:

Sie fangen an zu suchen. Der Junge guckt im Stiefel nach. (20;0)

Weiter (*suchen* etc.) wäre ein solches Signal, das sich wie *anfangen, beginnen* nur in den Geschichten Erwachsener findet. *Überall* (*suchen*) kommt nur einmal bei einem Neunjährigen vor (Bamberg & Marchman 1994).

Zusammenfassend lässt sich sagen: Im Vorschulalter können Kinder nur einzelne Stellen einer Geschichte in dieser Weise ausgestalten. Sie erzählen die Ereignisse *isoliert* oder *linear* (= aneinandergereiht). Trotzdem beschreiben sie nicht nur. Auch Dreijährige haben schon eine Erzählstrategie, indem sie Erzählmittel wie Pronomen durchaus systematisch verwenden und die Absicht der Hauptperson – also was sie nicht sehen – einfügen (*er wollte*). Fünfjährige können schon punktuell zurückblicken (*und da suchen se immer noch den Frosch; … da ist er auch nicht; da ist der Hirsch, da ist wieder der Hirsch und da sind sie wieder;* 3;5). Bamberg stellt fest, dass Dreijährige einen Handlungsablauf wie am Anfang der Geschichte verstehen, aber die Schlussszene, wo der Junge den Frosch auf der Hand hat, nicht in den Gesamtzusammenhang einordnen können. Erst Neunjährigen gelingt das.

2.3.4 Was gefällt Kindern an Geschichten?

Man untersuchte, welche Geschichten Kindern im Kindergartenalter und in den ersten Schuljahren im Alter von fünf und sechs Jahren am besten gefallen, um zu ermitteln, worauf es ihnen bei einer Geschichte ankommt. Wie sich herausstellte, ist es Spannung. Dazu testeten Jose und Brewer (1990) eine banale Geschichte, die aus der Aneinanderreihung von Scripts bestand, ergänzten sie mit Spannungselementen und machten daraus eine *suspense story*, eine spannende Geschichte. Die banale Geschichte ist die von Nancy, die den Brief ihrer Mutter in den Briefkasten wirft und auf dem Weg dahin einem Freund einen geliehenen Fußball zurückbringt. Da niemand zu Hause ist, legt sie ihn auf die Terrasse. Kindern gefällt die Geschichte überhaupt erst, wenn Spannungselemente eingefügt sind wie ein großer schwarzer zähnefletschender Kettenhund oder die Verfolgungsjagd eines Polizeiautos, die Nancy miterlebt. Den meisten Kindern aller Altersstufen gefällt aber die *suspense story*. Ein Junge stahl einen Bienenstock, steckte ihn in den Briefkasten, den die ahnungslose Nancy ansteuert. Sie hört das wilde Summen. Gerade als sie ihn öffnen will, kommt die Polizei und fragt, ob sie einen Jungen gesehen hat, der Bienen gestohlen hat (Boueke et al. 1995: 105 f.). Spannung bedeutet Erregung und damit Emotionalität.

Dass noch etwas anderes wichtig sein kann, zeigt das Beispiel der Großmutter, die für ihre drei- und viereinhalbjährigen Enkel den Feuerwehrmann Fritz erfand, eine Zentralfigur mit viel Aktion in unterschiedlichen Bereichen und Lebenslagen. Er hat eine Familie mit zwei Kindern, die so heißen und aussehen wie die Zuhörer. Faszinierend für Kinder sind tatsächlich auch Geschichten, die ihre eigenen Erlebnisse einbinden, ausschmücken und erweitern und ihre Wünsche ausdrücken. Darauf beruht auch der Erfolg von Figuren wie *Pippi Langstrumpf* von Astrid Lindgren oder *Sams* von Paul Maar bei älteren Kindern. Alltagsgeschichten und literarische Geschichten lassen sich hier gar nicht so leicht voneinander trennen. In unserem Beispiel erscheint Identifikation wichtiger als Spannung. Die Großmutter richtet sich danach. Nach mehr als zwei Jahren findet sich der Jüngere in der Traumrolle des Kapitäns Jonas, der anderen hilft und sie auf sein Schiff zu großer Fahrt einlädt. Spannend sind die Episoden nicht und für Erwachsene gar nicht geeignet, aber eines der Kinder, die Hauptperson der Kapitänsgeschichte, erwartet die Fortsetzungen sehnsüchtig.

2.4 Geschichten erzählen und Diskursfähigkeit

Kommunikative Kompetenz hat im Erwerbsleben und im Alltag einen hohen Stellenwert. Es geht im weitesten Sinne um die Fähigkeit, ein Gespräch zu führen, um *Diskursfähigkeit*. Alles, was Fortschritte im Erzählerwerb ausmacht, fördert die Diskursfähigkeit. Erinnern wir uns an die Mittel, den Zuhörer in die Geschichte hineinzuziehen, an das, was Klarheit schafft in der Darstellung, wie beispielsweise die Einführung von Personen und die folgende Nennung. Dazu gehört auch, durch Satzgefüge Ereignisse zusammenzufassen und das Wichtige herauszufiltern.

Die Kombination von *plötzlich / auf einmal* und *Schrecken* ist ein Beispiel, wie zwei Wörter über ihre Einzelbedeutung hinaus zusammen einen neuen kommunikativen Wert bekommen: Schrecken erlebt eine Person dann, wenn etwas aus *ihrer* Sicht Unerwartetes eintritt. In der Kommunikationsforschung spricht man von *what-is-said* (lexikalische Bedeutung) und *what-is-meant* (= inhaltliche Anreicherung der Bedeutung, Bamberg 1994: 235 f.). Kinder lernen beim Erzählen schon im Vorschulalter wichtige diskursive Fähigkeiten, so bescheiden sie manchmal anmuten mögen, beispielsweise wenn es ihnen gelingt, einen zeitlichen Bezug von Handlungen mit *dann* oder *danach* herzustellen.

Es lohnt sich wieder einmal für Erwachsene zuzuhören. Fortschritte im Erzählen sind mehr als das Mitteilen von Erlebnissen, eigenen oder denen von anderen, von Gehörtem oder im Fernsehen Gesehenem: Es sind Fortschritte in der kommunikativen Kompetenz insgesamt.

2.5 Worauf es ankommt

📖 Geschichten erzählt, wer Zuhörer hat, einen oder mehrere. Zuhören ist wichtig, aber wichtiger noch: aufmerksam, interessiert und teilnehmend zuhören. Anfangs, wenn die Sprachmittel noch nicht ausreichen, erfordert zuhören auch Geduld und Einfühlungsvermögen. Wie befriedigend ist es für ein Kind, wenn der Zuhörer mitempfindet, wenn das Kind erzählt. Entsprechende emotionale Reaktionen spornen Kinder zum Geschichtenerzählen an.

📖 Kleine Dialoge, die sich im Alltag am Esstisch, bei der Hausarbeit, bei allen gemeinsamen Tätigkeiten entwickeln, fördern den Spracherwerb und die kommunikativen Fähigkeiten eines Kindes, aber eben auch das Geschichtenerzählen. Zu den Regeln der Gesprächsführung gehört es unter anderem, dass der Sprecher etwas »gut rüberbringt«, das heißt, für den Gesprächspartner etwas interessant darstellt und seine Anteilnahme gewinnt. Diese Fähigkeit lernen Kinder auch, wenn sie lernen, ein Ereignis spannend darzustellen, das heißt, eine Geschichte zu erzählen.

📖 Vorlesen, das heißt Geschichten hören, gehört zum Geschichtenerzählen dazu. Bilderbücher und Geschichtenbücher vermitteln dem Kind eine Vorstellung von der Struktur einer Geschichte, von Spannungselementen und anderen Erzählmitteln.

📖 (Vor-)Lesen fördert ein Kind darin, sprachliche Mittel zu erwerben, um eine Geschichte so zu erzählen, dass sie den Zuhörer unterhält, fesselt und in das Geschehen hineinzieht.

📖 Erst mit neun Jahren oder später überblicken Kinder eine Geschichte ganz, und erst dann sind sie fähig, in ihrer Erzählweise eine Geschichte entsprechend aufzubauen. Die Mehrzahl der Siebenjährigen kann schon den Bruch in der zentralen Episode herausarbeiten und die Geschichte stellenweise stilistisch ausgestalten. Auch schon Vorschulkinder haben Erzählstrategien, beispielsweise benennen Dreijährige die Hauptfigur mit dem Pronomen, die anderen mit Namen. Fünfjährige verbinden die Handlungselemente schon zeitlich mit *und dann* … Sie beginnen, die Personen so einzuführen und zu benennen, dass der Zuhörer weiß, wer gerade was tut.
Bedenkt man die Schwierigkeiten, die ein Kind hat, wenn es eine Geschichte erzählt, gewinnt das Erzählen der Geschichten im Bilderbuch besondere Bedeutung. Wenn ein Kind beispielsweise die Geschichte aus seinem Lieblingsbuch erzählt, muss es die ganze Geschichte im Kopf haben, um sie dem interessierten Zuhörer zu erzählen.

📖 Kindermalereien sind manchmal kleine Geschichten, die der Erwachsene beispielsweise auf die Rückseite der Seite schreiben kann. Manche Kinder beginnen schon vor der Schule zu schreiben. Wenn der Erwachsene Bilder und Schreibprodukte aufhebt und je nach Art abheftet oder zu Büchlein zusammenbindet, würdigt er diese ersten Versuche. Nichts spornt mehr an als solches Lob der Eltern.

2.6 Literaturverzeichnis

Bamberg, Michael (1994), Development of Linguistic Forms: German. Chapter IIIB. In: Berman, Ruth A. and Dan I. Slobin (Eds), (1994), *Relating Events in Narrative: A Crosslinguistic Developmental Study* (Lawrence Erlbaum Associates: Hillsdale, New Jersey) 189–238

Bamberg, Michael and Virginia Marchman (1994), Foreshadowing and Wrapping Up in Narrative. In: Berman, Ruth A. und Dan I. Slobin (Eds), (1994), *Relating Events in Narrative: A Crosslinguistic Developmental Study* (Lawrence Erlbaum Associates: Hillsdale, New Jersey), 555–590

Berman, Ruth A. (1988), On the Ability to Relate Events in Narrative. *Discourse Processes* 11, 469–497

Berman, Ruth A. and Dan I. Slobin (Eds), (1994), *Relating Events in Narrative: A Crosslinguistic Developmental Study* (Lawrence Erlbaum Associates: Hillsdale, New Jersey)

Berman, Ruth A. and Dan I. Slobin (1994), Filtering and Packaging. In: Berman, Ruth A. and Dan I. Slobin (Eds), (1994), *Relating Events in Narrative: A Crosslinguistic Developmental Study* (Lawrence Erlbaum Associates: Hillsdale, New Jersey), 515–554

Boueke, Dietrich, Frieder Schülein, Hartmut Büscher, Evamaria Terhorst, Dagmar Wolf (1995) *Wie Kinder erzählen. Untersuchung zur Erzähltheorie und zur Entwicklung narrativer Fähigkeiten* (Fink: München)

Mayer, Mercer (1969), *Frog, where are you?* A Puffin Pied Piper, Hong Kong, 1980

Press, Hans Jürgen (1981), *Der kleine Herr Jakob* (Ravensburger Buchverlag: Ravensburg)

3 Frühes Lesen und Schreiben

3.1 Wann beginnen Lesen und Schreiben?

Fast allen Erwachsenen fällt als Antwort auf die Frage nach dem Beginn von Lesen und Schreiben das erste Schuljahr ein. Und was ist mit den Jahren davor?

Lesen erlebt ein Kind ab Ende des ersten Lebensjahres oder früher, wenn es lesen in seinem Umfeld wahrnimmt. Schreiben beginnt, wenn es einen Stift halten kann (Lancaster 2003). Es erlebt mit, wie ringsum geschrieben wird. Vielleicht gratuliert jemand zum ersten Geburtstag mit einer lustigen Karte, die dem Kind vorgelesen wird. Es erfährt, wie wichtig der Einkaufszettel ist, entdeckt seine Lieblingssüßigkeiten an der Verpackung, erkennt das Milchpaket, das die Mutter im Angebot auswählt, und erkennt Produkte wieder, die in der Werbung Kinder ansprechen. Es sieht, wie das Fernsehprogramm gelesen wird, erkennt den Vorspann seines Lieblingsprogramms und seine bevorzugte Kassette oder CD. Logos und Slogans finden sich auf Sweatshirts und anderen Kleidungsstücken.

Um die Mitte des zweiten Lebensjahres erwirbt ein Kind das Bewusstsein eines Wortes als Zeichen (vgl. Teil II, 2.1). Diese Einsicht bringt die Sprachentwicklung in Schwung. Man kann den Begriff *Zeichen* sehr viel weiter fassen. Alles im Umfeld des Kindes sind Zeichen oder Bilder, und das Kind selbst ist unentwegt bestrebt, dem, was seine Neugier weckt, eine Bedeutung zu unterlegen. Das tut auch der Erwachsene, aber von einer anderen Warte aus.

Dazu ein Beispiel (Kress 1997: 44 ff.):

Ein Bild mit *fish and chips*, zerknülltem Zeitungspapier und Möwen erinnert den Vater an schöne Sommerabende am Strand; eine Schlagzeile der zerknüllten Zeitung lässt ihn an Umweltprobleme im Zusammenhang mit Holz und Papierherstellung denken. Die kleine Tochter sieht die Möwe, die an der zerknüllten Zeitung pickt, und gibt dem Bild eine andere (Be-)Deutung: *Die Möwe liest Zeitung.*

Beide, Erwachsener und Kind, geben dem Bild eine Bedeutung: Der Erwachsene benutzt dazu seine im Leben gesammelte Erfahrung, Weltwissen und Bildung und ist dadurch in seiner Sichtweise konventionell eingeengt. Ein Kind erschließt sich sein Umfeld Stück für Stück aus seiner Perspektive, aus seinem Interesse heraus. Englische Forscher sprechen von Kindern als Bedeutungs-»machern« (Wells 1986: *meaning makers*). Die Bezeichnung betont, dass sie andauernd und kreativ bei der Arbeit sind, mehr oder weniger komplexen Zeichen und Bildern Bedeutung zu unterlegen. Interesse und Emotionen spielen bei diesem Prozess eine große Rolle, beispielsweise wenn ein Zweijähriger schon zwei Supermärkte am Schriftbild erkennt und unterscheidet.

Bedeutungs*macher* sind Kinder auch beim Verarbeiten von Sprache: Wörter sind Zeichen, denen sie Bedeutung zuordnen. Oft zeigt sich dabei ihre eigenwillige Sichtweise. Der dreijährige Philipp sieht diverse Dinge als *gefährlich* an: beispielsweise spitze Stifte, Haarnadeln, Kaugummi für Kleine, aber auch Geldstücke, weil man sie verlieren kann. Kress (1997) zitiert einen Dreijährigen mit dem Ausdruck *ein schwerer Berg* (*heavy hill*); *heavy* bezieht sich im Englischen auf das Gewicht; es ist eine Metapher (Bild, Zeichen), mit der das Kind die Last beim Hinaufsteigen empfindet und ausdrückt.

Kinder schaffen beispielsweise im So-tun-als-ob-Spiel und beim Malen, Zeichnen und Schreiben selbst Zeichen beziehungsweise Bilder, und sie »lesen« die Zeichen beziehungsweise Bilder in ihrer Umwelt. Schilder sind ein besonders auffälliges Beispiel dafür, dass Bilder Codes sind. Es ist also interessant, wie kleine Kinder Schilder lesen, deren Inhalt eine relativ einfache Anweisung in dieser kodierten Form enthält. Dem zweijährigen Nils (2;3) fällt nur das Schild am Parkeingang auf, auf dem ein Hund, der gerade Exkremente ausscheidet, zweimal durchgestrichen ist. Das findet er lustig. Ein Dreijähriger nimmt Schilder aufmerksamer wahr und liest sie genauer. In diesem Alter setzen sich Kinder mit Regeln und Verboten intensiv auseinander. In Philipps Wortschatz ist das unpersönliche *man* neu und zeigt an, dass er eine objektive Perspektive dazugewonnen hat. Dazu passt sein plötzliches Interesse für Schilder. Er liest Schilder, erinnert sich an ihre Bedeutung und »schreibt« auf, was einer Fahranleitung ähnelt.

Da drüben war ein Schild, das heißt verboten. (3;0.10)
Da hab ich ein Schild gesehen ... dürfen Fahrrad fahren. (3;0.19)

Kreative Umsetzung:
Ich schreib da auf die Adresse (= kleiner Block); *ich hol ein Stift, Mama.*
Mutter: *Was schreibst du auf?* Philipp: *Man darf hier rumfahren.* (3;0.16)

Der Sinn, den Kinder den Dingen geben, und ihre kreativen Fähigkeiten beim Umsetzen sollen im Folgenden näher beleuchtet werden. Bedeutung *geben* heißt dabei nicht Bedeutung *erfinden*. Kinder greifen nichts aus der Luft, sondern sie nehmen sich Hinweise und Anregungen aus dem Umfeld. Und sie sind überaus flexibel im Gebrauch unterschiedlicher Medien (Kress 1997).

Beim Bilderbuchlesen war schon deutlich geworden, dass Kinder oft genauer hinschauen als Erwachsene, mehr sehen und anders sehen. Bevor von den Übergängen zwischen den verschiedenen Repräsentationen die Rede sein wird, geht es erst einmal um die Anfänge visueller Kompetenz (*visual literacy*).

3.2 Wie verstehen Kinder Bilder *(visual literacy)*?

Man könnte ebenso formulieren: Wie *lesen* Kinder Bilder? Mit den ersten Bilderbüchern beginnt der Prozess, Bilder lesen zu lernen (vgl. 1.4). Das Kind lernt allmählich die Bedeutung von Formen, Bewegungen, Positionen im Bild. Wie der Text erzählen auch Bilder eine Geschichte. Wenn das Kind Leseerfahrung gesammelt hat und Bilder deuten kann, wird die Geschichte in Bildern schneller und überzeugender erzählt beziehungsweise verstanden. Auch abstrakte Ideen, die man nicht direkt zeigen kann, kann man aus einem Bilderbuch herauslesen (Nodelman 1988; Kümmerling-Meibauer 1999). Beispiele sind das Leiden der Tiere in Anthony Browns *Zoo* oder die lebhafte Fantasie von Benni Stern in *Das Lieblingsbuch von Benni Stern*, wo die Hauptfigur seines Lieblingsbuchs selbst lebendig und zum Buchleser wird; so geht es mit allen weiteren Charakteren, die zum Schluss um Benni Sterns Lieblingslesesessel versammelt sind.

Evelyn Arizpe und Morag Styles (2003) geben ihrem einschlägigen Buch den Titel: *children reading pictures. Interpreting visual texts* (= *Kinder lesen Bilder. Bildtexte auslegen*). Paul Bloom (2000: 171–190) überblickt die Forschung im Kapitel *Naming representations.*

Bis zum Alter von zwei Jahren herrscht noch Verwirrung zwischen Realität und Abbildung. Piaget (1929) nennt es *kindlichen Realismus,* und neuere Forschungen bestätigen das Phänomen (*ikonischer Realismus,* Beilin & Perlman 1991). Noch bevor Kinder zwei Jahre alt werden, denken sie über Bilder wie Erwachsene, unterscheiden zwischen wirklicher Welt und ihrer Repräsentation. Unterschiede erklären sich in der folgenden Zeit dadurch, dass Drei- und Vierjährige noch die Realität mit der erinnerten Repräsentation vermischen. Untersuchungen zeigen, dass schon Zweieinhalbjährige viel über Repräsentationen wissen. Sie können in der zweidimensionalen Abbildung eines Raums die Big-Bird-Puppe hinter dem Sessel finden, lassen sich also vom Bild leiten. Das funktioniert nicht mehr, wenn der Raum selbst ihr Interesse gewinnt, beispielsweise wenn er als dreidimensionales Modell dargestellt wird.

Schon Zweijährige scheinen eine vage Vorstellung davon zu haben, dass die Absicht eines Malers wichtig ist für das, was er darstellt. Sie orientieren sich also nicht mehr so stark an Formmerkmalen wie die Kleinsten. Man ließ eine Testperson Löffel und Gabel schlecht abzeichnen. Vier- und Fünfjährige beobachteten die Testperson, ob sie beim Zeichnen auf den Löffel oder die Gabel schaute, um die Zeichnung dann jeweils als Löffel oder Gabel zu bezeichnen. Drei- und Vierjährige, so fand man, beachten zwar die Form beziehungsweise äußeren Merkmale als Hinweis auf das Dargestellte, aber sie verarbeiten auch andere Hinweise. Dazu passt der Test, bei dem man Kindern zwei identische gelbe Tischtennisbälle gab, einer viel schwerer als der andere, mit den Worten: »Ich habe einen Vater und ein Baby.« Später sollten sie *den Vater* und ein andermal *das Baby* aushändigen. Schon Zweieinhalbjährige bestanden den Test (Bloom 2000).

Die Tatsache, dass schon die ganz Kleinen Bilder auf der Basis verstehen, was der Maler darzustellen *beabsichtigte*, bestätigt sich ganz offenkundig in der Art, wie Kinder ihre eigenen Bilder benennen. Sie nennen das Dargestellte wie die realen Objekte, die sie interessieren. Küchenschränke sind geschmückt mit Bildern, die Kopien von Klee und Pollock sein könnten, aber sie tragen keine abstrakten Titel, wie die Künstler sie ihren Bildern geben, sondern heißen: *Kuh, Lastwagen* oder *Oma* (Bloom 2000: 182). Der Dreijährige malt Papa und Mama nicht auf der Basis, wie sie aussehen, sondern er verfolgt die Absicht, sie so und nicht anders darzustellen, nämlich als zwei unterschiedlich große Kringel, und er bleibt bei dieser Benennung: Dass Kinder auch noch später wissen, was ihr Bild darstellen soll, belegt das Absichtsvolle. Aus der Literatur ist das Beispiel bekannt, dass ein Kind seine Mutter gemalt hatte, aber der erwachsene Betrachter das Gemalte für ein Auto hielt und auf größte Empörung stieß.

In einer Untersuchung sollten Kinder mit verschieden farbigen Buntstiften einen Luftballon, einen Lutscher, sich selbst und den Versuchsleiter malen. Nach einigen Minuten mit anderen Beschäftigungen wurden sie gefragt, was ihre Bilder jeweils darstellten. Auch bei Zeichnungen, wo man wirklich nicht erkannte, was sie darstellten, wussten die Kinder, was sie gemalt hatten. Bei anderen Zeichnungen, die gleich aussahen, erinnerten sich die Kinder, welches der Luftballon und welches der Lutscher war, und auch bei verwirrenden Größenunterschieden (das Kind größer als der Versuchsleiter), welches Bild den Versuchsleiter und welches das Kind selbst darstellte (Bloom 2000: 185 ff.).

3.3 Multimediale Kompetenz und Kreativität

Die kleinen Bedeutungs*macher* erkennen mit ihrer Fantasie ganz unterschiedliche Dinge/Bilder/Zeichen in einem Objekt. Wir nehmen als Beispiel das große Interesse eines beinahe Dreijährigen für Boote. Dabei erwirbt er allmählich auch die sprachlichen Mittel für einiges, was dazugehört: *Segelboot, Boot, Schiff;* er schöpft Wörter neu: *Fahrboot; Papierbötchen* im Unterschied zu *Segelboot, Böte* (Plural) und spricht immer vom *Wasseranmachen für den Boot*, von *ersinken, untersinken, schwimmen / fahren lassen.* Sein Boot hat einen Namen (Prinz), Anker und ein Fahrtziel. Er weiß, dass man vom Boot ins Wasser fallen kann, auch ins Meer, wo gefährliche Fische leben.

Die folgende Übersicht zeigt die verschiedenen Situationen und Medien, in denen Boote im Spiel des Dreijährigen eine Rolle spielen.

So-tun-als-ob-Spiel
Er baut sich Boote und zeigt, wie er sich im Spiel ein komplexes Bild macht: Im Innenhof ist sein Boot ein abgeschirmtes Plätzchen, im Wohnzimmer baut er ein Boot aus Sofakissen und fährt auf das Meer hinaus. Das Boot ist zum Ausruhen:

Das Boot ist vermisst, da kann man nicht ersinken, ich setz mich hier ein Ruhchen. (2;11.9)

Im Spiel mit dem zwei Jahre älteren Bruder im Boot aus Sofakissen zeigt er, was er in diesem Alter mit *Boot* assoziiert:

Philipp: *Da brauchen wir die Kissen dabei. Der Anker wird geschlosst; aber (?) leider muss man können wie man springt.*
Der hat mich geboxt und hat mich gebringt nach Zoppi.
Bruder: *Hilfe, ich fall ins Wasser!*
Philipp: *Du fällst doch nicht ins Wasser. Der Prinz wird geankert, unser Boot ist geankert. Wir fahrn nach Bopfland mit unsern Boot, ja?*
Bruder: *Pass auf, da fällst du ins Wasser!*
Philipp: *Ich fäll doch nicht ins Wasser!*
Bruder: *Doch, wir fallen ins Wasser.*
Philipp: *Ja, wenn wir ins Wasser fallen; aber wir fallen nicht ins Wasser; aber da sind Haie drinne.*
Warte, du Grobfisch. (Ich) Fahr jetzt weg. (Geht weg). (2;11.24)

Malen und Falten mit Papier

Er will sein Boot schwimmen lassen und weiß, dass es untergeht.

Setzt Papierboot ins Wasser: *Das lasse ich jetzt ersinken.* (2;11.14)

Mama, mach mir 's Wasser an, ich hab ein Boot gebautet. Böte. Jetzt aber mach mir Wasser für den Boot an! Es kann untersinken, es macht sich ein Parkplatz. (2;11.19)

Bauen mit Legosteinen

Ich muss jetzt ein Fahrboot machen. Aber ich will ihn wegfahren lassen mit mein Boot. (2;11.16)

Entdeckung in der Umwelt

Ein Hut an einem Wandhaken reißt ihn zum Staunen hin:

Da ist ja ein Boot, umgekehrt! (Ja.) Ein umgekehrtes Boot! (3;1.16)

Eine Walnussschale mit Männchen als Christbaumschmuck sieht er als Boot: *Der muss mit'n Boot fahrn; der kann den Boot reinfahrn.* (3;2.25)

Ganz unterschiedliche Medien und Tätigkeiten sind im Spiel: Malen mit Papier und Stiften, Falten mit Papier, Bauen mit Legosteinen (handlich) und mit Sofakissen (zum Bewohnen) und das Wahrnehmen von Bildern in der Umwelt. Kinder als Bedeutungs*macher* gehen multimedial zu Werke und entwickeln dafür unterschiedliche Zeichen beziehungsweise Bilder, beispielsweise beim Auto-Spiel mit Puppen sind es die Sitzbänke, die wichtig sind. Beim Malen scheinen die Räder das wichtigste Merkmal. Der Vater hört zu, als der Dreijährige auf seinem Schoß sitzt, malt und sagt: *Ich mal ein Auto … hat zwei Räder …* (Kress 1997: 11).

Oft sind es also nicht mangelnde Fähigkeiten, wie Erwachsene gern unterstellen, sondern unterschiedliche Situationen und unterschiedliche Mittel, die Kinder zu unterschiedlicher Darstellung veranlassen. Das Absichtsvolle belegen die oben beschriebenen Forschungen zum Thema *naming representations.* Das Kind wählt die Perspektive aus seinem Interesse heraus, aber natürlich ändert sich sein Bild oder Konzept durch wachsendes Wissen und bessere motorische Fähigkeiten. Kress warnt aber ausdrücklich davor, es sich so einfach zu machen, die Benennung nur unter diesem Aspekt zu sehen. Der Grund, warum drei- und vierjährige Kinder Menschen mit so enorm langen Armen und Beinen malen, ist die Tatsache, dass Kinder die Erwachsenen aus ihrer Perspektive so sehen (Kress 1997: 90).

Das Kind sammelt beim Umgang mit den verschiedenen Medien Wissen und übt Flexibilität. Zuerst vollbringt es die kognitive Leistung, Dreidimensionales in einer zweidimensionalen Form auf dem Papier mit Stiften festzuhalten. Man mache sich auch klar, welche Leistung es ist, eine Geschichte oder einen Film zu einem einzigen Bild zusammenschrumpfen zu lassen. Beliebt sind Malbücher, in denen Umrisse abgebildet sind, beispielsweise von verschiedenen Tieren auf einer Seite. Kleine Kinder wie Nils (2;3) malen darin zwar herum, aber in den seltensten Fällen füllen sie die Umrisse tatsächlich aus. Nils findet eine viel kreativere Verwendung für eine solche Seite. Am unteren Rand malt er von links nach rechts einen Strich, der sich mittendrin verknäult und dann einigermaßen gerade weitergeht, und nennt es *Schnur (das ist eine Schnur).* Eine Parallele zum Schreiben, zumindest eine Vorstufe davon, ist zu erkennen. Welche Hand den Stift hält, darauf hat er sich noch nicht festgelegt. Mitten im Zeichnen wechselt der Stift von der rechten in die linke Hand.

Wenn das Kind die Möglichkeit hat, probiert es beim Malen verschiedene Stifte und Pinsel und Farben aus. Ausgeschnitten oder gefaltet sind die Objekte dann gut im Spiel zu verwenden wie das Boot, das das Kind schwimmen und mit Passagieren fahren lassen kann:

Ein Papierbötchen, das kann mit der Leuten schwimmen, kein Segelboot. (2;11.22)

Das Falten mit Papier, ist eine unendliche Quelle kreativer Tätigkeit. Das Kind erfährt, dass eine Papierseite etwas Verwandelbares ist: Die gefaltete Seite kann zur Einladungskarte und zum Brief werden, den der Dreijährige Post nennt und dann unbedingt in den Briefkasten des Nachbarkindes werfen will. Bei weiterem Falten erfährt es, wie die Seite sich in ein kleines Buch verwandeln kann. Das sind Teilaspekte des Weges zum Schreiben.

Eine weitere Erfahrung, die Teil der multimedialen Kompetenz ist, liegt in der räumlichen Ordnung. Beim Spielen kann das Wohnzimmer zum Haus mit verschiedenen Zimmern werden, auf einer Grundplatte können verschiedene Gebäude aus Legosteinen aufgestellt werden, oder es wird eine Holzeisenbahnstrecke im Zimmer gebaut. Der Dreijährige stapelt Stühle, Schemel und anderes aufeinander, um die Familienmitglieder zu messen und zu vergleichen. Das hat alles mit Raum aufteilen, anordnen und ein- und anpassen und auch schon viel mit schreiben und lesen zu tun:

- mit dem Schreiben in Zeilen,
- mit dem Wortabstand,
- mit dem Einhalten des Formats
- mit der Aufteilung der Seite.

Auf einer Papierseite platzieren Kinder beim Malen und Zeichnen ein oder mehrere Objekte. Schrift und Bild werden kombiniert, so wie Kinder es in der Zeitung sehen. Sie schreiben beispielsweise ihren Vornamen auf ihr Bild. Kurzum, es geht um *layout* und das frühe Üben in räumlichen Proportionen.

Im Bild einer Vierjährigen ist das Thema eine Zeitungsmeldung von einem Todesfall; in ihrer Zeichnung nehmen Figur und Text einen gleich großen Raum ein. Die proportionale Verteilung von Drucktext und Bild entspricht der heutigen Tendenz zu mehr Bild (Kress 1997: 62). Der Text erscheint dem Kind hier ebenso wichtig wie das Bild. Auch beim Bilderbuchlesen erfahren Kinder schon etwas über das Verhältnis von Text und Bild, dass beispielsweise manchmal das Bild auf einer Doppelseite nur ganz wenig Text, manchmal nur eine einzige Textzeile enthält. *Schreibt* die Vierjährige den Drucktext und *malt* das Bild oder umgekehrt? Kress nimmt an, sie *malt* beides. Karmiloff-Smith (1992) fand heraus, dass Vierjährige die drei Bereiche (Domänen) Malen/Zeichnen, Schreiben und Zahlzeichen klar unterscheiden. Aber Lesley Lancaster (2003: 148) fragt sich zu Recht, ob nicht auch schon viel jüngere Kinder fähig sind, zwischen diesen Zeichensystemen (*symbolic representations*) zu unterscheiden, es nur nicht ausdrücken können, zumal Tests zeigen, dass Babys schon mit vier und sechs Monaten ein Zahlverständnis haben. Wenn Kinder mit zirka drei Jahren schon zwischen Schriftzeichen und Zahlzeichen klar unterscheiden können, ohne dass sie darin unterrichtet worden sind, kann man erkennen, wie motiviert sie sind, diesen Zeichen in ihrem Umfeld Bedeutung zu geben.

Ganz wichtig erscheint, dass Buntstifte, Filzstifte und andere Malfarben, Papier, Pappe und etwas später die Schere immer verfügbar sind. Das Kind wird lernen, dass es zum Malen bestimmte Medien und Orte gibt und dass es nicht auf die Wand oder den Tisch malen darf. Es lernt, wie die Mal- und Schreibutensilien zu benutzen sind. Der Buntstift des Gasts ist abgebrochen. *Mal rückwärts!* (*sc.* ›mit dem anderen Ende‹), rät der Zweijährige; der Dreijährige kann schon die Stifte spitzen und den Spitzer säubern.

Wichtig ist auch die Wahl des Spielzeugs. Manches Spielzeug legt ein Kind nur auf *eine* Benutzungsart fest wie beispielsweise den Würfel mit verschiedenen geometrischen Öffnungen, in die nur bestimmte Teile hineinpassen. Ein solches Spiel ist lehrreich, aber schnell beiseite gelegt. Es ist interessant zu beobachten, was Kinder in jedem Alter aus dem, was man ihnen schenkt, machen. Dominosteine und Memorykärtchen eignen sich für alles Mögliche: Kinder können damit beispielsweise Türme bauen und Zäune aufstellen oder Lastwagen beladen. Farbwürfel lassen sich auch anders gebrauchen als mit einem Spiel, bei dem man entsprechende Farbplättchen auf ein Brett setzt. In solchem Umfunktionieren drückt sich Kreativität aus, die man schätzen sollte, statt zu denken, das Spiel sei noch zu schwierig für das Kind, oder zu beklagen, dass Teile des Spiels verloren gehen. Auch Playmobilfiguren können die Kleinsten viel lustiger zusammensetzen als vorgeschrieben und damit die schönsten Geschichten erfinden.

Man erfand vor einiger Zeit *spielzeugfreie Tage* im Kindergarten. Interviews konnte man entnehmen, wie Kinder sich darauf freuen. Das sind die Tage, an denen genau diese kreativen Fähigkeiten der Kinder einen Freiraum bekommen. Um *Verkaufen* zu spielen, braucht ein Kind keinen Kaufladen mit Markise, Waage und allem Drum und Dran. Das zieht Kinder an, aber im weiteren Spiel genügen als Theke ein Stühlchen und ein paar Sachen aus dem Umfeld. Aber: Der Verkäufer braucht mindestens einen Kunden! Gerade die Flohmärkte laden heute dazu ein, Kinderzimmer mit Spielzeug vollzustopfen.

Die Forderung von Gunter Kress (1997), an diese Fähigkeiten, die zu *Literacy* gehören, im ersten Schuljahr anzuknüpfen, erscheint selbstverständlich. Warum sollte die Anordnung von Bild und Text nicht auch Gegenstand der Kritik und Unterweisung sein, wenn sich die Kinder schon längst damit auseinandersetzten? Warum sollte man Kinder nicht beraten oder zumindest nach einer Erklärung für ihre Darstellung fragen? Das visuelle System muss wie alles andere gelernt werden: Vordergrund/Hintergrund, oben/unten (Himmel, Erde), links/rechts. Bilder sind mehr als Ausdruck von Gefühlen und mehr als hübsche Ansichten: Sie sind auch Mittel der Kommunikation. Das folgende Beispiel illustriert, wie ein Kind zuerst etwas visuell erfasst und von sich aus darstellt und es später dem Vater auf seine Frage hin erklärt. Die Denkaktivität drückt sich zuerst im Bild aus, dann erst in der Sprache. Als der Vater das Bild und weitere derselben Art (Flugzeug, Bombe und anderes) auf kleinen Notizzetteln findet und fragt, erklärt ihm der Fünfjährige ein Bild, auf dem ein Junge gemalt ist, dem ein kleiner Hund im Abstand folgt: *Ich und der Hund sind im Leben, so sind sie in der richtigen Reihenfolge* (Kress 1997: 40).

Kress unterstreicht noch eine andere Fähigkeit von Kindern, die der Erwachsene praktisch verlernt hat und die sich der Dichter erhält: Synästhesie, das Wahrnehmen mit allen Sinnen. Nur manchmal denkt der Erwachsene noch Gerüche in Bilder um, oder er assoziiert mit Farben und Klängen eine Bedeutung. Kindern liegt diese Wahrnehmungsweise noch näher.

Für Erzieher ist es wichtig, für solche Fähigkeiten von Kindern Antennen zu entwickeln. Es geht nicht darum zu erklären und beizubringen (im wahrsten Sinne des Wortes), sondern ihnen die Möglichkeiten zur Entfaltung zu geben. Wenn lesen und schreiben lernen im ersten Schuljahr das Wichtigste ist und die Kompetenzen, die die Kinder mitbringen, zunächst auf Eis gelegt werden, werden geistige Ressourcen verschwendet und wird ursprüngliches Interesse vertan. Curricula von Kindergarten und

Grundschule beziehungsweise Primarstufe müssen diese kindlichen Entwicklungen berücksichtigen (Kress 1997: 126 ff.).

3.4 Allgemeines zum frühen Lesen und Schreiben

Mit dem Bild vom Hausbau illustriert Gunter Kress (1997) den Prozess, bei dem ein Kind lesen und schreiben lernt. Man kann von Bausteinen und Mörtel, Dachziegeln, Fensterrahmen etc. ausgehen oder man geht beim Bau von der Funktion, den Bedürfnissen der Familie, dem Sonneneinfall etc. aus. Beide Herangehensweisen gehören zusammen und ergänzen sich. Vergleichbar ist schreiben und lesen lernen ein Prozess, der vom Einzelelement zum Ganzen und, umgekehrt, vom Ganzen zum Einzelelement führt, wie folgt (Kress 1997: 126 ff.):

- Beim Schreiben werden Laute zu Zeichen;
- beim Lesen werden Buchstaben zu Lauten, die schließlich Wörter, Sätze und Texte ergeben.

Aber umgekehrt
- werden Texte, Texte + Bilder oder Wort + Bild als Ganzes erfasst und später zerlegt.

Wege zum Schreiben sind vielgestaltig; sie sind enorm komplex und lang, wie das Beispiel von einem Kind, das seinen Vornamen zu schreiben lernt, zeigen wird. Kinder entdecken die Komplexität des Systems Schritt für Schritt.

An verschiedenen Beispielen wurde im Vorausgehenden gezeigt, wie schon die Kleinsten unentwegt bestrebt sind, zu deuten, was in ihrer Umgebung ihre Neugier geweckt hat. In Familien, in denen viel geschrieben und gelesen wird, haben Kinder Vorbilder und Anlass zur Nachahmung. Werbung, Einkaufslisten, Einladungskarten, Eintrittskarten, Ausgabenlisten, Fernsehprogramme, Lokalblättchen, Adressen mit Straßennamen und Hausnummern, Unterschriften sind Beispiele, die zeigen, dass Kinder in jedem Umfeld, in jedem Haushalt mit Lesen und Schreiben als wichtigen Tätigkeiten früh konfrontiert sind. Stifte und Papier werden in jedem Haushalt zur Hand sein. Als Philipp mit Anfang drei offenbar den Zahlen seine Aufmerksamkeit intensiver widmet, weiß er aus Erfahrung, wo Zahlen wichtig sind: nämlich in der Zeitung und bei Preisen. Mit Anfang drei hat Philipp das Feld *Zahlen* »in Arbeit«, und es ist wohl die *Zone der nächsten Entwicklung* (Wygotski). Als er die Mutter ruft, um ihr viele (Lego-)*Zahlen* zu zeigen, sind es fast nur Buchstaben (3;1.11).

Kann ich die Zahlen da lesen? (sc. in der Zeitung) (3;1.8)

Er erinnert sich am Esstisch an eine Begebenheit vor 6 (!) Wochen, als in einem Möbelgeschäft ein Hahn 40 Mark kosten sollte:
Mama, du, der Verkäufer, der da hinten, sagt, der Hahn kostet vier Mark. (3;0.6)

Fünf, sechs, sieben, das glaub ich, das ist nicht zu teuer. (3;0.23)

Wenn ich den Christian eins, zwei, vier gebe, dann kann er sich was Schönes kaufen. (3;1.9)

Er beabsichtigt, sein Gewicht (*sc. fünf Liter*) festzuhalten, liest der Spielfreundin aus der Zeitung vor, der Mutter eine Postkarte und kennt Prospekte:

Ich kann draufschreiben wie Liter (sc. wie viel …; 3;0.28).

Holt sich das Buch der großen Geschwister: *Hier das les ich jetzt mal Zeitung vor; ich les Zeitung vor.* (3;1.18)

Hier ein Postkarte. Da steht drauf, wenn ein Gespenst kommt oder wenn ein (?) auf der Straße steht. (3;1.29)

Einen Prospekt im Längsformat nennt er *Zeichnung* (3;1.15); mit *Adresse* bezeichnet er Aufgeschriebenes oder einen kleinen Block:

Studiert einen Fetzen Papier: *Mama, ich hab ne Adresse, wenn ich wo fahr.* (3;0.12)
Ich schreib da auf die Adresse, ich hol ein Stift, Mama. (3;0.16)

Bis zum Alter von zirka vier Jahren sind Malen beziehungsweise Zeichnen und Schreiben nicht getrennt (Kress 1997: 143; anders Lancaster 2003). Für ein Kind tut sich dann eine geistige Kluft auf zwischen der visuellen Form als Bild und den Zeichen der alphabetischen Schrift. Es muss das alte System aufgeben und ein neues lernen. Es muss Laute in eine grafische Form, nämlich in Buchstaben, verwandeln. Der Buchstabe trägt die Bedeutung von einem Laut, Hörbares wird sichtbar gemacht; es geht um zwei ganz verschiedene Medien. Die Tatsache, dass ein Kind es schafft, beweisen seine Ausdauer und das unermüdliche Prinzip des Bedeutungsschaffens (Kress 1997: 79 ff.).

Das folgende Beispiel vom Lernen, den Vornamen zu schreiben, soll eine Vorstellung von dem spannenden Lernprozess geben, bei dem sich das Kind einen Weg in das komplexe, durch Konventionen festgelegte Schreibsystem sucht. Vielleicht regt es Eltern an, solche Schreibversuche bei dem eigenen Kind zu datieren und zu sammeln, bis das Wortbild einigermaßen konstant ist. Bis dahin ist es ein langer Weg.

3.5 Ein Kind lernt, seinen Vornamen zu schreiben

Ein Kind ist besonders motiviert, seinen Vornamen zu schreiben. Der Vorname hat irgendwie noch eine magische Qualität; er steht für die Person, kennzeichnet Besitz und Besitzansprüche, er weist aus, wer der Maler eines Bildes ist und von wem ein Geschenk kommt. Er drückt Stolz und Selbstständigkeit aus.

Stuart McNaughton (1995: 38–57) beschreibt, wie sich der Lernprozess seines Sohnes über 21 Monate hinzieht, nachdem Harry (1;10), als er mit Filzstiften und leeren Blättern in seinem Zimmer beschäftigt war, seinen Vater gebeten hatte, *Harry* für ihn zu schreiben. Der Vater sammelt die Versuche. Mit dreieinhalb Jahren kann Harry schließlich seinen Vornamen vollständig und leserlich als Unterschrift auf die Karte zum Muttertag schreiben. An diesem Punkt in der Entwicklung meint er aber immer noch, dass die Buchstaben *nur* zu seinem Namen gehören. Er lernt nebenbei die soziale Funktion des Schreibens mit, das heißt, wozu schreiben nützlich ist: Harry schreibt seinen Namen auf Kassenzettel, auf die Rückseite von einem Formular, als dies samt Stift auf dem Tisch greifbar ist, auf einen Bankbeleg, auf die Rückseite eines Briefumschlags. Die Unterschrift auf der Muttertagskarte zeigt es am augenfälligsten. Hier erlebt er, wie schreiben jemandem eine besondere Freude macht. Gerade das letzte Beispiel macht deutlich, warum man schreiben lernen als Sozialisierungsprozess sieht. Er beginnt bei Harry auffallend früh, schon vor dem zweiten Geburtstag. Zwischendurch wechselt sein Wortkonzept, Namen der Familie werden zu Knäueln von Linien. Lesbar wird sein Name, als er beginnt, die Laute beim Schreiben der Buchstaben zu artikulieren.

Gunter Kress (1997: 66–73) sammelte die Namenszüge seiner Tochter Emily auf ihren Bildern im Zeitraum von dreizehn Monaten, im Alter zwischen vier und fünf Jahren (4;0–5;1). Er beobachtet vor allem Begeisterung und Engagement des Kindes beim Schreiben des ganzen Namens wie auch der einzelnen Buchstaben. Er sieht es als einen kreativen Prozess, bei dem seine Tochter immer neu ihren Namen liest. Jedes Lesen bewirkt eine Veränderung in der Analyse. Über sechs Monate interessiert Emily vor allem ihr Anfangsbuchstabe mit seinen Strichen: Es sind nie weniger als drei, aber durchaus auch mehr. Zuerst gilt also *viele.*

Kress stellt sich vor, welche Fragen sich ein Kind stellen könnte und welche Antworten man aus Emilys Versuchen ableiten kann:

Wie viele Elemente hat mein Name? Vier oder fünf Elemente. Aber nicht die Frage der Zahl, sondern die Frage, welche Elemente es sind, scheint relevant. *E* fasziniert so, dass es zunächst zweimal im Namen erscheint.

Wie sehen sie aus? Die Antwort braucht noch eine lange Zeit; Emily experimentiert auch nach 5;1 weiter.

Nach welcher Seite orientieren sich die Elemente? Schon nach einem Monat stehen sie aufrecht.

Wie groß sind sie? Das scheint für Kinder kein großes Problem zu sein. Auch ohne Linien haben die Buchstaben bald ungefähr dieselbe Größe.

Welche Reihenfolge haben sie? Früher als die Buchstabengröße ist das Problem der Reihenfolge gelöst. Man würde gerade in diesem Punkt mit Schwierigkeiten rechnen, aber offenbar erfasst das Kind den Namen als Gestalt, als Einheit und etwas Ganzes, oder es assoziiert Buchstaben mit Lauten.

Die *Schreibrichtung* wird mitten im Lernprozess zu einer neuen Frage. Emily schreibt zunächst von links nach rechts, also unserer Schreibkonvention gemäß, und wechselt nach vier Monaten zu der Richtung von rechts nach links, vielleicht weil es ihr als Linkshänderin natürlicher und einfacher vorkommt. Sie verfährt ganz konsequent dabei: *Ein* umgedrehtes Element zieht das Umdrehen *aller anderen* Elemente nach sich. Nach vier Monaten kehrt sie zur konventionellen Schreibrichtung zurück, einen Monat später erscheint die konventionelle Schreibrichtung von links nach rechts gefestigt. Möglich ist, dass sie anfangs gar kein Problem darin sah, aber dann ihr Augenmerk darauf richtete und deswegen wechselte.

Eigentlich hängen Richtung, Abfolge und Zeilenanordnung eng zusammen, aber das Kind löst die Probleme getrennt. Man kann sehen, dass nach sechs Monaten und am Ende der Beobachtungszeit die *Schreibrichtung* als abstrakter kognitiver Begriff vorhanden ist (zuerst von rechts nach links, dann konventionell).

Kress zieht aus seinen Beobachtungen den Schluss, dass es bei dem Lernprozess nicht um Abschreiben, Nachahmen oder Üben der (Buchstaben-)Formen geht, sondern um kognitive und affektive Arbeit des Kindes, er spricht von *transformativ* und *kreativ*. Es wird sich lohnen zu verfolgen, wie das eigene Kind beziehungsweise andere Kinder den Weg in das Schreibsystem finden. Was oberflächlich betrachtet gleich aussieht, mag in Wirklichkeit unterschiedlich ablaufen. Wir kommen auf die Metapher vom Hausbau zurück: Bei dem Prozess, seinen Vornamen zu schreiben, gewinnt das Kind den Zugang von zwei Seiten her, vom Ganzen zu den Teilen und umgekehrt.

Vielleicht sammelt einer in der Familie, was ein Kind schreibt, versieht es mit der genauen Altersangabe und hebt es auf, vielleicht in einem Ordner, der dem Kind besonders gefällt. Ähnlich kann man im Kindergarten verfahren. Die ersten Schreibversuche sind interessant, aber das Aufheben ist noch aus einem anderen Grund wichtig. Auf diese Weise würdigt der Erwachsene die Lernanstrengung des Kindes, das stolz ist auf sein Geschriebenes. Schon der Dreijährige weiß, dass er mit seinem Bild dem Besuch eine Freude machen kann, wenn er zum Empfang ein Häuschen malt oder eine Sieben: die eigene Hausnummer (3;0.28).

Eltern hängen gern auf, was ihr Kind gemalt hat. Anderen Literacy-Fortschritten sollten sie dieselbe Aufmerksamkeit widmen. Wenn der Erwachsene sich vorlesen lässt, was das Kind »geschrieben hat«, darüber staunt und es aufhebt, wird jedes Kind es als Lob empfinden. In angelsächsischen Projekten zum Lesen und Schreiben stellte man fest, dass das Lob der Eltern am meisten zählt. Lob fördert und spornt an. In den Projekten zur Leseförderung und zum Geschichtenschreiben auf Grundschul- beziehungsweise Primarstufe wird immer wieder dieses Verhalten empfohlen. Aufheben heißt würdigen und macht stolz. Das Selbstwertgefühl des Kindes wird gefördert. Etwas später kann die Mutter beispielsweise kleine »Werke« mit Nadel und Zwirn zum Minibuch zusammenheften. Das eigene kleine Bilderbuch krönt seine Anstrengungen.

3.6 Worauf es ankommt

📖 Eigentlich erwartet man im Vorschulalter, zumindest bei den ganz Kleinen, noch keine Lese- und Schreibversuche. In der Forschung nimmt man aber an, dass schon die Allerkleinsten Vorstellungen von den verschiedenen Domänen *Zeichnen/Malen, Schreiben, Zahlen* Vorstellungen erwerben.

📖 Kinder sind Bedeutungsmacher, *meaning makers*, wie die Engländer sie nennen. Sie »*lesen*« von früh an Bilder und Zeichen in ihrer Erfahrungswelt und geben ihnen eine Bedeutung. Man kann sie an ganz unterschiedlichen Aktivitäten beteiligen wie einkaufen, Einkaufsliste schreiben, Fahrtziel suchen, Einladungskarten malen, Packungsaufschriften lesen, Schilder erkennen und anderem. Es macht ihnen Spaß, aber zugleich würdigt und fördert man ihre visuelle Kompetenz. Kinder lernen dabei die pragmatische Seite des Schreibens und Lesens, sie lernen schon etwas darüber, wann wo was geschrieben wird, wie es aussieht, welche Absichten damit verfolgt werden. So frühe Aktivitäten fördern den Sozialisierungsprozess.

📖 Die Beispiele zeigten, dass es sich lohnt, den Weg mitzuverfolgen, den ein Kind sich bahnt bis zum ersten Schuljahr, *bevor* also Lesen und Schreiben zum Unterrichtsstoff werden. Im Umfeld des Kindes gibt es vieles, was ein Kind interessiert und was mit diesen Kompetenzen zu tun hat. Es ist aufschlussreich, sich Mal- und Schreibprodukte erklären zu lassen, sie aufzuheben mit Altersangabe und gegebenenfalls mit dem Kommentar des Kindes zu versehen. Staunen und Lob der Erwachsenen fördern Kinder in diesen Aktivitäten, für die sie motiviert und interessiert sind und – wie beim Namenschreiben zu sehen war – denen sie sich mit Ausdauer widmen. Wie viel Denken und Problemlösungsstrategien (Lieblingsziel der Bildungspläne) entwickelt das Kind in diesem Prozess! Beispiele zeigen, dass auch *nachschreiben* nie einfach *nachahmen* ist, sondern kreatives Umformen.

📖 Kinder verstehen Äußerungen im Rahmen und mithilfe des reichen Kontexts, sprachlich und nichtsprachlich. Ganz gleich, ob der Erwachsene sagt: »Guck dir das Buch an« oder »Würdest du dir gerne das Buch angucken?« – in der entsprechenden Situation wird sich das dreijährige Kind aufgefordert fühlen, das Buch anzuschauen. In diesem Alter verlässt sich ein Kind auf sein Verstehen der praktischen Situation. Aber mit vier Jahren unterscheidet sich ein Kind aus einer Familie, in der vorgelesen wird und malen und schreiben beachtet werden, in seiner Reaktion. Offenbar schärft die häusliche Atmosphäre, die Literacy begünstigt, die sprachliche Wahrnehmung der Kinder. Im angeführten Beispiel heißt das, dass Kinder mit Vorlesehintergrund einen Unterschied in der sprachlichen Form der Aufforderung erkennen und die direkte Aufforderung von der verständnisvollen Frage (»Würdest du gern …?«), die auch zu einer Handlung auffordert, unterscheiden können. Das sind erste Schritte zur Diskursfähigkeit, die heute im Berufsleben als so wichtig angesehen wird.

📖 Man sollte Spielsachen wählen, die nicht auf einen einzigen Gebrauch festgelegt sind, sondern solche, die zu kreativem Umgang einladen. Bausteine gehören dazu. Papier, Pappe, Buntstifte aller Art sind wichtige Utensilien für ein Kind, sobald es einen Stift halten kann. Dazu kommt etwas später die Schere, die es ermöglicht, mit ausgeschnittenen und gefalteten Figuren zu spielen. Wenn sich das Kind für etwas interessiert, wird es sich im So-tun-als-ob-Spiel, beim Malen und Zeichnen, beim Falten und beim Bauen damit beschäftigen und Anregungen aus Bilderbüchern und dem Fernsehen verarbeiten. Verschiedene Arten fantasievoller Vorstellungen finden ihren Ausdruck in verschiedenen Medien. Der kindliche Weg zu *Literacy* ist von Natur aus multimedial, und das Kind sollte darin gefördert werden.

📖 Ein Kind übt beim Spiel wie auch beim Malen und Zeichnen Verteilung und Anordnung im begrenzten Raum, was wiederum ein wichtiger Teilaspekt des Schreibens ist, denn auch da geht es später um die Begrenzung durch die Seitengröße und Linie. Die Kombination von Text und Bildern und das Üben von Proportionen und Anordnung führen langfristig, aber geradewegs zu Bildschirmpräsentationen.

3.7 Literaturverzeichnis

Arizpe, Evelyn and Morag Styles (2003), *Children reading pictures. Interpreting visual texts.* (Routledge Falmer: London, New York)

Bloom, Paul (2000), *How children learn the meanings of words.* (The MIT Press: Cambridge, Mass., Lo.)

Hall, Nigel, Joanne Larson and Jackie Marsh (Eds). (2003), *Handbook of Early Childhood Literacy* (Sage: London, Thousand Oaks, New Delhi)

Karmiloff-Smith, Annette (1992), *Beyond Modularity: A Developmental Perspective on Cognitive Science* (MIT Press: Cambridge, MA)

Kress, Gunther (1997). *Before Writing. Rethinking the Paths to Literacy* (Routledge: London, New York)

Kümmerling-Meibauer (1999) Metalinguistic awareness and the child's developing concept of irony. *The Lion and the Unicorn*, 23: 168–176

Lancaster, Lesley (2003) Moving into Literacy: How it All Begins. In: Hall, Nigel, Joanne Larson and Jackie Marsh (Eds). *Handbook of Early Childhood Literacy* (Sage: London, Thousand Oaks, New Delhi) 145–153

Maclean, Morag, Peter Bryant and Lynette Bradley (1987) Rhymes, Nursery Rhymes and Reading in Early Childhood. *Merrill-Palmer Quarterly*, Vol. 33, No. 3, 255–81

Marsh, Jackie (2003), Early Childhood Literacy and Popular Culture. In: Hall, Nigel, Joanne Larson and Jackie Marsh (Eds), *Handbook of Early Childhood Literacy* (Sage: London, Thousand Oaks, New Delhi) 112–125

McNaughton, Stuart (1995), *Patterns of Emergent Literacy. Processes of Development and Transition* (Oxford University Press: Oxford, Auckland, New York)

Näger, Sylvia (2005), *Literacy – Kinder entdecken Buch-, Erzähl- und Schriftkultur*. (Herder: Freiburg et al.)

Nodelman, Perry (1988), *Words About Pictures. The Narrative Art of Children's Picture Books* (University of Georgia Press: Athens)

Reeder, Kenneth and Jon Shapiro (1993) Relationships between early literate experience and knowledge in children's linguistic pragmatic strategies. *Journal of Pragmatics* 19, 1–22

Wells; Gordon (1986), *The Meaning Makers. Children Learning Language and Using Language to Learn* (Heinemann: Portsmouth, New Hampshire)

Teil II
Spracherwerb

1 Vorsprachliche Phase

1.1 Sprachvorbereitungen und frühe Kommunikation

Wann beginnt das Sprechenlernen? Vor hundert Jahren oder weniger hätte man gesagt: mit den ersten Wörtern gegen Ende des ersten oder im Laufe des zweiten Lebensjahres. Heute weiß man, dass der Spracherwerb schon im Mutterleib beginnt. Nach viereinhalb Monaten sind die Gehörknöchelchen im Mittelohr voll entwickelt. Zwar lebt der Fötus in einer lauten Umgebung inmitten von Geräuschen, die von der Verdauung, den Blutbahnen und dem Herzen der Mutter verursacht werden, aber es ist anzunehmen, dass er in den folgenden fast fünf Monaten bis zur Geburt auch die Außengeräusche hört. Neue Hirnforschungsmethoden bestätigen die Annahme, dass ein Kind schon im Mutterleib mithört. Beschallt man einen Fötus eine Weile mit ***ba**bi* und wechselt dann zu *ba**bi***, verlangsamt sich der Herzrhythmus. Man kann daraus schließen, dass der Fötus diesen rhythmischen Unterschied wahrgenommen hat, der die typische deutsche von der französischen Silbenstruktur unterscheidet (Weissenborn 2005). Eine Woche alte italienische Säuglinge, die ein Elektrodenhäubchen auf ihrem Kopf duldeten, hörten ein Tonband, auf dem eine Frau auf Italienisch vorlas. Man stellte fest: Das Sprachzentrum im Gehirn der Säuglinge wurde angeregt, aber nur bei Sprache und nicht, als das Band rückwärtsgespielt wurde. In einem anderen Test wurden vier Tage alten Säuglingen Tonbänder verschiedener Sprachen vorgespielt. Sie reagierten nur auf die Sprache ihrer Umgebung, aber nicht auf andere Sprachen. War die Umgebung zweisprachig, fühlten sie sich bei beiden Sprachen angeregt, was man an der gesteigerten Saugrate ablas. Alle anderen Sprachen riefen keine Reaktion hervor. Man weiß also, dass das Kind schon mit Erfahrung in der Sprache (respektive den Sprachen) zur Welt kommt, der (denen) es im Mutterleib ausgesetzt war. Von Geburt an ist es dann sowieso von Sprache umgeben. Die Spezialisierung auf das Sprechen setzt sich fort. Die Artikulationsorgane entwickeln sich, aber zugleich sammelt das Kind das Rüstzeug, um dann gegen Ende des ersten Lebensjahres die ersten Wörter zu lernen, spätestens wenn es eineinhalb Jahre alt ist.

Eine Mutter weiß sehr bald, Lautäußerungen zu unterscheiden und zu deuten, ob Laute Hunger, Unbehagen oder Behagen ausdrücken. Ihre Interaktion mit dem Kind spiegelt bereits wider, worauf es bei der Kommunikation ankommt, selbst wenn zunächst das Schema nur aus Lautäußerung, Gestik und Mimik des Säuglings und sprachlicher Reaktion der Mutter besteht.

In dieser Phase ist es der Erwachsene, der den Lautäußerungen des Kindes eine Bedeutung unterlegt. Wenn Sebastian, zwei Wochen alt, ächzt, wenn er beim Wickeln auf den Bauch gelegt wird und den Kopf unbedingt wenden will, hilft seine Mutter nach: »Ist das schwer! Komm, ich helf dir.« Wenn ihm mit sieben Wochen im »Gespräch« ein hoher Juchzer gelingt, reagiert der Erwachsene begeistert: »Ja, das macht Spaß!«, und signalisiert ihm so eine Bedeutung. Wie ein Kind von dem bunten Spielzeug, das über dem Bettchen hängt und sich bewegt, fasziniert ist, so können auch schon die Allerkleinsten vom Gesicht des »Gesprächs«-Partners fasziniert sein. Sie beobachten Augen und Mund beim Zuhören. Sie bewegen dabei schon mit drei Monaten oder früher die Zunge im Mund und die Lippen, ohne einen Laut hervorzubringen. Es ist anzunehmen, dass sie nachahmen. Sebastian, sieben Wochen alt, beherrscht */ö ö ö/* und */ä ä ä/*, aber schaut dem Sprecher genau auf den Mund und hört frappiert zu, wenn er ihm eine Silbe mit einem neuen Vokal vorspricht: *summ, summ, summ.* Lässt man später einem Kind durch Pausen genügend Zeit zur Antwort, klingt es wie Rede und Gegenrede mit wechselnden Sprecherrollen. Das mag inhaltlich unzulänglich erscheinen, aber das Wesentliche von Kommunikation ist erfüllt oder wird wenigstens dabei gelernt: sich interessieren füreinander und hören aufeinander.

In den ersten acht Wochen sind es die Laute, die man auch als *reflexiv* bezeichnen kann. Sie haben mit der vegetativen Seite des Lebens zu tun, sie drücken Hunger, Schmerz und Unbehagen aus.

Beim Stillen entstehen Laute durch Saugen, Schlucken, Aufstoßen, Husten, Gurgeln und Spucken. Manchmal hört man auch schon die ersten Laute von Wohlbehagen beim Trinken. Das Schreien von Säuglingen wurde im Detail untersucht. Normalerweise handelt es sich um eine pulsierende Abfolge im Sekundentakt mit einer winzigen Pause zum Luftholen; bei jedem Schrei vibrieren die Stimmbänder stark und die Stimmhöhe geht im Takt von hoch nach tief, der Mund ist geöffnet wie für spätere Vokale, beispielsweise */a/;* Konsonanten kommen nicht vor. Gestresste Eltern wissen dies alles nur zu gut, aber man sieht auch, wie alle hier geübten Qualitäten das spätere Sprechen vorbereiten. Die Stimmbänder, die geübt werden, spielen für das Produzieren von Vokalen und einigen Konsonanten später eine Hauptrolle. Beim Schreien lernen Babys, den Luftstrom durch den Mund zu regulieren. In Konstanz untersucht man die Frequenzmuster jedes Schreis und jedes Lallens ganz genau und kommt zu der Ansicht, dass schon die ersten Laute eindeutig von der Sprachumgebung der Babys geprägt sind (Zvi Penner 2005).

In der **ersten Lallphase** (Alter 8–20 Wochen) lernt das Kind *gurr*-Laute zum Ausdruck des Wohlbehagens. Viele Laute klingen nasal wie /m/, /n/, weil das Kind den Mund noch nicht weit öffnet und Luft auch durch die Nase entweicht. Es reiht Lautsegmente mit kleinen Pausen aneinander, aus denen schließlich ein kleines neues Lachen wird.

Etwa im Alter von zwanzig bis dreißig Wochen spielt das Kind mit Lauten. Es hört sich selbst und übt! Die Oberkörpermuskulatur kräftigt sich, das Kind lernt sitzen und schaut dadurch weiter um sich. Die beiden Hände arbeiten zusammen. Kopf und Hals wachsen und der ganze Artikulationsraum verändert sich entsprechend: Die Zunge hat mehr Spielraum, die Stimmbänder rücken ungefähr an die Stelle, wo sie sich beim Erwachsenen befinden. Es kommen schwierigere Vokale wie */u/* dazu, die Laute werden länger, Laute wie */mmm, nnn/* (Nasale) und */fff/* (Reibelaute/ Frikative), die im vorderen Mundbereich gebildet werden, kommen hinzu; *ta* und *da,* mit konsonantenähnlichem Anlaut, können schon vorkommen. Die Lauthöhe kann von hoch bis tief variieren, wenn das Kind bei seinen Versuchen die Stimmbänder schnell schwingen lässt (hoher Ton) oder langsam schwingen lässt (tiefer Ton). Es entstehen die erstaunlichsten Juchzer. Mit besonderer Intensität und Freude produziert es sogenannte Pustelaute mit den Lippen, die es in einer Art Blubbern vibrieren lässt, oft recht feucht! Das Kind hört auf seine eigenen Lautäußerungen, versucht, die Laute zu wiederholen, und prägt sich die Art und Weise, wie sie gebildet werden, ebenso ein wie den Klang, also das motorische wie das akustische Bild. Gerade das Akustische scheint maßgebend.

In diesem Alter können Säuglinge schon stimmhafte von stimmlosen Konsonanten unterscheiden, also *pa* von *ba*. Kinder hören in dieser Phase genau hin. Das Lautrepertoire pendelt sich auf die Laute der umgebenden Sprache (Input) ein. Die Lautproduktion zweier Kinder mit unterschiedlicher sprachlicher Umgebung, Englisch respektive Spanisch, differiert gegen Ende der folgenden zweiten Lallperiode merklich (Clark 2003).

Die **zweite Lallphase** (Alter 25–50 Wochen) unterscheidet sich deutlich von der vorausgehenden. Jetzt kommen erst mal weniger Laute vor, diese werden aber vom Kind öfter und eher gleich bleibend artikuliert. Jeder kennt */abababa/* und */dadadada/* als das typische Babylallen. Jetzt werden Lautsegmente redupliziert aneinandergehängt. Wie geübt das Kind jetzt schon ist, erkennt man daran, dass Vokal und Konsonant in aufeinanderfolgenden Silben wechseln können: */adu/* oder */maba/*. Im weiteren Verlauf kommen schwierigere Laute wie */s/* und */sch/* hinzu. Die Länge der Silben, Rhythmus und Melodie nähern sich der Sprache an. Erwachsene entdecken Wörter in diesem Lallen. Mütter fühlen sich mit *mamamama* angesprochen, aber diese Lautfolge entsteht ganz einfach aus dem Luftstrom bei geöffnetem Mund. Es entsteht der Vokal */a/*, der beim Schließen der Lippen unterbrochen wird, sodass *ma-ma-ma-ma* entsteht. Es verwundert also nicht, dass in beinahe 500 Sprachen die Wörter, die ›Mutter‹ bedeuten, sich ähneln. Die Frage ist: Wann bekommt diese Silbenfolge Bedeutung und welche? Ein Kinderarzt leitete 75 Eltern, die mit ihren neugeborenen Babys in seine Sprechstunde kamen, darin an, die Lautäußerungen ihres Babys im Hinblick auf *Mama* zu beobachten (Goldman 2001).

Bei einem Drittel der Kinder kam bis zu einem halben Jahr *Mama* noch nicht vor. Bei einigen Kindern tauchte *Mama* schon früher als mit zwei Monaten auf, auffallend häufig erstmals zwischen zwei und vier Monaten. *Mama* ist Ausdruck des Verlangens nach Kontakt, meist ruft das Kind damit nach der Mutter, aber auch nach anderen Familienmitgliedern. Man könnte meinen, das Kind verlange mit *Mama* nach Nahrung. Die Umfrage ergab jedoch, dass es das Verlangen nach nahem Kontakt bedeutet, den ein Kind so sehr braucht. Die Kinder gaben sich nicht zufrieden, wenn die Mutter aus dem Hintergrund oder aus der Nähe, aber nicht im Sichtfeld antwortete. Das Verlangen des Kindes war dann gestillt, wenn die Bezugsperson sich über das Kind beugte, Gesicht und Stimme nahe waren oder – noch häufiger – wenn sie das Kind auf den Arm nahm. Der Kinderarzt kommt in seiner Studie zu dem Schluss, dass *Mama* und seine Varianten zu den ersten Lautäußerungen mit sozialer Funktion gehören. Da sich in dieser Zeit die Artikulationsorgane entwickeln, kann sich das Wort auch noch lautlich verändern. Mit drei Monaten kommen */ku/* und */gu/* Laute vor, von denen es heißt, dass sie Zufriedenheit ausdrücken und oft von Augenkontakt und Lächeln begleitet sind. *Mama* bedeutet dann, dass das Kind sein Verlangen nach engem Kontakt mit seiner Lieblingsbezugsperson auszudrücken lernt. Dazu passt, dass der kleine Jonas Mutter und Vater, die sich in die Betreuung teilten, noch mit 1;3 Jahren beide – zum Leidwesen des Vaters – mit *Mama* anredete und seinen 1½ Jahre älteren Bruder mit *Papa*.

Wörter mit Bedeutung produziert das Kind in der zweiten Phase noch nicht, so gerne man sie heraushören möchte. Immerhin lernt es in dieser Zeit auch das Hindeuten mit *Da!*, das ganz wichtig wird für die *Zeigebedeutung*, das (Wort-)Etikett, das ein Objekt bekommt durch Hinzeigen und Benennen. *Da* kann mehr oder weniger oder gar nicht gezielt sein, wenn das Kind am Dialog teilnehmen will oder nur übt, was es kann. Zwar sind es nur Beinahwörter, aber richtig ist, dass das Kind jetzt ein Repertoire von Lauten und Lautfolgen erworben beziehungsweise geübt hat, die es fit für den Erwerb der ersten Wörter macht. Aber damit ist die Lallperiode nicht abgeschlossen. Auch später beim Spielen wird es unter Umständen vor sich hin lallen, ohne dass man dabei Wörter identifizieren kann, obwohl es dem Klang und Rhythmus nach wie die Muttersprache klingt. Sprachforscher meinen allerdings heute, dass man spätere Sprachstörungen, die unter Umständen auf mangelhaftem Hören beruhen, hier schon aus der etwas »teigigen« Artikulation heraushören kann.

Es zeigt sich, dass es unmöglich ist, eine Grenze zu ziehen zwischen der Phase, in der sich die Artikulationsfähigkeit entwickelt, und der Phase, in der die ersten Wörter erworben werden. Das Kind erwirbt sich das Rüstzeug für die Sprache nicht nur in der Artikulationsfähigkeit, sondern es versteht auch immer mehr Sprache, sammelt Erfahrung in seiner Umgebung und entwickelt sich in sozialer Hinsicht weiter.

1.2 An das Kind gerichtete Sprache (KGS)

Im Folgenden geht es darum, wie Erwachsene mit Kindern sprechen und ihre Redeweise dabei auf sie abstimmen. Das beginnt bei der Geburt und wird deswegen hier eingefügt, gilt aber für die ganze Periode der Sprachentwicklung bis etwa fünf Jahre.

Erstaunlich spät, erst Mitte der 1970er-Jahre, kam man darauf, die Sprache der Bezugsperson(en) des Kindes und ihren Einfluss auf die kindliche Sprachentwicklung zu untersuchen. Catherine E. Snow (1972) lenkte die Aufmerksamkeit auf die Gewohnheiten der Mutter beim Sprechen mit ihrem Kind. Snow sprach von *motherese*, das unglücklich ins Deutsche übersetzt wurde als *Mutterisch*. Heute spricht man allgemein von *an das Kind gerichteter Sprache* (= KGS) als Übersetzung von *child-directed speech* und von *Feinabstimmung* (*finetuning*).

Wie stellt sich die Mutter sprachlich auf das Kind ein? Zunächst ist interessant, dass Mütter und Nichtmütter sich in ihrem Sprachverhalten nicht unterscheiden.

Einige der experimentell ermittelten Merkmale der an das Kind gerichteten Sprache betreffen Intonation, Lexikon und Grammatik. Sie sind stärker ausgeprägt, je jünger das Kind ist (Clark 2003: 38–45):

- Der Tonhöhenbereich ist größer, mehr als eine Oktave, die Stimme steigt und fällt steiler; sie ist oft übertrieben hoch. Babys reagieren auf hohe Stimmlage aufmerksamer, je jünger sie sind, desto eher. Die besondere Tonhöhe weckt die Aufmerksamkeit des Kindes und fesselt sie – neben Blickkontakt, Mimik und Gestik. Sie hebt die Rede von Geräuschen und Gesprächen der Umgebung ab. Das Kind merkt daran, dass die Rede an es selbst gerichtet ist, und macht vielleicht erste Erfahrungen mit der Bedeutung von Intonationskurven, beispielsweise von Fragen (steigende Intonation am Ende) gegenüber Aussagen.
- Signale wie *Guck mal; hier!* oder die Anrede mit Namen lenken die Aufmerksamkeit des Kindes auf etwas Bestimmtes.
- Wörter werden langsamer ausgesprochen, das heißt, die Vokale werden länger gesprochen in betonten Silben von wichtigen Wörtern, die oft ans Satzende gestellt werden.
- Wörter, die Konkretes bezeichnen, überwiegen.
- Wörter und Ausdrücke werden wiederholt.
- Je jünger Kinder sind, desto häufiger verwenden Erwachsene die gleichen Satzmuster, beispielsweise um neue Wörter einzuführen, die sie am Satzende mit starker Betonung und übertriebener Intonation akzentuieren, beispielsweise *(Guck mal), da ist ein* ***Hund.*** *Hier hast du einen* ***Löffel.*** *Wir spielen mit dem* ***Auto***
- Sätze sind einfacher gebaut, mit *und* verbunden und enthalten wenige Nebensätze; sie werden wiederholt oder umschrieben (= paraphrasiert).
- Äußerungen haben eine geringere Durchschnittslänge.
- Pausen am Satzende sind länger.

Der Erwachsene stellt sich in dieser Weise auf das Kind ein, um ihm die Kommunikation, aber auch das Lernen zu erleichtern, indem beispielsweise ein Wort in der fortlaufenden Rede herausgehoben wird, durch gleich bleibenden Satzrahmen gezielter wahrgenommen wird und Sprechtempo und Pausen das Verarbeiten begünstigen. Man untersuchte das Sprachverhalten von Erwachsenen gegenüber Kindern unter naturalistischen und experimentellen Bedingungen. Es wurden Videoaufnahmen von Mutter und Kind beim Spielen in zweiwöchentlichem Abstand gemacht. In Experimenten sollten Erwachsene Informationen an Kinder unterschiedlichen Alters weitergeben. Im Rahmen solcher Experimente wird eine Bildergeschichte erzählt, oder es sollen Plastikspielsachen in einer Reihe geordnet werden, oder es ist ganz einfach ein Sachverhalt zu erklären. Die Mutter beziehungsweise der Erwachsene muss dann diese Aufgaben viermal ausführen: einmal in Anwesenheit eines zweijährigen, dann eines zehnjährigen Kindes, darauf in deren Abwesenheit, aber so als wäre jeweils das Kind anwesend.

Die Unternehmung ergab, dass es keine Rolle spielt, wie schwierig die Aufgabe ist, wohl aber, ob das Kind anwesend ist: In diesem Fall richtet der Erwachsene seine Sprache stärker darauf ein. Die an zehnjährige Kinder gerichtete Sprache entsprach der Erwachsenensprache. In einem anderen Experiment ließ man die Mütter zu zwei- und fünfjährigen Kindern und zum Untersuchungsleiter sprechen und stellte fest, dass der Erwachsene auch schon bei fünfjährigen Kindern seine Sprache nicht mehr modifiziert (Garnica 1977).

Wie beeinflusst die Sprache der Bezugspersonen (= der Input) die Sprachentwicklung des Kindes? Zunächst lernt das Kind aus den Dialogen mit ihm selbst. Wenn es älter wird, lernt es auch, wenn es anderen beim Sprechen zuhört.

Wie zu erwarten, ist der Einfluss auf den Wortschatz groß. Man fand heraus, dass der Satzbau der Mutter – mehr oder weniger einfach – offenbar kaum eine Rolle spielt. Allerdings hat eine jüngere Studie mit Kindern, die in ihrer sprachlichen Entwicklung zurückgeblieben waren, ein anderes Ergebnis erbracht (Grimm 1999). Die Kinder wurden nachmittags drei Stunden sprachlich betreut, wobei die Therapeuten bestimmte Sprachphänomene, die den Kindern fehlten, betonten, indem sie sie häufiger verwendeten, beispielsweise den Schwerpunkt auf Relativsätze legten, die als erste Nebensätze von Kindern erworben werden. Die Kinder dieser Gruppe hatten nach einem Jahr ihre sprachlichen Defizite aufgeholt. Auch bei sprachlicher Förderung enthält wiederum die *Zone nächster Entwicklung* (Wygotski 1997) das beste Lernpotenzial, das heißt, wenn der Gesprächspartner in seiner Rede nur begrenzt über das Sprachniveau des Kindes hinausgeht.

Als ganz wichtiger Aspekt in der Kommunikation stellte sich etwas anderes heraus: Wenn Kind und Erwachsener gemeinsam mit etwas beschäftigt sind, so kommt es darauf an, dass die begleitenden Worte des Erwachsenen mit der Aktivität des Kindes übereinstimmen. Die Rede der Mutter muss mit dem Interessenfokus des Kindes korrespondieren, um das Kind in seiner sprachlichen Entwicklung zu fördern. Stellt man sich eine Spielsituation mit Bausteinen oder Tierfiguren vor, so wissen wir, dass vor allem die Kleineren oft schnell ihre Tätigkeiten wechseln, wenn der Blick auf anderes fällt. Videoaufnahmen in einer Langzeitstudie mit vierzig Müttern und ihren zweijährigen Kindern zeigen dieses Verhalten. Mütter verbalisieren bei den Kleineren die Handlungen ausführlicher, bei den Älteren weniger umfangreich. Es zeigt sich ein interessanter Gesichtspunkt: Drei Zweijährige fielen als Langsamentwickler auf, und in der Tat ließ sich feststellen, dass bei diesen Kindern die Abstimmung in der Sprache der Mutter mit dem Interessenfokus des Kindes *nicht* wie bei den anderen übereinstimmte. Diese Mütter bevorzugten es, neue Spielmöglichkeiten vorzuschlagen, und äußerten auch später im Interview, dass ihnen daran läge, dass ihre Kinder alleine spielen lernten, um selbstständig zu werden. Dieses Verhalten ist auf einer frühen Stufe der Sprachentwicklung unangebracht. Es überzeugt auch nicht, dass Kinder bei diesem Verhalten Modalverben wie *können/müssen/dürfen/* ... früher lernen (Harris 1992). Wenn Mütter mit ihren zwölf Monate alten Kindern mehr Zeit aufbringen für gemeinsame Beschäftigung, profitieren die Kinder in ihrem Sprachvermögen, sodass sie sowohl mehr sprechen als auch mehr verstehen, erst recht, wenn die Mütter sich dem Aufmerksamkeitsfokus der Kinder anpassen (Carpenter et al. 1998).

Normalerweise ergreift das Kind bei zwei Drittel der Episoden innerhalb des Spielens die Initiative (*child-initiated episodes*). Diese Konstanz zeigt, wie Mütter auf den jeweiligen Entwicklungsstand eingehen und ihr Verhalten abstimmen, eine Fähigkeit, deren sich vielleicht nicht jeder bewusst ist. Dieses Abstimmen erschwert es aber auch, zu unterscheiden, wer wen beeinflusst. Margaret Harris (1992) wählte für ihre Untersuchungen Mütter mit nur einem Kind aus, um das Problem auszuschalten, dass Kinder je nach ihrem Platz in der Geschwisterreihe viel von den älteren Kindern lernen, weil diese ihrem Entwicklungsstand näher sind.

Im Rahmen einer aufwändigen britischen Studie, von der Harris (1992) ebenso berichtet, trugen Kinder Mikrofone um den Hals, die über den ganzen Tag hin im 20-Minuten-Takt jeweils 90 Sekunden eingeschaltet wurden. So wurden unterschiedliche Situationen und Gesprächspartner einbezogen. Die früheste und schnellste Sprachentwicklung stellte sich bei denjenigen Kindern ein, die Anerkennung, Verbesserung, Verbot und Unterweisung erhielten. Bei diesen Kindern wurde auch mehr nachgesprochen, wiederholt, gefragt und angeleitet und insgesamt mehr geredet über das, was sich auf die laufenden Aktivitäten des Kindes bezog. Auch hier gilt: Immer kommt es bei den ganz Kleinen auf den Bezug zur unmittelbaren Umgebung an. Eltern fragen nach Objekten, Farben, benennen Haushaltsroutinen und sprechen über Beschäftigungen des Kindes. Alles sind nachweislich wichtige Einflussfaktoren in der frühen Sprachentwicklung.

Die Frage, ob gezieltes Korrigieren wirklich den Spracherwerb fördert, bleibt offen. Jeder muss selbst entscheiden, wie er es halten will. Man kennt die Erwachsenen, die unermüdlich Kinder entsprechend ihrer eigenen Sprachnorm korrigieren. Zu bedenken ist, dass der Fremdsprachenlehrer seine Schüler auch nur mit Maßen verbessert und man einen Ausländer im Gespräch nur auf ausdrücklichen Wunsch korrigiert, um die Kommunikation nicht zu stören. Genauso wird man es vermeiden, ein Kind immer wieder zu unterbrechen. Man kann die Situation testen. Auch kleinen Kindern geht es in der Regel um die Mitteilung und nicht um die sprachliche Richtigkeit, auch wenn sie sich schon über Wörter und ihre Bedeutung Gedanken machen. Sie fassen Rückfragen als Fragen nach dem *Inhalt* auf und umschreiben meist genau die Stelle, die sie als Schwachpunkt empfinden. Philipp, drei Jahre, wird selten korrigiert. Er reagiert unterschiedlich:

– mit Umschreibung (= Paraphrase) als Ausweg: *früher mal* löst die Unklarheit von *morgen/gestern*:

Philipp: *Morgen hab ich kein Bonbon gekriegt.*
Mutter: *Gestern.*
Philipp: *Morgen, gestern, morgen.*
Mutter: *Gestern.*
Philipp: *Früher mal hab ich kein Bonbon gekriegt; da bekomm ich zwei.* (3;2.14)

– mit Ausweichen:

Philipp: (Frühstückszeit) *Mama, mach mir jetzt mein Essen.*
Mutter: *Willst du Mittagessen, Frühstück oder Abendessen?*
Philipp: *Ich will Cornflakes; ich will sie mit Zucker.* (3;0.19)
Einen Monat vorher hatte er sich an den Frühstückstisch gesetzt mit den Worten: *Ich will jetzt mittagessen.* (2;11.22)

– mit Trotz und Ärger, wie auch Stern und Stern beobachten (1928/75):

Philipp: *Das sag ich dir nicht. (2;11.0)*

Philipp: *Ich möchte heute Abend zu trinken möchte ich.*
Mutter: *Heute ist nicht heute Abend, heute ist heute Morgen.*
Philipp, ärgerlich und laut: *Zu trinken! (2;11.14)*

– In emotional aufgeladenen Situationen nimmt er die Korrektur gar nicht wahr:

Philipp weint, drängt die Mutter, den Bär anzuziehen: *Mama, mach doch mal bei mein Bär ein Kleid. Hier den Rock.*
Mutter: *Ist ein Pullover.*
Philipp: *Kannst du den Bärlein den Rock anziehn?* (3;1.8)

Zu bevorzugen sind Korrekturen, die die Kommunikation nicht stören. Im Spiel und in den täglichen Routinen ergänzt und erweitert der Erwachsene die unvollständigen Äußerungen des Kindes, um inhaltlich und grammatisch einen vollständigen Satz zu bilden, und fügt unter Umständen noch weitere Informationen hinzu, beispielsweise wenn das Kind sagt: *Papa Bank,* kann er die Worte ergänzen zu: »(Ja) Der Papa arbeitet in der Bank; bald kommt er nach Hause.« Wenn beispielsweise ein Kind beim Blick in die Toilette sagt: *Guck mal, ist* ***weggeschwimmt,*** und der Erwachsene guckt interessiert, so kann er eine Korrektur anbringen, indem er den Dialog nicht unterbricht, sondern Interesse bekundet, wenn er beispielsweise sagt: »Oh, ist das schnell ***weggeschwommen!***«

Das folgende Beispiel illustriert, welche Schlüsse ein Kind bei einem neuen Wort aus dem Dialog zieht (Clark 2002: 50 f.; aus dem Englischen übertragen):

Kind (1;8.12) schaut auf ein Bild mit Eulen in einem neuen Buch
Kind: *Quackente.*
Mutter: *Ja, das sind Vögel.* Schaut auf das Bild. *Die heißen Eulen.* Zeigt auf das Bild. *Eulen, so heißen die. Eulen.* Schaut auf das Kind.
Kind: *Vögel.*
Mutter: *Und du weißt, wie eine Eule macht?* Zeigt wieder auf das Bild. *Die Eule macht uhuu, uhuu.*
Kind: *Eule.*
Mutter: *So macht die Eule.*
Kind: *Uhuu.* Lächelt.
Mutter: *Richtig!*

Neues Wort:	Eule
Kategorie:	Vogel
Untertyp:	Eule
	anders als Quackente

Selbstkorrekturen zeigen an, wie das Kind seine Sprachproduktion kontrolliert. Es wird sich der Problemlücke irgendwie bewusst sein, wenn es etwas aus dem Input direkt verarbeitet. Beispielsweise will der dreijährige Philipp, dass ihm die Mutter das *Holz* vom Brot abschneidet. Die Mutter spricht von der *Rinde*, die sie für ihn abschneidet, und kurz darauf verwendet Philipp selbst das Wort *Rinde.* Das sind fruchtbare Momente im Lernprozess. Bloom (2000) stellt fest, dass Erwachsene besonders auf den Wortschatz achten und eher Wort-»Fehler« verbessern als Grammatik-»Fehler«.

In den folgenden Kapiteln wird oft die Rede von den Alltagsdialogen sein, die Kinder zu ihrer Sprachentwicklung brauchen. Von der gemeinsamen Ausgangsbasis (*common ground*) wird in Teil III, Pragmatikerwerb, ausführlicher gesprochen. Im folgenden Gespräch zwischen der Mutter und der drei Monate alten Ann ist die konkrete Situation der gemeinsame Redehintergrund; Anns Verhalten gibt jedes Mal den Anstoß zur Äußerung der Mutter. Der Dialog – so einseitig er erscheinen mag – fördert schon auf dieser Stufe prosoziales Lernen:

Ann, lächelt
Mutter: *Oh, was für ein schönes kleines Lächeln, ja, ist das nicht schön? Ja, da ist ein schönes kleines Lächeln.*
Ann, stößt auf
Mutter: *Was für ein schönes bisschen Luft noch dazu. Ja, jetzt ist es besser, ja? Ja. Ja.*
Ann: Lautäußerung
Mutter: *Das ist ja noch ein schöner Laut.*

(Clark 2003: 30; übersetzt)

Zuerst geht es um die täglichen Routinen, die kleinen Dialoge mit ihren typischen, sich wiederholenden Wendungen beim Windelwechseln, beim Schlafengehen, bei Mahlzeiten, beim Spielen und Bilderbuchbetrachten, mit Reimen, mit typischen Fragen und Aufforderungen. In den USA bezeugen Therapiegruppen mit Müttern und Kindern zum Teil unter einem Jahr, wie in der Prävention große Erfolge erzielt werden. Keines der Kinder wurde später sprachauffällig (Grimm 1999). Und nun die Pointe: Mütter lernen in diesen wöchentlichen Sitzungen von 60 Minuten nichts anderes als die sprachliche Zuwendung zu ihren Kindern.

Im Laufe der Zeit erweitern sich die Inhalte der Gespräche mit wachsenden sprachlichen und geistigen Fähigkeiten des Kindes. Besonderes Augenmerk gilt dem *turn taking*, dem Sprecherwechsel im Gespräch. Im Laufe der kindlichen Entwicklung bekommt der zunächst ganz einseitig anmutende Dialog immer mehr Inhalt. Kinder lernen hier ganz stark von Erwachsenen eine kommunikative Kompetenz, die wichtig für das Leben ist. Eltern und Erzieher beeinflussen in diesen Gesprächen auch soziale Verhaltensweisen von Kindern, denn zu den Themen gehören Verhalten beim Spielen, am Esstisch oder wenn Besuch kommt, um nur einige zu nennen (Clark 2003: 29–32).

1.3 Kindliche Aussprache und lautmalende Wörter

1.3.1 /fis/ oder *Fisch*?

Im Umgang mit den Kleinsten drängt sich die Frage auf, ob es Kindern hilft, wenn der Erwachsene die kindliche Aussprache nachahmt mit */fis/* statt *Fisch*, */is (ta)putt/*, statt *das ist kaputt* zu sagen. Um die Untersuchungsergebnisse bei Zweijährigen vorwegzunehmen: Auch die Allerkleinsten wollen nicht die Nachahmung ihrer Sprache!

Wer eine Fremdsprache gelernt hat, weiß, dass man ein Wort bei anderen als richtig erkennt, auch wenn man es selbst falsch oder schlecht ausspricht. Dasselbe gilt für Kinder, die oft Schwierigkeiten mit bestimmten Konsonanten oder Konsonantengruppen haben, beispielsweise:

/k / br-/ bl- : /tu:l/ = cool; *Bille* = Brille; *bau* = blau.

Obwohl das Kind *bau!/ich bau…* (von *bauen*) und *blau* **gleich** ausspricht oder ein englischsprachiges Kind *mouth* und *mouse* gleich ausspricht, unterscheidet es sehr wohl die Wörter in ihrer Bedeutung (Clark 1995).

Eine Studie ergab: Kleine Kinder ziehen die »bessere« Aussprache dem Input ihrer eigenen, mangelhaften vor. Als ihnen in Experimenten dieselbe Geschichte in ihrer eigenen Aussprache und in der »richtigen« aus der Umgebung vorgespielt und zur Wahl gestellt wurde, wählten sie die »richtige« (Clark 1995). Wir können also davon ausgehen, dass das Kind, wenn es den phonologischen (lautlichen) Unterschied wahrnimmt, in dieser Weise auch seine eigene Sprache kontrolliert. Man spricht von *monitoring*. Nur so lassen sich Fortschritte in der Artikulation erklären, zu denen die allermeisten Kinder keine logopädische Hilfestellung brauchen. Manchmal verbessern Kinder sich auch spontan beim Hinhören auf den Erwachsenen. Was nützt einem Kind also das Nachahmen seiner noch unzureichenden Aussprache?

Wir erinnern uns an Experimente im Babylabor. Man möchte herausfinden, wie früh Babys den Unterschied zwischen stimmhaften und stimmlosen Konsonanten bei *papa* und *baba* hören, das bedeutet, dass sie dann auch den Unterschied zwischen *packen* und *backen* wahrnehmen; außerdem hilft die Unterscheidung auch beim Erkennen von Wortanfängen, also bei der Segmentierung von Wörtern im Sprachfluss. Obwohl englische Kinder mit zwei Jahren (2;3–2;11) noch nicht zwischen *bear* und *pear* (/**b**ɛr/ und /**p**ɛr/) in ihrer Aussprache unterschieden, zeigten sie doch im Test zu 89% auf das richtige Objekt. Wenn Einjährige (1;6–1;11) bei einem Wort, beispielsweise *baby* oder *vaby*, im Test mit der korrekten beziehungsweise inkorrekten Erwachsenenaussprache konfrontiert sind, brauchen sie im Fall der inkorrekten Aussprache länger und sind kaum fähig, auf das entsprechende Bild zu schauen. Alle diese Beobachtungen zeigen, dass sich Kinder an der Erwachsenenaussprache orientieren.

Besonders interessant ist das folgende Ergebnis: Als man Dreijährige mit den eigenen Wörtern, der Aussprache der Spielkameraden und eines unbekannten Erwachsenen vom Tonband konfrontierte, verstanden sie nur rund die Hälfte ihrer eigenen, noch weniger von den Wörtern der Spielkameraden, aber fast alle Wörter der unbekannten Erwachsenenstimme. Dazu passt sehr gut die Beobachtung, die Eltern und ErzieherInnen überprüfen könnten, dass nämlich Kinder diejenigen als Spielkameraden bevorzugen, die gut sprechen, und in diesem Alter diejenigen als Spielpartner ablehnen, die Sprachdefizite haben, zu denen oft auch ausländische Kinder gehören. Der dreijährige Philipp verbessert das um ein Jahr jüngere Nachbarkind, mit dem er spielt:

Sabinchen: *Ne Mu.*
Philipp: *Ja, von der Murmelbahn, das ist doch von der Murmelbahn.* (3;0.21)

1.3.2 Lautmalende Wörter: *Wauwau* oder *Hund*?

Aus: »Das ist ein Hund. Der macht wau-wau« entsteht leicht *Wauwau* = *Hund*. Man stellte fest, dass Einjährige, dreizehn respektive achtzehn Monate alte Kinder, auch noch Laute beziehungsweise Gesten mit Bedeutungen speichern, aber nach diesem Alter nicht mehr (Bloom 2000). Bei der Beschäftigung mit den Kleinsten gehört es dazu, Tiere statt mit ihrem Namen mit ihren Lautäußerungen zu benennen. Genau betrachtet, erweist es sich erst einmal als nützlich, denn die verschiedenen Tiere lassen sich mithilfe ihrer Lautäußerungen früh unterscheiden. Katze und Hund haben beide Ohren, Schwanz, vier Beine, ebenso Kühe, aber mit ihren Lautäußerungen *Miau, Wauwau* und *Muh* lassen sie sich identifizieren, nicht immer eindeutig wie im Fall von *Quack* für Ente *und* Frosch (Sebastian 1;7). Für Paul (2;2) ist die Nachbarin immer noch *die Huh* (weil sie mit »Huh-huh« winkt), die Wassertiere sind *Quack*, aber ein Hund nicht mehr *Wauwau*. Nehmen wir als Beispiel das Bilderbuchbetrachten. Das Kind hat schon bei demselben Bilderbuch gehört: »Das ist ein Vogel. Der macht piep.« Wenn nun die typische Frage kommt: »Das ist ein Vogel. Wie macht der Vogel?«, imitiert das Kind *piep*, lange bevor es *Vogel* sagen kann. Tierlaute kann ein Kind leichter nachahmen, weil sie leichter zu artikulieren sind. Diese lautmalenden »Wörter« sind außerdem stärker emotional und machen deswegen mehr Spaß. Ein regelrechter Dialog entsteht, wenn das Kind das Fahrzeug mit *brmm-brmm* benennt und der vorlesende Vater das eigentliche Wort liefert und ergänzt. Mit *Mäh* kann es sich schon ein Lieblingsbuch, das mit dem Schaf, auswählen. Das Kind hört, wie der Vater wegfährt, und kann es der Mutter mitteilen: *Papa brrmm-brrmm*. Die Mutter wird die Äußerung bestätigen und ergänzen: »Ja, er fährt mit dem Motorrad ins Geschäft.« Man sieht, wie nützlich lautmalende Wörter in der allerersten Phase sein können, aber auch, dass der Erwachsene die eigentlichen Wörter im selben Kontext am besten mit nennt.

Von den lautmalenden Wörtern schafften es *Wauwau* und *Heia* bis in den Duden und das deutsche Wörterbuch von Wahrig:

die Heia, Plural Heias, Kinderspr. für ›Bett‹; Heiabett
der Wauwau, Plural Wauwaus, Kinderspr. ›Hund‹. (Duden)
Heia: Kinderspr. *Bett; in die ~gehen* (Wahrig; *Wauwau* fehlt)
Manchmal gefallen gerade Erwachsenen diese Wörter. Philipp »übersetzt« die Lieblingsbezeichnung der Mutter *Heiabett* für ›Bett‹ mit *Schlafbett* (3;0.12 und später).

In der allerersten Phase spricht einiges für lautmalende Wörter, aber das eigentliche Wort gehört von Anfang an dazu. Die lautmalenden Wörter werden bald überflüssig, wenn sie das Kind im Laufe des zweiten Lebensjahres oder früher durch die Lexikonwörter ersetzt.

1.4 Worauf es ankommt

🕮 Wichtig ist das Bestreben, das Kind zu verstehen, das heißt, der Erwachsene muss sich ihm zuwenden, hinhören und antworten; auch die Kleinsten müssen dafür die Chance bekommen und brauchen Ruhephasen je nachdem, wie unruhig und laut ihre Umgebung ist. Im Gespräch, so bescheiden es in den ersten Monaten sein mag, muss man ihnen Zeit zum Reagieren geben.

🕮 Gespräche im ersten Lebensjahr hören sich einseitig an, aber die Mutter (oder die vertraute Person) greift auf, interpretiert und kommentiert, was das Kind äußert. Dieses Aufgreifen und Erweitern der Äußerungen des Kindes, auch wenn es beim Kind nur Laute, Gesten oder Mimik zum Ausdruck des Wohlbehagens oder Unbehagens sind, sind auch so früh schon wichtig. Das Kind lernt hier schon die grundlegenden Prinzipien der Kommunikation. Auch wenn nur Gesichtsausdruck oder Lautäußerung des Kindes die sprachliche Reaktion der Bezugsperson auslöst, so erlebt es darin schon das Muster, dass die Initiative von ihm ausgeht und es zum Gespräch beiträgt.

🕮 Mit Babys sprechen heißt sie anschauen: Augenkontakt ist ganz wichtig, Kommunikation entwickelt sich nicht im großen Kreis, sondern zwischen dem Baby und einer vertrauten Person. Es braucht nicht nur die Mutter zu sein, die oft genug anderes zu tun hat; Vater, Geschwister, Babysitter und Großeltern können diese Rolle übernehmen, aber Fremde, die ein Kind mit ihrem Redeschwall überschütten, auch wenn es die Verwandten sind, erregen eher nur Schrecken. Es zählt die Innigkeit, die sich auch beim Bilderbuchbetrachten einstellt. Sie erfordert ruhige Momente.

🕮 Themen sind die täglichen Aktivitäten, Routinen, die für das Kind wichtig sind und mit seinem Wohlergehen unmittelbar zu tun haben, und Dinge, die im Augenblick seine Aufmerksamkeit erregen oder gefangen halten. Es geht um das Jetzt und Hier, und nicht um das, was *war* oder *sein wird.* Zur unmittelbaren Umgebung gehören auch das bunte Spielzeug, die Spieluhr oder das Kuscheltier in Sichtweite. Wenn die Themen ausgehen sollten, kann man ein Bilderbuch betrachten, vielleicht noch nicht mit einem drei Monate alten Baby, wie es auch vorgeschlagen wird (Crystal 1986), aber sicherlich dann, wenn es sitzen kann.

🕮 Je jünger das Kind, umso schneller wechselt sein zielgerichtetes Interesse und umso wichtiger ist es, dass die Rede der Mutter beziehungsweise Bezugsperson mit dem Aufmerksamkeitsfokus des Kindes übereinstimmt und sie die Aktivitäten des Kindes in Worte fasst. Die Rede der Mutter hat großen Einfluss auf den kindlichen *Wortschatz,* aber offenbar kaum auf den *Satzbau.* Hier gilt schon, was auch im weiteren Verlauf des Spracherwerbs wichtig ist: Der Erwachsene begleitet die Handlung des Kindes mit Worten, wiederholt, ergänzt, erweitert seine Äußerungen. Diese Förderung ist unauffällig und wirksamer als Korrekturen. Die Frage, wie wirksam direkte Verbesserungen sind, bleibt offen, aber sicher ist: Sie stören die Kommunikation, indem sie das kindliche Mitteilungsbestreben durchkreuzen.

🕮 Wahrnehmungs- und Konzentrationsfähigkeit der Allerkleinsten versetzen aufmerksame Erwachsene in Staunen. Es gilt, diese Wahrnehmungsfähigkeit zu entwickeln und die Konzentrationsfähigkeit zu erhalten, indem man Reizüberflutung vermeidet. Visuelle Anregung, sprachlicher Input und Kommunikation sind wichtig, aber Ruhephasen ebenso.

🕮 Die an das Kind gerichtete Sprache weist bestimmte Merkmale auf, die Intonation, Lexikon und Grammatik betreffen. Sie sind stärker ausgeprägt, je jünger das Kind ist. Solche Merkmale sind unter anderem: starker Wechsel der Tonhöhe, eingeschränkter Wortschatz, Wörter werden langsamer gesprochen und wichtige oft betont ans Satzende gestellt, Sätze sind kürzer und aneinandergereiht. Man spricht von Feinabstimmung *(finetuning)*, mit der der Erwachsene sich auf die Fähigkeiten des Kindes einstellt. Fünfjährigen gegenüber ist das Sprachverhalten wie gegenüber Erwachsenen.

🕮 Entgegen landläufiger Meinung bevorzugen auch die Kleinsten die Aussprache der Erwachsenen gegenüber der eigenen, unvollkommenen. Sie schätzen es also, wenn die Mutter *Fisch* sagt und nicht */fis/*, *kaputt* und nicht */putt/* oder */taputt/*. Man erkennt aus Selbstkorrekturen und der Weiterentwicklung der Artikulation, dass das Kind seine eigene Sprachproduktion mit einer Art *monitoring* kontrolliert. Bedenkt man, dass es von seiner eigenen Sprache und der des gleichaltrigen Spielkameraden nur etwa die Hälfte versteht, weiß man, warum Kinder sich im Kindergarten Spielkameraden aussuchen, die besser sprechen als sie, und andere ablehnen wegen ihrer Sprachdefizite.

🕮 Lautmalende Wörter beispielsweise für Tiere wie *Wauwau*, *Mäh* und *Muh* erweisen sich in der Anfangsphase als nützlich und beleben die Kommunikation, werden dann aber überflüssig, sobald das Kind das eigentliche Wort kennt.

1.5 Literaturverzeichnis

zu 1.1

Clark, Eve. C. (2003), *First Language Acquisition.* (Cambridge : University Press)

Crystal, David (1986), *Listen to Your Child: A Parent's Guide to Children's Language.* (Penguins Books Ltd.: Harmondsworth, Middelsex, England)

Goldman, Herbert I. (2001), Parental reports of ›MAMA‹ sound in infants: an exploratory study. *Journal of Child Language* 28, 497–506

Wygotski, Lew S. (1977), *Denken und Sprechen.* (Fischer Taschenbuch Verlag: Frankfurt a. Main) urspr. russ. Originalausgabe 1934

zu 1.2

Bloom, Paul (2000), *How Children Learn the Meanings of Words* (MIT Press: Cambridge, Mass.)

Carpenter, Malina, Katherine Nagell, Michael Tomasello (1998), Social Cognition, Joint Attention, and Communicative Competence From 9 to 15 Months of Age. In: *Monographs of the Society for Research in Child Development.* Serial No. 255, Vol. 63, No. 4

Clark, Eve C. (2002), Making Use of Pragmatic Inferences in the Acquisition of Meaning. In: Beaver, David I., Luis D. Casillas Martínez, Brady Z. Clark, Stefan Kaufmann (Eds), *The Construction of Meaning* (CSLI : Stanford, CA), 45–58

Clark, Eve V. (2003), *First Language Acquisition* (Cambridge University Press: Cambridge)

Garnica, Olga K. (1977), Some prosodic and paralinguistic features of speech to children. In: C. E. Snow and C. A. Ferguson (Eds), *Talking to children: Language input and acquisition* (Cambridge University Press: Cambridge), 63–88

Goldman, Herbert I. (2001), Parental reports of ›MAMA‹ sound in infants: an exploratory study. *Journal of Child Language* 28, 497–506

Grimm, Hannelore (1999), *Störungen der Sprachentwicklung* (Hogrefe: Göttingen)

Harris, Margaret (1992), *Language Experience and Early Development: From Input to Uptake* (Lawrence Erlbaum Associates : Hove UK, Hillsdale, USA)

Penner, Svi (Konstanz) und Weissenborn, J. (Berlin) kommentieren ihre Forschung in der Sendung: Wissen »Lautmaler in Windeln« SWR 2, 6.2.2005

Snow, C. E. (1972), Mothers' speech to children learning language. *Child Development* 43, 549–565

Snow, C. E. (1977), Mothers' speech research: From input to interaction. In: C. E. Snow and C. A. Ferguson (Eds), *Talking to children: Language input and acquisition* (Cambridge University Press : Cambridge)

Duden. Die deutsche Rechtschreibung (2006), (Dudenverlag: Mannheim et al.) 24. Aufl.

Wahrig, Gerhard (2000), *Deutsches Wörterbuch* (Bertelsmann Lexikon Verlag: Gütersloh, München), 7., vollständig neu bearbeitete und aktualisierte Auflage

2 Wie Kinder Wörter und Grammatik lernen

2.1 Das mentale Lexikon: Allgemeines zum Wortschatz

Das mentale Lexikon ist der Wortspeicher im Gehirn. Es umfasst alle Wörter und Ausdrücke, die der Mensch mit ihrer Bedeutung gelernt hat und die er bei Bedarf abrufen kann. Man unterscheidet zwischen aktivem und passivem Wortschatz. Der aktive Wortschatz ist der Wortspeicher, der dem Menschen beim Sprechen und Schreiben zur Verfügung steht. Demgegenüber umfasst der passive Wortschatz diejenigen Wörter, die der Mensch zwar versteht, aber selbst nicht gebraucht. Der passive Wortschatz ist naturgemäß sehr viel größer als der aktive Wortschatz, im Durchschnitt bei Erwachsenen doppelt so groß.

Auch das muttersprachliche Lexikon Erwachsener entwickelt sich weiter, indem sich die Bedeutung einzelner Wörter ändert und neue hinzukommen. Wenn man das Wort *Wollmäuse* noch nie gehört hat, schließt man nach einigem Hin und Her im Gespräch vom Thema auf die Wortbedeutung, aber trotz jahrzehntelanger Erfahrung im Wörterlernen braucht man etwas Zeit, um Hinweise, Miene, Gesten und Ton zu verarbeiten. Es ist schon erstaunlich, dass genau dies auch schon ein eineinhalbjähriges Kind fertig bringt, das am Anfang seiner Sprachlernkarriere steht.

Den Umfang des Wortspeichers eines Menschen kann man in Zahlen angeben, und mit Computeranalysen gelingt dies heute immer genauer. Aber welche Form die Einträge im Gehirn letztlich haben, darüber wissen wir wenig Genaues (zur Konzeptbildung vgl. Teil I, 1.2.1). Die Hirnforschung kann nur sichtbar machen, wo etwas gespeichert wird und welche Areale im Gehirn wann aktiv sind. Lernstrategien, zum Beispiel, kann sie nicht erhellen. Sie ergeben sich aus der Beobachtung des Lernverhaltens im Alltag, den Veränderungen im kindlichen Wortschatz, aus Selbstkorrekturen, aus Reaktionen sprachlicher und nichtsprachlicher Art, aus beobachtbaren Abweichungen vom Input und »Fehlern«. Solche Beobachtungen regen Wissenschaftler zu systematischen Untersuchungen im Experiment an mit Kindern verschiedenen Alters, aber auch mit Erwachsenen als Kontrollgruppe.

Die neuere Forschung rückte die pragmatische Seite des Lernprozesses ins Licht. Es zeigt sich, wie aktiv Kinder am Lernprozess beteiligt sind, und zwar schon die Allerkleinsten, und wie sie alles mit verarbeiten, was ringsum an Indizien durch Mimik und Gestik auf die Absicht des Sprechers verweist. Wir wissen, wie genau Kinder später dem Erwachsenengespräch zuhören, auch wenn sie in ihr Spiel vertieft scheinen. Gelegentlich machen sie Einwürfe oder produzieren Gehörtes in anderem Zusammenhang.

Eltern merken, wann sie nicht mehr alles unbedacht in Gegenwart des Kindes besprechen können. Als die Familie von jemanden mit dem Spitznamen »Eule« spricht, hat der Dreijährige genau zugehört, denn später geht er der Sache auf den Grund und fragt: *Kann ein Uhu sprechen*?

Beobachtungen zeigen, wie Kinder ganz früh alle möglichen nichtsprachlichen und sprachlichen Hinweise verarbeiten. Sie haben die Fähigkeit, Wörter ohne direkte Hilfe von Erwachsenen zu lernen; trotzdem ist Spracherwerb von Anfang an ein *interaktiver* Vorgang. Wenn Kinder zusammen mit einer Bezugsperson Kindersendungen sehen, sprechen sie auch miteinander über das gemeinsam Gesehene (*joint focus*), sodass eine Form der Interaktion zustande kommt.

Eine naturalistische Studie kontrollierte »Sesamstraße«-Konsum und Wortschatzzuwachs zwischen a) drei und fünf Jahren und b) fünf und sieben Jahren. Die fleißigen »Sesamstraße«-Gucker hatten mit fünf Jahren einen größeren Wortschatz (Rice et al. 1990). In einem Experiment, bei dem neue Wörter in Fernsehsendungen eingefügt wurden, lernten nur die Fünfjährigen von zwanzig Wörtern drei bis fünf Wörter, die Dreijährigen keine. Bei Gefühlswörtern wie *traurig* versagte das Fernsehen als Lehrmeister ganz (Harris 1992). Im Forschungsüberblick zeigt sich, dass nur didaktische Kindersendungen den Wortschatz erweitern und das Lernen womöglich erleichtern können, wenn Kinder gerade neue Wörter dort zu lernen beginnen, deren Bedeutung und Gebrauch sie dann in anderen Zusammenhängen tatsächlich erwerben. Grammatik lernen sie so gut wie gar nicht aus dem Fernsehen. Den Rang des Fernsehens im Sprachlernprozess vergleichen die Forscherinnen mit der Dessertauswahl in einem 4-Gänge-Menü (Naigles & Mayeux 2001).

Auf Interaktion kommt es beim Lernen von Wörtern und ihrer Bedeutung an. Das zeigt ein Versuch mit fünfzehn bis zwanzig Monate alten Babys. Die Babys wurden mit einem unbekannten Gegenstand in der Mitte eines Raums allein gelassen. Während sie auf das Objekt schauten, tönte eine Stimme aus dem Off: »Dawnoo! There's a dawnoo!« Erwachsene würden auf diese Weise das Wort und seine Bedeutung lernen, aber Kinder brauchen wohl die Sicherheit, dass es um das Benennen geht, und dafür muss der Sprecher zugegen sein. In dieser Situation lernten die Kleinen nichts (Bloom 2000: 64). Teletubbies bringen also sprachlich nichts, aber die Warnungen des Hirnforschers Manfred Spitzer (Ulm) gehen noch weiter und betreffen die Wahrnehmungsfähigkeit von Einjährigen. Es verwirrt sie, wenn sie Handlungen sehen und die Geräusche dazu mit einer winzigen Zeitverzögerung hören, weil sie die Wirklichkeit doch überhaupt erst richtig erkunden müssen. – Immer mehr sogenannte Lernprogramme, auch für die Kleinsten, kommen auf den Markt, aber auch bei kindgerechten Programmen sind Kinder nach 30 Minuten am Computer erschöpft. Welche Kreativität entwickelt sich dagegen beim gemeinsamen Bilderbuchbetrachten!

Wo die Psycholinguisten Spekulationen anstellen, Hypothesen aufstellen und nach Modellen suchen, bietet sich ein weites Feld für Eltern und Betreuer, sich aus eigenen Beobachtungen ein Bild zu machen und sich aus der eigenen Erfahrung heraus der einen oder anderen These anzuschließen. Ausgangspunkt für viele ForscherInnen auf dem Gebiet der Sprachentwicklung sind die Erfahrungen, die sie mit den eigenen Kindern gesammelt haben, wie beispielsweise das Ehepaar Clara und William Stern, Eve V. Clark, Michael Tomasello und andere. Wenn wir die Antworten zu den folgenden Punkten überblicken, geraten wir beispielsweise mitten in den Streit über Lernstrategien, ob sie angeboren sind oder nicht, wenn ja, wie weit sie angeboren sind, wie lange sie wirksam sind und ob nicht die pragmatische und soziale Seite für den Worterwerb wichtig ist, genauso wichtig oder wichtiger? Alle aufmerksamen Erwachsenen können bei den folgenden Punkten mitreden. Mehr darüber zu erfahren, bedeutet auch, eher beurteilen zu können, was den Lernprozess positiv und negativ beeinflusst, also auch, wie man Kinder entsprechend fördern kann und was ihnen in ihrer Entwicklung nützt.

2.1.1 Der Wortschatz in Zahlen

- Um das erste Lebensjahr herum erwirbt ein Kind die ersten Wörter. Mit zirka 1½ Jahren verfügt es über ungefähr 50 Wörter, das heißt, in der ersten Zeit kommen in der Woche ein bis zwei Wörter im Lexikon hinzu.
- In der zweiten Hälfte des zweiten Lebensjahres, also zwischen 1½ und 2 Jahren, lernen Kinder auffallend mehr Wörter, sodass man von einem *Vokabelspurt* (*vocabulary spurt*) spricht. Bei manchen Kindern steigt die Kurve nicht plötzlich, sondern einfach nur steiler an, was letztlich bezüglich des Lexikonumfangs auf dasselbe herauskommt. Statt 1 bis 2 Wörter pro Woche sind es jetzt durchschnittlich 10 Wörter, also mehr als 1 Wort pro *Tag*. Mit 2 Jahren sind es 500 bis 600 Wörter (Clark 1993).
- Von den ersten Wörtern um den ersten Geburtstag herum bis zum Schuleintritt erwirbt das Kind 3000 bis 5000 Wörter. Der passive Wortschatz umfasst zusätzlich noch zirka 9000 bis 14 000 Wörter (Meibauer & Rothweiler 1999).
- Zwischen 10 Jahren und dem Beginn des Erwachsenenalters ist der Zuwachs im Lexikon am größten. Mit zirka 18 Jahren hat der aktive Wortschatz einen Umfang von zirka 20 000 Wörtern, der passive ist doppelt so groß. Kognitive Entwicklung, erweiterter Horizont und Lesen spielen dabei eine Rolle. Es bleibt abzuwarten, wie der zunehmende Medienkonsum und weniger Lesen die durchschnittliche Wortschatzentwicklung der Jugendlichen beeinflussen werden.
- Die Lexikonentwicklung des Einzelnen ist damit nicht abgeschlossen. Die Erweiterung des Lexikons ist ein lebenslanger Prozess, dessen Tempo sich allerdings verlang-

samt. Im Durchschnitt verfügt der Erwachsene über 20 000 bis 40 000 Wörter, ein Vielleser über noch viel mehr (zum Vergleich: Goethe über 99 000 Wörter; Quelle: Duden-Mitarbeiter). In der Umgangssprache benutzt ein erwachsener Sprecher zirka 6000 bis 10 000 Wörter. Von der Leistung des Lexikons macht man sich eine Vorstellung, wenn man bedenkt, dass ein Sprecher durchschnittlich 3 Wörter pro Sekunde produziert, und, sobald ein Wort geäußert wird, es innerhalb einer Fünftelsekunde abrufen kann.

Zum Schluss ein interessantes Untersuchungsresultat: Im Wortschatz zwischen Jungen und Mädchen beträgt der Unterschied nur zirka 2% zugunsten der Mädchen (Bloom 2000).

2.1.2 Die ersten 50 Wörter

Mit etwa einem Jahr lernt das Kind die ersten Wörter. Seine Artikulationsfähigkeit ist so weit entwickelt, dass es ein Wort so ausspricht, dass man es einigermaßen identifizieren kann.

Welche Wörter werden zuerst gelernt?
- Objekte aus dem unmittelbaren Erfahrungsbereich des Kindes: beispielsweise *Katze, Milch, Tür;*
- Wörter, die Ortsverhältnisse bezeichnen: beispielsweise *in, runter;*
- Wörter, die Eigenschaften bezeichnen: beispielsweise *heiß, kaputt,*
- Wörter, die das Ergebnis von Handlungen bezeichnen: beispielsweise *weg, auf,*
- Namen: beispielsweise *Mama, Papa, Oma, Bruder;*
- sozial-expressive Wörter: beispielsweise *hallo, tschüs, hmm, bitte, danke.*

Beim Wortlernen fällt einem sofort das Hinzeigen und Benennen durch den Erwachsenen ein. Diese Wörter beschränken sich auf die Namen von Objekten, aber schon zirka 30% der ersten 50 Wörter bezeichnen anderes als Objekte. Wörter wie *hallo* zeigen, wie wichtig Kindern ganz früh die pragmatische Seite der Sprache ist.

Trotz großer Unterschiede im frühen Spracherwerb scheinen die 50 Wörter mit 1½ beziehungsweise 2 Jahren doch ein wichtiges Kriterium für die normale Sprachentwicklung zu sein. Eine verzögerte Sprachentwicklung mit 2 bis 2½ Jahren gibt *möglicherweise* einen Hinweis auf spätere Störungen. Entsprechend arbeitet man seit einiger Zeit weltweit an einem Projekt, das die Sprache von Ein- und Zweijährigen erfasst, um anhand eines Inventars dessen, was man in diesem Alter durchschnittlich erwarten kann, auf Mängel aufmerksam zu werden. Zum Katalog gehören nicht nur (einigermaßen verständliche) Wörter des ein- bis zweijährigen Kindes, sondern auch kommunikative Gesten wie *Winken*, sozial-expressive Wörter wie *hallo! tschüs* und *hmm* und Spiele wie *Guck-guck*. Auf der Basis ausgedehnter Elternbefragungen wurde eine Bestandsaufnahme sprachlicher und kommunikativer Fähigkeiten von amerikanischen Kindern im Alter zwischen 8 und 30 Monaten (0;8–2;6) gemacht. Es wurden Fragebogen entwickelt: die *MacArthur Inventories* (1993). Diese Testmethode zur Früherkennung wird *Language Development Inventory* (kurz: LDI) genannt. Aufgrund unterschiedlicher Sitten und Spracheigenheiten lassen sich die amerikanischen Fragebogen nicht einfach auf andere Länder übertragen, sondern müssen den kulturellen Eigenheiten entsprechend angepasst werden. Die Entwicklungspsychologin Hannelore Grimm befragte deutschsprachige Eltern und stellte ein solches Inventar für deutsche Verhältnisse und entsprechende Fragebogen zusammen (Grimm 2000). Tests ergaben, dass von den 20% der Kinder, deren Wortschatz im Alter von zwei Jahren *unter* 50 Wörtern lag, sich bei 6% die Sprache in der Folgezeit tatsächlich nicht normal entwickelte (Grimm 1999). Es ist leicht zu verstehen, dass bei einer geringeren Wortzahl allein schon die Möglichkeiten, Wörter in Äußerungen zu kombinieren, reduziert sind. Wer weniger ausdrücken kann, spricht weniger und übt sich weniger in der Sprache. Defizite verstärken sich auf diese Weise schnell. Der Prozentsatz der Schulanfänger mit Sprachdefiziten ist inzwischen alarmierend hoch. Die Strategie ist heute, möglichst früh Fehlentwicklungen zu verhindern, also präventiv einzugreifen und früh zu steuern und vorzubeugen, statt später mit größerem Aufwand Mängel anzugehen. Eltern und Betreuer werden auf dieses Wortschatzkriterium achten. Wichtig ist, dass man das Aufschreiben auf die *spontane* Rede des Kindes beschränkt. Wort, Ausdruck oder Satz dürfen nicht im Kontext vorgegeben sein, denn dann wäre es nur Nachsprechen, das heißt reine Imitation. Erfahrungsgemäß unterschätzen Mütter oft den Wortschatz, sodass es sich lohnt, einmal über kurze Zeit Buch über die Wörter zu führen, über die das Kind verfügt.

2.1.3 Hinzeigen und benennen: das Wort als Etikett für ein Objekt

Ein Wort mit seiner Bedeutung zu erlernen, erscheint als das Einfachste der Welt:

> Kai (1;4) wartet auf sein Frühstück. Seine Mutter holt aus einer Tüte eine Bretzel, sein Lieblingsfrühstück. Sie hält sie ihm hin und sagt: *Bretzel; guck, ich hab dir eine Bretzel gekauft.*
> Kai freut sich, nimmt sie und sagt: *Beb.*
> Die Mutter lächelt: *Ja, Bretzel.*

Die Mutter zeigt und benennt das Objekt (Bretzel), stellt die Assoziation zwischen Objekt und Wort her, das Kind ahmt nach, die Mutter bestätigt und verbessert sanft, indem sie das Wort noch einmal richtig spricht. Die Sitte, die Aufmerksamkeit des Kindes auf ein Objekt zu lenken und es zu benennen, das heißt einem Objekt auf diese Weise ein (Wort-)Etikett anzuheften (*label/labelling*), ist allen vertraut, die sich mit kleinen Kindern beschäftigen. Es sieht einfach aus, aber in Wirklichkeit erfordert das Lernen von Bedeutung vielfältiges Denkvermögen:

- die sprachliche Seite: lautliche Form, Grammatik;
- die pragmatische und soziale Seite: das Wahrnehmen und Einbeziehen von Gesten, Mimik, Blicken; Perspektive und Reaktionen der Gesprächspartner und
- die geistige Verarbeitung und Speicherung.

Unter den ersten 50 Wörtern werden nur zirka 70% im Zeigekontext gelernt (Bloom 2000), aber auch durch Zeigen und Benennen Wortbedeutungen zu lernen, ist nicht so einfach, wie man annehmen möchte.

Der Sprachphilosoph Willard V. O. Quine (1960) bringt dazu das Beispiel von einem Forscher, der Aufzeichnungen einer ihm unbekannten Sprache in einer unbekannten Kultur macht. Ein Kaninchen läuft vorbei. Der Einheimische zeigt auf das Kaninchen und ruft dem Fremden zu: »Quavagai!« Was heißt das? Meint er das Kaninchen oder nur Rücken oder Fell des Kaninchens, vielleicht seine Farbe, seine Bewegung oder sein Tempo, den Ort oder die Richtung? Noch vieles andere kommt in Frage. Die Situation ist ziemlich unklar, wie jeder nachvollziehen kann, der schon einmal mit einer völlig unbekannten Sprache konfrontiert war. Es ist anzunehmen, dass der Fremde erst einmal für *Quavagai* die Bedeutung ›Kaninchen‹ notieren und dann die Richtigkeit seiner Annahme bei weiteren Sprachkontakten überprüfen wird. Übertragen auf die kindliche Situation, sieht das so aus: Das Kind hört *Kaninchen*. Es folgt den Blicken des Sprechers, um dessen Absicht zu verstehen. In seinem Denken geht ein Pfeil vom Wort zur realen Welt, von *Kaninchen* zu einem Kaninchen, aber die Bedeutung, das Konzept, muss ein Kind selbst herausfinden: Bezeichnet es die *Gattung* oder *Flopsy* oder seine Eigenschaft *weiß*? Wenn es sich um eine *Gattung* handelt, was gehört noch dazu? Wenn also in unserem Beispiel Kai unter *Bretzel* nicht ›Tüte mit Bretzel‹ versteht oder bei *Katze* weiß, dass das ganze Tier und nicht nur der Schwanz so benannt wird, setzt das Denken voraus.

Hinzeigen und benennen scheinen typische Verhaltensweisen in westlichen Kulturen zu sein, genauer noch: eine Sitte westeuropäischer Mittelstandsmütter. Wir wissen aus Studien, dass es Kulturen gibt, in denen *Labelling* keine Rolle spielt und es auch nicht beachtet wird, wenn ein Kind auf etwas zeigt. Aber auch längst nicht alle Eltern des westlichen Mittelstandes widmen sich in dieser Weise ihren Kindern. Um ihren Kindern Dinge zu zeigen und zu benennen, müssen Erwachsene in ihrer Tätigkeit innehalten. Dazu fehlen oft Zeit, Muße und Geduld (Tomasello 2003).

Man kann aus den Beobachtungen folgenden Schluss ziehen: Kinder lernen sprechen auch ohne *Labelling*, ohne die vielen kleinen Sprachlektionen im Alltag, aber sicherlich helfen hinzeigen und wiederholen am Anfang dem kleinen Lerner, wie bei den ersten Bilderbüchern ausführlich beschrieben wurde. *Labelling* vereinfacht die Lernsituation, indem das einzelne Wort aus dem Kontext herausgelöst ist und das Kind es nicht im Sprachfluss abgrenzen muss. Aber das Lexikon bliebe doch sehr beschränkt, wenn sich der Worterwerb auf das Hinzeigen auf Objekte der Umgebung beschränken würde.

Auch dieses Zeigeverhalten gegenüber Kindern zwischen ein und zwei Jahren wurde unter die Lupe genommen. Man ermittelte unterschiedliche Elterntypen: solche, die über das ganze zweite Lebensjahr hinweg gleich eifrig hinzeigen, andere, die um die Mitte des zweiten Jahres, nämlich dann, wenn ihr Kind mehr spricht, das Zeigen einschränken. Ein Forscherinnenteam untersuchte, wie sich zeigen und benennen auf den Umfang des Wortschatzes der Kinder auswirkt (Namy & Nolan 2004). Um das Alter von einem Jahr herum erscheint es sehr hilfreich, aber in der zweiten Hälfte des zweiten Jahres, ab 1;6, wächst der Wortschatz derjenigen Kinder mehr, deren Eltern sich nun zurückhalten im Zeigen. Im Alter von zwei Jahren waren diese Unterschiede ausgeglichen. Trotzdem ist zu bedenken: Wer sich im Zeigen und Bennen ab 1;6 zurückhält, regt offenbar das eigene Sprachlernvermögen des Kindes an. Um dieses Alter herum lernt das Kind, beispielsweise mit Blickkontakt einen gemeinsamen Aufmerksamkeitsfokus herzustellen, es entstehen also auch neue soziale Bedingungen für das Lernen. Bei Kleineren sollte der Erwachsene dem Blick des Kindes folgen, wenn er ein Objekt oder einen Vorgang benennt. Ab 1;6 kann er die Aufmerksamkeit des Kindes woandershin lenken und einen gemeinsamen Aufmerksamkeitsfokus herstellen, aber wie wir oben sahen, fördert es auch noch Zweijährige mehr, wenn man sich nach ihrem Interessenfokus richtet.

2.2 Einwort-, Zweiwort-, Dreiwort- und Mehrwort-Äußerungen

Neben dem Lexikonumfang wird der Beginn des kindlichen Spracherwerbs auch danach eingeteilt, wie viele Wörter die Äußerungen im Durchschnitt enthalten (MLU = *mean length of utterance*). Dieser Gesichtspunkt hat mit Grammatik zu tun. Mit wachsendem Lexikon werden die Äußerungen des Kindes länger, was aber nicht heißt, dass sie nicht weiter auch aus einem oder zwei Wörtern bestehen können. Einwort- und Zweiwort-Äußerungen kommen auch in der Erwachsenensprache vor. In Langzeitstudien stellte man fest, dass es auch in dieser Beziehung große individuelle Unterschiede gibt. Manche Kinder kombinieren sehr früh zwei und mehr Wörter. Der Wortschatz von Kai ist gegen Ende des zweiten Lebensjahres noch klein und seine Äußerungen bestehen aus Einzelwörtern; als Wortkombination kommt aber schon lange vor *Icht a* = ›Licht an(machen), Licht ist an‹, seit er das Licht anschalten darf. Sebastian gebraucht schon mit 1;7 drei Wörter hintereinander, beispielsweise wenn er frühmorgens im Bett steht, gewickelt sein will und sagt: *Bein raus nass.*

Das folgende Schema gilt in der zeitlichen Abfolge nur eingeschränkt:

- Einwort-Äußerungen um das erste Lebensjahr herum: beispielsweise *heiß*, *Katz; ab, weg, mehr, auch, da, hier; ja, nein*;
- Zweiwort-Äußerungen ab zirka 1;3: beispielsweise *Das ab! Füße weg; Bagger haben; Papa Cello;*
- Dreiwort- und Mehrwort-Äußerungen ab zirka zwei Jahren oder früher: beispielsweise *Mama Auto fahrt; Wo Bauer endlich?* Der Satzbau entwickelt sich; Wörter werden zerlegt (*Fahr-er*) und Flexionendungen erworben (*schläf-t; Ente-n*). Die Sprachmittel werden kreativ verwendet.

Auf Gründe für diese Entwicklung wird später im Rahmen der Pragmatik eingegangen (Teil III, 1.1 Deixis).

2.3 Merkmale des kindlichen Wortschatzes

Im Folgenden werden zwei Phänomene des frühen kindlichen Wortschatzes beschrieben, bei denen das Kind ein Wort für mehrere verschiedene Objekte gebraucht, die aus seiner Sicht sich ähneln oder gleich sind. Es *überdehnt* (oder *übergeneralisiert*) die Wortbedeutung, was jeder wegen der lustigen Ergebnisse kennt, oder es *unterdehnt* (oder *untergeneralisiert*) die Bedeutung, was oft weniger auffällt. Die Beispiele spiegeln die kindliche Kreativität wider.

2.3.1 Überdehnung: *Ball* = ›Ball‹, ›Satellitenschüssel‹, ›Melone‹ u. a.

Zuerst lernt ein Kind das Wort in Verbindung mit einem bestimmten Objekt und überträgt dann Merkmale auf andere, ähnliche. Kinder orientieren sich zuerst stark an Form und Gestalt, aber nicht ausschließlich (Clark 2003: 90 f.), wie man beobachten kann, wenn die Kleinsten Puzzleteile einsetzen. Sebastian (1;8) beachtet die Form (großes/kleines Teil, Bagger mit Schaufel), aber auch das Thema: Er weiß, wo das Kälbchen oder das Haus stehen in dem 10-Teile-Puzzle vom Bauernhof.

Der Erwachsene staunt bei Überdehnungen nicht selten, wo das Kind Ähnlichkeiten entdeckt. ›Hund‹ steht dann für alle möglichen Vierbeiner wie *Reh, Katze, Esel*. Solche Überdehnungen werden dann (teilweise) korrigiert, wenn das Wort für *Katze* neu hinzukommt.

Beispiele für Überdehnung (*overextension*):

icht an (= Licht an) sagt Kai (2;6) auch, wenn er im Garten vom Schatten ins Sonnenlicht tritt;
heiß: Meint Paul (1;5) *Herd* oder was er nicht anfassen darf?

Gefängnis (auch für Krankenhaus); *Fenster* (auch für Spiegel) (3;0)

hinten gebraucht Sebastian (1;7) für alles, was von ihm entfernt ist und was beispielsweise sich am Spielzeugbagger an der Seite oder unten befindet.

2.3.2 Unterdehnung: *zu trinken* = ›Apfelsaft‹

Wie das Wort schon ausdrückt, fasst das Kind die Bedeutung eines Wortes unter Umständen enger als der Erwachsene (*underextension*), beispielsweise *Schwimmbad* für ›Schwimmbecken‹ (Nils 2;3). *Unter*dehnung fällt viel weniger auf als *Über*dehnung und kann sich daher auch sehr lange im Wortschatz halten. Wenn Philipp *was Zutrinken* möchte, bekommt er Apfelsaft, sein Lieblingsgetränk. Durch Zufall stellt sich heraus, dass er aus diesem Grund in seinem Lexikon *Zutrinken* mit der engeren Bedeutung ›Apfelsaft‹ gespeichert hat:

Großvater: *Trinkst du auch Kaffee?*
Philipp: *Nein, ich trinke nur Zutrinken.* (2;10)

Es kann also sein, dass ein Kind ein weniger oft gebrauchtes Wort oder einen Ausdruck fest mit einer bestimmten Situation oder einem bestimmten Kontext verbindet und entsprechend speichert. Dazu noch zwei Beispiele: Zufällig zeigt sich, dass Philipp *Gesellschaft leisten* nur mit *Geburtstag* verknüpft, weil er den Ausdruck in der Geschichte von der Schildkröte, die Geburtstag feierte, lernte und es speicherte als ›Geburtstag feiern‹. *In den Urlaub fahren* ist als ein bestimmter ›Urlaubsort‹ gespeichert:

Mutter gibt ihm Reis auf den Teller: *Hier hast du Reis, da kannst du der Johanna Gesellschaft leisten, da freut sich die Johanna.*
Philipp: *Auf meinen Geburtstag.* (3;4)

Mit seinem Bruder baut Philipp ein Schiff aus Kissen
Christian: *Wir fahr'n in Urlaub.*
Philipp: *Nicht, nicht in Urlaub, da war'n wir schon mal.* (3;0.2)

Über- und Unterdehnung beschränken sich nicht auf die ersten 50 Wörter; sie sind noch im Wortschatz von Vierjährigen und Fünfjährigen zu beobachten, die allermeisten Überdehnungen aber finden sich im kindlichen Wortschatz bis etwa 2½ Jahre. Sie beschränken sich auch nicht auf Substantive, das heißt Objektnamen. Tomasello berichtet, dass im frühen Wortschatz seiner Tochter *kill* sich nur auf Ungeziefer bezieht (2003), *heiß* und *hinten* sind Beispiele für Adjektiv und Adverb. Offenbar überdehnen die ganz Kleinen auch Gesten, denn Sebastian winkt zum Abschied, wenn die Platte zu Ende ist, das Buch zugeklappt wird oder er den Spielplatz verlässt (1;4).

Kinder überdehnen auch grammatische Regeln, beispielsweise bilden sie die Partizipformen von starken Verben nach denen von schwachen Verben, die sie so nie gehört haben: *geschreibt / geruft* wie *gesagt / gelacht / gemacht*. In diesem Zusammenhang spricht man eher von *Übergeneralisierung* (Vgl. Teil II, 3.2.1: Überdehnung vs. Metapher).

2.4 Lernstrategien

Oben war davon die Rede, welche Denkleistungen nötig sind, um Sprache zu erwerben. Die Forschung ermittelte Strategien, mit denen ein Kind den Input verarbeitet. Sie werden im Folgenden beschrieben.

2.4.1 Segmentieren: Abgrenzen von Wörtern im Sprachfluss

Vielleicht wundert sich mancher, wie Kinder Wörter im Sprachfluss isolieren, das heißt, Rede segmentieren. Wir hatten gesehen, dass der Erwachsene sich auf diese Schwierigkeit einstellt, wenn er mit dem Kind spricht (vgl. 1.2 An das Kind gerichtete Sprache). Aber Kinder übernehmen auch Wörter aus der sprachlichen Umgebung, dem Input, ohne direkte Zuwendung.

Wenn man Erwachsenen ein Tonband mit einer unbekannten Sprache vorspielt, beispielsweise Chinesisch, können sie schon nach fünfzehn Minuten einiges über die Sprache sagen, erst recht, wenn dazu noch Bilder gezeigt werden. Intonation, Pausen, Wiederholungen von Lautkombinationen und Betonung lassen Rückschlüsse auf Silben oder Wörter zu. Im Großen und Ganzen ist das Abgrenzen kein großes Problem. Der Erwachsene hilft dem Kind, indem er seine Rede auf sein Sprachvermögen abstimmt (vgl. 1.2).

Trotzdem gibt es sicherlich Schwierigkeiten im Segmentieren. Darauf deuten beispielsweise bei einem knapp Dreijährigen das Fehlen von *in-/an-/un-* und */ein-/* am Anfang von Wörtern hin. Offenbar erkennt er die Präfixe (= Vorsilben) nicht als Bestandteil der Wörter:

Insekt wird zu (→) Sekt, Instrument → *Drument*, Einback → *ein Back*, anbieten → *bieten;* **un***reif* und *reif* ohne Bedeutungsunterschied (um 3;0).

2.4.2 Ordnen Kinder Wörtern Bedeutung nach bestimmten Prinzipien zu?

In den 1980er-Jahren und Anfang der 1990er gab es umfangreiche Forschungen darüber, dass ein Kind im frühen Stadium des Worterwerbs über Prinzipien beziehungsweise Lernmechanismen verfügt, die es ihm erleichtern, einem Objekt eine Bedeutung zuzuordnen (Markman 1985 et al.). Dabei geht es auch immer darum, wie weit dem Menschen Sprachvermögen angeboren ist. Diese These vertrat Noam Chomsky im Hinblick auf den Satzbau (1969; 1981; vgl. Rothweiler 2002: 276). Inzwischen ist Chomsky von seiner These abgerückt, ebenso Dan I. Slobin von seiner Auffassung, dass der Mensch mit Fähigkeiten geboren wird, die den Spracherwerb steuern (1973). Inzwischen vertritt auch Eve C. Clark den pragmatischen Ansatz, nach dem Kinder nicht über spezielle Lernmechanismen verfügen, sondern alles um sich herum einbeziehen, wenn sie einem Wort eine Bedeutung zuordnen (vgl. *Schnelles Abbilden* und die Experimente von M. Tomasello und Kollegen).

Was spricht gegen die Annahme von solchen Prinzipien (*built-in constraints*)? Die Frage wird von Eve C. Clark ausführlich diskutiert (2003: 132 ff.):

- Beim Zeigen auf etwas ist das Objekt als Ganzes gemeint (wir erinnern uns an die *Quavagai*-Frage), aber das gilt nicht nur für den kindlichen Spracherwerb;
- beim Zeigen ist nicht die Kombination von Objekten gemeint, also bei *diese Schaukel* nicht ›diese Schaukel mit zwei Jungen drauf‹; solche Kombinationen wären unökonomisch, weil es viel zu viele Kombinationen in der Sprache gäbe;
- Wörter auf dem Niveau von Basisobjekten sind in der Sprache von Ein- und Zweijährigen häufig; nimmt man das Beispiel *Dackel / Hund / Tier*, dann ist *Hund* das Basis(objekt)wort, da *Hund* mehr mit anderen *Hunden* gemeinsam hat als mit den Vertretern der anderen Ebenen drüber (*Tier*) und drunter (*Dackel*). Aber: Basis(objekt)wörter erfassen nur einen geringen Teil des Wortschatzes. Sie könnten die Lernsituation erleichtern, aber Erwachsene beschränken sich nicht auf Basiswörter. Sie gebrauchen die Bezeichnung, die gerade passend ist, und sprechen beispielsweise von *Obst* in der Schale, aber fragen das Kind, ob es einen *Apfel* oder eine *Orange* will (Bown 1957).
- Das Prinzip, nur ein Wort für ein Objekt zuzulassen, also das Ausschließlichkeitsprinzip, wird vom spontanen kindlichen Wortgebrauch widerlegt. Zweijährige, auch schon Jüngere, beziehen sich auf ein Objekt mit Bezeichnungen von zwei Ebenen, beispielsweise gebrauchen sie *Tier* und *Katze;* Dreijährige können etwas schon aus drei Bedeutungsperspektiven sehen: *Rose, Pflanze, Blume.* Eine Untersuchung ergab, dass die meisten Dreijährigen (75%) und alle Vierjährigen (92%) **mehr als einen** Namen für dasselbe Objekt nicht immer, aber doch sehr oft gebrauchen. In Tests, bei denen Eltern bei ihren einjährigen Kindern Wörter aus einer wenig vertrauten Domäne einführen sollten, beispielsweise *Wale*, benutzten die Erwachsenen bei 17% der Kinder im Alter von 1;4 zwei und mehr Namen für ein einziges Objekt und mehr als 35% bei den fast Zweijährigen (1;11), *beluga, whale*, sogar *fish* (Callanan & Sabbagh 2001, unveröffentl., zitiert von Clark 2003: 149). Clark (1997) beobachtet, dass schon Einjährige (1;6 und 1;7) aus verschiedenen Bedeutungsperspektiven Dinge sehen und benennen. Es verwundert also nicht, wenn Sebastian (1;8) sich auf die Vögel am Vogelhaus mit *Vogel, Meise, Amsel* bezieht. Seine Eltern fragen, ob er die *Tiere*, die auf dem Regal stehen, zum Spielen haben möchte. Folglich

verlangt er gelegentlich die *Tiere* oder nennt einzelne wie *Elefant, Tiger, Hund.* Er deutet auf Mädchen im Bilderbuch *Mä(d)chen* und nennt seine Spielfreundin mit Namen; Hendrik (1;8) nennt den Jungen im Bilderbuch *Junge* und plötzlich auch *Hendrik* (vgl. Teil I, 1.6).

Argumente, die dagegen sprechen, dass im frühen Worterwerb Prinzipien beziehungsweise Lernmechanismen zum Tragen kommen, sind, zusammengefasst, folgende: Es gibt zwar Anzeichen für solche Lernmechanismen und die Tatsache, dass Kinder sie unter bestimmten Bedingungen anwenden, aber man kann nicht genau nachweisen, wann sie wirksam sind und ob sie nicht für jedes Lebensalter gelten. Sie erfassen nur einen geringen Teil des Wortschatzes und werden auch durch kindliche Äußerungen in spontaner Rede widerlegt (vgl. auch Szagun 2000: 171).

Auch ohne diese Prinzipien ist das Kind nicht ganz alleine gelassen beim Lernen. Wir erinnern uns, wie wichtig zunächst Hinzeigen und Benennen sind. Erwachsene vermitteln Kindern Wörter für Dinge, Handlungen und Beziehungen und helfen ihnen dabei, sie zu verstehen. Sie geben ihnen auch Auskunft darüber, wie Wörter zusammengehören, beispielsweise bei *Pudel* »Das ist ein Hund« oder bei *Spaten* »**eine Art** Schippe«, wenn das Kind das Wort *Schippe* kennt. Sie vergleichen, ordnen zu, benennen das Material.

Sie sagen, dass etwas
- ein Teil von etwas anderem ist,
- aussieht wie.

Sie erklären
- wozu es gehört,
- woraus es gemacht ist und
- verbinden ein neues Wort mit anderen, die dem Kind vertraut sind. Sie verwenden Ausdrücke wie *eine Art von / sowas wie / so ein …* für Erklärungen, wenn es um Ober- und Unterbegriff geht. Mütter verwendeten in den Gesprächen mit ihren zweijährigen Kindern konsequent zuerst den Namen für das ganze Objekt, dann erst für Teile, beispielsweise »Das ist ein Kaninchen«, darauf folgte: »Das sind seine Ohren«; 99,9% solcher Äußerungen hatten genau diese Struktur, dass *das ganze Objekt zuerst* und *dann ein Teil* davon benannt wurde (Masur 1999 in Clark 2003: 150 f.).

Verglichen mit dem Input im aktionsreichen Kinderalltag, bieten Bilderbücher und die damit verbundenen Gespräche Kindern viel Gelegenheit, Wortbedeutungen zu erwerben und zu klären.

2.4.3 Schnelles Abbilden *(fast mapping)*

Fast mapping heißt so viel wie ›schnelles Abbilden‹. Es bezeichnet die unmittelbare Übernahme von gerade gehörten, vorher unbekannten Wörtern in das mentale Lexikon. Der Fachausdruck gibt anschaulich den folgenden Prozess wieder: Das Kind hört ein neues Wort und kombiniert es auf der Stelle mit dem Objekt, das es noch nicht benennen kann. Diese Strategie wurde einem breiteren Publikum bekannt, als ein Collie in einer populären Fernsehsendung vorgeführt wurde, der unter mehr als 100 Objekten immer das Objekt apportierte, das sein Frauchen benannte. Bei einem neuen Wort brachte er dann genau den neuen, ihm bis dahin unbekannten Gegenstand herbei. Er heftete also dem *neuen* Objekt das *neue* Wort an. Genau das ist *fast mapping.*

Michael Tomasello und seine Mitarbeiter wiesen diese Strategie in vielen Versuchen nach. Sie gehen davon aus, dass Kinder fähig sein müssen, auch ohne die Sprachlektionen Erwachsener neue Wörter zu lernen. Um diese Fähigkeit zu ermitteln, erfindet man für die Experimente Kunstwörter, man kann sie auch Unsinnwörter nennen, jedenfalls Wörter, die den Kindern mit Sicherheit unbekannt sind, und sieht, ob und wie die Kinder ihnen eine Bedeutung zuordnen in einer Situation ohne Zeigekontext (*non-ostensive contexts*).

Dafür ein Beispiel:

*Lasst uns das **Toma** finden!*
Im Laborspielzimmer wird folgende Situation inszeniert: Etliche unbekannte Gegenstände liegen herum; den Kindern wird gezeigt, wo sie liegen. Dann kündigt ein Erwachsener seine Absicht an, einen bestimmten Gegenstand, das *Toma,* zu suchen. Zwei Situationen werden verglichen:
Einmal öffnet der Erwachsene den Behälter, in dem sich der Gegenstand befindet, und zieht ihn heraus.
In der anderen Situation versucht er, den Behälter zu öffnen, es gelingt ihm aber nicht, er ist zugeschlossen, heißt es.
In der ersten Situation sieht das Kind das *Toma:* finden, sehen, benennen folgen zeitlich aufeinander. Zweijährige können dies.
Aber nun das Erstaunliche:
Auch in der zweiten Situation, **ohne** den Gegenstand gesehen zu haben, **allein aus der Absicht des Erwachsenen,** kombinieren Zweijährige das neue Wort *Toma* mit dem Gegenstand, das heißt, auch zu dieser größeren kognitiven Leistung sind Zweijährige fähig.
(Akhtar & Tomasello 1997)

Auch noch jüngere Kinder – am Anfang des Spracherwerbs mit eineinhalb und nicht zufällig kurz vor der Phase, in der der Worterwerb stark ansteigt – verfügen schon über feine Antennen und nutzen Gesten, Ton, Mimik als Hinweise für das, worauf sich der Erwachsene in seiner Rede bezieht, auch ohne unmittelbare Assoziation zwischen Objekt und Wort. Gerade solche leistungsstarken sozialen Fähigkeiten machen Spracherwerb erst möglich (Tomasello et al. 1996: 174).

Dem *schnellen Abbilden* folgt eine sehr lange Phase, in der das Kind dieses Wort immer wieder und in anderen Kontexten hört und in der Folge neue Informationen zur Bedeutung verarbeitet. Es ist ein Fehlschluss, zu denken, dass viel Abwechslung im Umfeld des Kindes viel Sprach- beziehungsweise Wortgewinn bringt. Gerade aus der Wiederholung und den kleinen Variationen, in denen bekannte Wörter und Ausdrücke in den Alltagsroutinen immer wieder vorkommen, lernt das Kind mehr über Bedeutung und Verwendung eines Wortes.

2.4.4 Wörter werden systematisch nach Kategorien geordnet

Kinder haben früh in ihrer Entwicklung intuitive Vorstellungen von natürlichen Arten und Produkten, und sie besitzen wohl eine Intuition, dass Konzepte (und Wörter) mehr sind als nur das Sichtbare (Bloom 2000: 169). Die Kleinsten unterscheiden schon zwischen ›kompakt‹ und ›nichtkompakt‹ (zwischen *Pflanze* und *Stein*), ›belebt‹ und ›unbelebt‹ (zwischen *Tier* und *Spielzeug*), aber die Kategorien verschieben sich noch leicht; für ein Kind kann eine geometrische Form, der Augen hinzugefügt werden, lebendig werden. Mit vier Jahren wissen Kinder, dass Kategorien nicht nur auf äußerer Erscheinung beruhen, also ein Hund ohne Knochen und Eingeweide kein Hund mehr ist, aber ein Hund ohne Fell doch noch ein Hund ist. Die Eingrenzung der Bedeutung ergibt sich auch aus dem Kontrastprinzip, wie im Beispiel von *Ring/Armband*. Es revidiert also die zu große Bedeutung von *Ring*, wenn *Armband* dazukommt. Ob dies auf der Stelle geschieht oder in einer Übergangszeit beides noch gilt, darüber streiten sich die Sprachforscher. Die Kategorienbildung beruht zuerst auf Wahrnehmbarem, dann immer mehr auf Abstraktem.

In Experimenten mit Bildkärtchen lassen sich Veränderungen herausfinden: Ab dem Alter von zwei Jahren beginnen Kinder, ihren Wortschatz neu zu organisieren. Beim Sortieren von Bildkärtchen orientieren sich kleinere Kinder noch thematisch, ordnen einem *Auto* andere *Fahrzeuge*, aber auch den *Fahrer* zu; *Milch* zu *Kuh*, *Hundefutter* zu *Hund*. Ab zirka zwei Jahre ordnen sie Wörter konsequent Kategorien zu, also nicht *Hundefutter* zu *Hund*, sondern das Bild mit einem nur entfernt ähnlichen Exemplar von *Hund* dem Kärtchen *Hund*. Am deutlichsten wird dies bei neuen Wörtern. Den Wortschatzspurt kennzeichnet also auch eine Veränderung in der Erwerbsstrategie, nach der letztlich auch der Erwachsene neue Wörter einordnet. Je mehr Ordnung in dem Speicher herrscht, umso mehr passt hinein und umso leichter ist etwas abzurufen.

So, wie das Kind Objekte ähnlichen Objekten zuordnet, ordnet es auch beispielsweise Farben derselben Art zu und Bewegungen gleichartigen Bewegungen. Eine klare hierarchische Gliederung des Wortschatzes entwickelt sich erst über einen langen Zeitraum. Das Bilderbuchbetrachten ist hier hilfreich.

Beispiele wie die folgenden zeigen, dass der Erwerb der Wortbedeutung ein langwieriger Prozess ist. Die erste Frage bezüglich zweier Wörter, die dasselbe bezeichnen, stellt er mit drei Jahren und vier Monaten:

Heißen Möhren auch Karotten? (3;4.19)
Mit Anfang drei empört sich Philipp, als das jüngere Nachbarkind seine Mutter mit Frau Rau anredet: *Die Mama ist doch keine Frau!*

Die verschiedenen sozialen Rollen ein und derselben Person zu verstehen, ist besonders schwierig. Mit 2;5 nennt Jonas immer noch jeden Mann *Opa*. Für die männlichen erwachsenen Familienmitglieder verwendet er *Papa* und *Opa*+Vornamen. Wenn das Wort *Mann* hinzukommt, muss er sein ganzes System neu ordnen.

2.4.5 Wörter werden zerlegt und neu gebildet *(fahr-en/Fahr-er; Kurv-er)*

Ab dem Alter von zwei Jahren organisieren Kinder ihren Wortschatz nicht nur besser, sie lernen auch, Wörter zu zerlegen, erkennen Flexionsmorpheme wie für die 3. Person Singular bei Verben: *sag-t, lach-t, läuf-t* und Ableitungen wie *-ig*: *Schmutz – schmutzig* oder *-er*: *fahren – Fahrer*. Sie wenden ihre neuen sprachlichen Fähigkeiten produktiv an, indem sie damit neue Wörter bilden, beispielsweise *doofig, Kneter* (= Teigroller, 3;0.1; *Teig* = Knete) oder *Kurver* (zu kindlichen *-er*-Neubildungen Meibauer 1995).

2.5 Werden Substantive vor Verben gelernt?

Ausgemachtes Ziel der Psycholinguisten ist es, Universalien zu finden, also etwas, was für den Spracherwerb in allen Sprachen gültig ist. Man dachte lange Zeit, dass im frühen Spracherwerb Substantive dominieren, und zwar universell. Das erschien auch deswegen einleuchtend, weil Objekt und Wort leicht mit Hindeuten und Zeigen einander zuzuordnen sind, beispielsweise *Tisch, Ball* und *Hund*. Zwar gibt es verschieden aussehende *Tische, Bälle, Hunde,* aber vergleicht man damit Verben wie *laufen,* so wird klar, wie viel schwieriger die verschiedenen Arten des Laufens als ein und dieselbe Tätigkeit zu begreifen sind, wenn dazu auch noch *die Nase läuft*, das *Wasser läuft* und *die Tränen laufen*, aber *Geld, Eier* und *Haare* nicht *laufen*.

Beispiele:

Da läuft's immer raus (sc. das Geld aus der Kasse). (3;4.27)
Zum Eierlaufen, das Philipp brennend interessiert: *Sind das die Eier und laufen die dann?* (2;11.18)
Die Mutter erklärt ihm auf seine Frage nach einer Haarklemme: *Eine Befestigung fürs Haar.* Philipp: *Befestigung? Wenn das Haar wegläuft?* (3;4.30)

Teig und Kuchen können *gehen*, aber man kann nicht vom Kuchen – mit Blick in den Backofen – sagen: *Mama, ich hab gesehn, dass der Kuchen noch liegen bleibt* (3;6.2).

Man vergleiche auch das Verb *essen*: Ob Suppe, Brot oder Eis, immer sieht *essen* anders aus, je nachdem, *was* man isst und *wer* isst.

Trotzdem: Es erwies sich als falsch, dass Substantive im frühen Spracherwerb generell vorherrschen. Man musste die Annahme korrigieren, als Untersuchungen über Spracherwerb im Koreanischen und Chinesischen vorgelegt wurden. In diesen Sprachen ist das Verbsystem wichtiger und differenzierter (Tomasello 2003: 38 f.; vgl. Gopnik & Choi 1995). Koreanische und chinesische Kinder erwerben unter diesen Umständen auch anfangs mehr Verben als Substantive. Was als Universalie angenommen wurde, erwies sich als typisch für den Spracherwerb europäischer Sprachen, auf die man sich zunächst in Studien konzentrierte. Überhaupt bedarf eine Aussage darüber, was schwieriger und leichter zu erwerben ist, größter Vorsicht (vgl. Tomasello 2003).

Festzuhalten ist: Im frühen Wortschatz von Kindern, die europäische Sprachen lernen, gilt, dass zunächst hauptsächlich Substantive erworben werden.

2.6 Wortbedeutung lernen über die Satzkonstruktion *(syntaktisches Steigbügelverfahren)*

Irgendwie muss sich ein Kind einen Zugang zur Wortbedeutung erschließen. Dafür hat sich in der Spracherwerbsforschung das Bild von den Schlaufen an Cowboystiefeln (*straps*) eingebürgert, mit deren Hilfe man leichter in die Stiefel (*boots*) hineinkommt, also *bootstrapping*. Die gängige deutsche Übersetzung ist *Steigbügelverfahren*; wobei die englische Metapher treffender ist, weil sie die Anstrengung des Kindes suggeriert. Es geht darum, zu zeigen, wie ein Kind Form und Bedeutung einander zuordnet beziehungsweise zuzuordnen lernt. Bislang hatten wir diesen Prozess von der pragmatischen Seite her beleuchtet (*semantisches Steigbügelverfahren*). Anhänger des syntaktischen Steigbügelverfahrens argumentieren, dass ein Kind die *Satzstruktur* als Informationsquelle für die Bedeutung benutzt, das heißt, dass der Einstieg in die Wortbedeutung durch den Satzbau erleichtert wird. Einige Forscher gehen hier von angeborenen Fähigkeiten aus.

Zunächst dienen drei einfache Satzkonstruktionen als Beispiel. Man spricht von *syntaktischen Strukturen* oder *Schemata* oder einfach *Satzmustern:*

	Subjekt handelnde Person	**Tätigkeit**	**Objekt** der Tätigkeit	**Richtung**
1. Ich kaufe ein Buch.	Ich	kaufe	ein Buch.	–
2. Er geht ins Haus.	Er	geht	–	ins Haus.
3. Die Leute lachen.	Die Leute	lachen.	–	–

kaufen in 1. ist ein Tätigkeitsverb, transitiv (*sc.* mit direktem Objekt)
gehen in 2. ist ein Bewegungsverb, intransitiv mit Richtungsangabe (*sc.* ohne direktes Objekt)
lachen in 3. ist ein intransitives Verb (*sc.* ohne direktes Objekt)

In diesen einfachen Satzmustern sind bestimmte Positionen zu besetzen, *vor* und *nach* dem Verb. Man kann sich nun diese Stellen wie Automatenschlitze vorstellen (*slots*), in die nur bestimmte Wörter hineinpassen beziehungsweise eingefüllt werden können. Diese Positionen geben Hinweise auf die Bedeutung, speziell von Verben. Am Beispiel von Bewegungsverben wie *gehen* hören Kinder im Input, dass *fahren* und *rennen* im Satzmuster wie *gehen* gebraucht werden: Subjekt (Handelnder) + **Verb** + Richtung:

Subjekt (Handelnder)	**Verb**	Richtung
Der Papa Das Kind	**fährt** **rennt**	zur Arbeit. auf die Strasse.
Wir Sie	**fahren** **rennen**	nach Hause. in den Park.
Peter Peter	**fährt** **rennt**	in den Kindergarten. hinters Haus.

Sie schließen vom Satzmuster auf die Bedeutung, dass nämlich *fahren* und *rennen* wie *gehen* etwas mit ›fortbewegen‹ zu tun haben, und ordnen auch *fliegen, rollen* und *joggen* so ein.

Man nimmt an, Kinder nehmen diese Satzkonstruktionen wahr, und lernen dabei, Wortarten zu unterscheiden und selbst Wörter einzufüllen. Das würde erklären, warum Kinder tatsächlich wenig Fehler in der Klassifizierung von Wortarten machen. Die Verfechter des *syntaktischen Steigbügelverfahrens* müssen sich aber entgegenhalten lassen, dass Kinder erst einmal eine ganze Menge Wörter gelernt haben müssen, ehe sie in der beschriebenen Weise zu Werke gehen können. Eine Antwort auf diese Frage gibt Michael Tomasello (1992) mit seiner Verb-Insel-Hypothese (vgl. unten 2.7).

Verfechtern des syntaktischen Steigbügelverfahrens fiel auf, dass bestimmte Verben früher gelernt werden als andere. Sie analysierten die Sprache von Mutter und Kind im Alter von einem Jahr, dann noch einmal im Alter von zwei Jahren, und wiesen Folgendes nach: Kinder zwischen 1;6 und 2;5 lernten diejenigen Verben zuerst, die ihre Mütter vielfältig gebrauchten; sie waren auch die häufigsten in ihrer Sprache, und sie benutzten sie in ungefähr denselben Satzmustern wie ihre Mütter: *go, eat, play, tickle, open, fall* früher als *drop, pull, hug, look* (nur angelsächsisches Material; Naigles & Hoff-Ginsberg 1998). Sie schließen daraus, dass der sprachlich abwechslungsreiche Gebrauch im Input den Kindern die bessere Information zur Bedeutung liefert. Übertragen auf das Deutsche wäre das beispielsweise bei *gehen: Wir gehen jetzt in den Garten / Geh ein bisschen raus / Du gehst ins Bett / wir gehen jetzt / geh mal weg.* Außer Alltagsgesprächen bieten Bilderbücher und wiederholtes Lesen reiche Möglichkeiten in der oben beschriebenen Weise.

Vorausgesetzt wird dabei die Fähigkeit der Kinder, Satzmuster auch tatsächlich zu erkennen. Diese Fähigkeit testeten Tomasello und Kollegen gezielt in Experimenten.

Die Forscher erfanden das Verb *worpen* und benutzten es transitiv (= ›jemanden katapultieren beziehungsweise hochwerfen‹) und intransitiv (= ›fliegen‹):

Es wird eine Katapultiermaschine aufgebaut, beteiligt sind Figuren aus der Sesamstraße, Bert und Ernie. Vorgeführt werden Vorgänge in transitivem und intransitivem Satzmuster mit einem erfundenen Tätigkeitswort *worpen*, bei dem die handelnde Person (*Agens* = Subjekt) und das Objekt (*Patiens* = Objekt) austauschbar sind. Auch Personalpronomen *(er, ihn)* werden im Experiment verwendet:

Guck mal, worpen!: ohne Satzrahmen
Bert worpt Ernie (*sc.* katapultiert Ernie in die Luft): transitiv, kausativ (= verursachend)
Ernie worpt! (*sc.* Ernie fliegt in die Luft): intransitiv

(Akhtar & Tomasello 1997)

Die Ergebnisse im Überblick:

- **Zweijährige** sind darauf angewiesen, das Verb in seinem vollen Satzrahmen zu hören, beispielsweise *Bert worpt Ernie*. Ohne diese Hilfe gelingt ihnen die Satzkonstruktion nicht; außerdem verwechseln sie Subjekt / handelnde Person und Objekt, das heißt, von diesen Rollen im Satz – *wer wen* worpt – haben sie noch keine feste Vorstellung, obwohl sie in ihrer eigenen Sprache dieses Satzmuster sehr oft verwenden.
- **Dreijährige** gebrauchen dieses Verb auch ohne Vorgabe sicher und richtig im Satzrahmen, auch mit Pronomen; das heißt, auch wenn sie *worpen* nur in der Form: *Guck mal, worpen*! gehört haben, können sie sagen: *Ernie worpt / Bert worpt Ernie / Bert worpt ihn / Er worpt ihn* (beispielsweise mit Hinzeigen), in der richtigen Rollenverteilung, das heißt, sie sind sicher, *wer wen* worpt. Sie haben die Einsicht schon erworben, aber verwenden dieses Satzmuster noch ganz begrenzt: Sie gebrauchen ***ich*** oder die Bezugsperson als handelnde Person (Agens/Subjekt) und ein ***Ding als Objekt,*** oft auch in Form eines Pronomens (*das*, *es*). Das entspricht ihrem Alltag und ihren Tätigkeiten, bei denen sie selbst etwas tun oder der Partner.

Das Experiment basiert auf der englischen Sprache, in der die Wortstellung festgelegt ist (Subjekt – Verb – Objekt = SVO). Im Deutschen ist dagegen die Wortstellung freier, dafür aber der Kasus markiert; beispielsweise ***Den*** *Ball nehmen wir mit* in der Reihenfolge Objekt – Subjekt (im Englischen ist nur das Pronomen wie *he/him* markiert). Diese Abfolge ist typisch für eine Situation, in der man auf das Objekt hinweisen will. Man spricht von *deiktischem* Kontext. Wenn jeder weiß, von wem die Rede ist, genügt das Pronomen: ***Den*** *kenne ich nicht*. Diese Wortstellung (Objekt – Subjekt) kommt in Philipps Sprache oft vor, meist ist es das hinweisende *das*: ***Das*** *hat die Mama gesagt*, aber auch *den*, dem man den Objektkasus ansieht.

Ich hab meine Nase geputzt; da war ein bisschen, das hab ich weggeputzt. (3;0.12)

Das ist der Opa; den hab ich gesehn. (3;0.13)

Trotz der Abweichungen beim Zeigekontext ist zu beobachten, dass auch deutschsprachige Kinder Tätigkeitsverben mit dem Muster Subjekt / handelnde Person + Verb + Objekt (SVO) bevorzugen. Philipp passt Verben bevorzugt in dieses Schema ein:

Philipp gelingt das Schneiden mit der Schere; er jubelt: *Ich schneide jetzt die Schere!* (SVO statt mit der Schere, 2;11.11).
Stellt seine Schwester zur Rede: *Du hast meine Wiwi getretet!* (SVO, statt auf meine Wiwi; Wiwi = Schmusetuch; 2;11.18).

Rekapitulieren wir: In den westlichen Sprachen lernen Kinder in der Regel zuerst Objektnamen, das heißt Substantive, und erst später Verben. Aber die Wortarten unterscheiden sich nicht nur in der zeitlichen Reihenfolge des Erwerbs, Kinder gehen auch unterschiedlich mit ihnen um: Substantive verwenden sie von Anfang an kreativ, indem sie sie zum Beispiel auf alles Mögliche Ähnliche übertragen, beispielsweise *Ball* überdehnen, wenn sie auch den *Badewannenstöpsel* meinen (Sebastian 1;7). Jonas kann schon mit 1;10 ausdrücken, dass er den Schlafanzug mit Affenmuster nicht anziehen will*: Nein – Affe an*. In der Tatsache, dass Kinder mit Verben nicht in derselben Weise kreativ umgehen, sieht Tomasello einen weiteren Grund, dass Verben anders erworben werden. Ihre Bedeutungen sind schwieriger zu erfassen, beispielsweise ist bei *Brot schneiden* das Resultat anders als bei *Nägel* und *Haare schneiden.* Es stimmt, dass Verben zentrale Bedeutung für Satzmuster haben, sodass es auch nahe liegt, anzunehmen, dass Kinder diese Satzmuster oder Schemata wahrnehmen, einschließlich ihrer Informationen zur Bedeutung. Ein Satzschema wie: *Er geht ins Haus* ist typisch für eine Konstruktion mit einem Verb der Bewegung, das heißt *gehen* wird als Bewegung im Lexikon gespeichert. Man meint, dass es nicht die betonte Stellung am Satzende ist, die für das Lernen ausschlaggebend ist. Die ganz Kleinen achten aber doch gerade auf das Wort am Satzende. Sie verwenden Verben sehr oft im Infinitiv, weil in der an das Kind gerichteten Sprache Erwachsene Modalverben (Hilfsverben) wie *wollen* und *müssen* bevorzugen. Das bewirkt, dass Kinder die Infinitivform vom Satzende aufgreifen:

Mutter	Kind bei Wünschen
***Willst** du den Bär haben?*	*Haben!*
***Soll** ich das abmachen/vorlesen?*	*Abmachen! (Das) Vorlesen!*
***Möchtest** du zu trinken?*	*(Zu)Trinken!*
*Ich **kann** dich nicht tragen.*	*Tragen!*
*Du **musst** noch das Brot essen.*	*Essen!*
*Du **darfst** mitgehen.*	*Mitgehen!*

Man kommt vielleicht bei deutschsprachigen Kindern zu anderen Ergebnissen als bei englischsprachigen (vgl. *ich kann dich nicht tragen* vs. *I can't carry you.*) Man nimmt auch an, dass beispielsweise Partikeln wie *weg* oder *auf* durch ihre Betonung und Stellung am Satzende unter den ersten Wörtern sind. Sie markieren das Resultat einer Handlung. Das lernen deutschsprachige Kinder also zuerst: »Das ist weg!« → *Weg!*

Kai (1;10) hat in seinem kleinen Vokabular: *af* = ›auf‹ in Bezug auf die Tür
Jonas benutzt *af*, als er Legosteine auseinanderzieht.

Ergebnis der Studie von Naigles & Hoff-Ginsberg (1998) ist: Wenn ein Verb von der Mutter in verschiedenen Satzstrukturen, das heißt auch häufig verwendet wird, lernt das Kind daraus das Verb mit seiner Bedeutung. Der Schritt zur Annahme, dass die Fähigkeit, elementare Satzmuster wahrzunehmen, angeboren ist, liegt nahe. Andererseits zeigen Experimente, dass Kinder über solche Einsichten wie die Unterscheidung zwischen intransitiven und transitiven Satzmustern erst mit zirka drei Jahren verfügen. Das erkennt man auch daran, dass sie sie mit neuen und selbst erfundenen Verben produktiv verwenden. Was geht dazwischen vor sich? Wie werden Verben in der Periode davor erworben? Eine einleuchtende Erklärung hat Michael Tomasello gefunden mit einer Theorie, die er *Verb-Insel-Hypothese* nennt. Er beobachtete speziell die Verben im Spracherwerb seiner Tochter (*First Verbs*, 1992).

2.7 Verb-Insel-Hypothese

Michael Tomasello (1992) geht davon aus, dass Kinder Verben in festen Fügungen lernen. Sie lernen längere Einheiten auswendig (*rote learning*). Man kann diese Fügungen anfangs mit Großwörtern vergleichen. Sie bilden zunächst nicht weiter analysierte Einheiten in der kindlichen Sprache, ohne Verbindung untereinander, was im Bild von Inseln anschaulich wird (Tomasello 2003: 39 f.).

Beispiele:

Nach den Worten der Großmutter vom Papagei im Vogelhaus *Dermachtnix.* (Paula 1;0)
Singt: *Aber-Mutta-weinet-sehr, ...* (Sebastian 1;7.24)
Reim: *Fälldeindeg(r)aben.* (= Fällt er in den Graben; Sebastian 1;8.4) Beim Vorlesen: *Autofunden. Alles kaputt-ta-tangen* (= gegangen) *Da-de-Müllauto-leert* (= Mülltonne wird entleert).
Lässt Legostein auf Holzeisenbahn fahren: *Da is noch eine Legosteine-fährt.* (Sebastian 1;8.4)
Ich freue mich, dass das Sabinchen weggefahren ist. (Philipp 2;10.0)

Manche ganz frühen Konstruktionen stammen aus solchen Routinen und sind dem kindlichen Sprachstand weit voraus:

ein Wunschsatz im Konjunktiv: *Wenn ich nur wüsste, wo sie waren.* (3;1.10)
ein Passivsatz zirka 4 Monate bevor Passivformen erworben werden: *Alle werden kaputtgemacht.* (2;10.0)
ein ganz frühes, beinahe perfektes Bedingungsgefüge: *Wenn ich dich noch mal ins Wasser lasse, dann würdest du schwimmen.* (2;11.17)

Diese Inseln vergrößern sich, indem Kinder die Verben in anderen Formen hören und mit anderen Wörtern flexibler verwenden.

Nachdem Kinder eine Anzahl von Verben im transitiven Satzschema (SVO) isoliert voneinander gelernt haben und verwenden, entwickelt sich später auf einer etwas abstrakteren Ebene ein Bewusstsein von diesem Satzmuster beziehungsweise Satzschema. Erst auf dieser Stufe kann man damit rechnen, dass das Kind die syntaktische Konstruktion als Informationsquelle mit dazu verwendet, sich die Verbbedeutung zu erschließen. Im *worpen*-Experiment waren es die Dreijährigen, die das transitive und intransitive Schema für neue Verben produktiv verwendeten. Beispiele in Philipps Sprache belegen das für das SVO-Satzmuster:

Ich hab ein Vogel gemacht, ich will ins Wasser stellen und ihn flattern. (3;0.5);
Der Specht pickt den Baum. (3;0.10);
Wenn sie wiederkommen, kämpfe ich sie. (3;0.4);
Philipp hat Pril auf Fischstäbchen geträufelt, Diskussion folgt: *Aber wenn die Frau F. bei uns ein bisschen Fischstäbchen reinprilt, dann ist sie doof.* (3;1.14)

Sicherlich ist es kein Zufall, dass das transitive Satzmuster in einer Entwicklungsphase dominiert, in der das Kind genau hinschaut, was andere tun, und selbst viel eigene Aktivität entfaltet und ausdrückt, was es alles allein und selbst bewerkstelligen kann. Das Selbstständigkeitsstreben eines Dreijährigen manifestiert sich beispielsweise darin, dass er alles von der Gabel kratzt, was ihm die Mutter auflädt, und sofort alles wieder selbst auf die Gabel lädt nach dem Motto: *Ich selbst alleine* (3;3.2).

2.8 Kognitive Entwicklung, Weltwissen und Wortbedeutung

Man kann davon ausgehen, dass Kinder, die jüngsten wie auch ältere, vieles nicht verstehen, was sie hören, und es ihnen auch nichts ausmacht. Vielleicht verarbeiten sie, was sie gerade verstehen, oder ordnen es in ihre Vorstellungswelt ein. In der kindlichen Fantasie ist vieles vereinbar, was sich in der Vorstellung Erwachsener nicht verträgt oder geradezu ausgeschlossen ist aufgrund von Weltwissen. Für einen Dreijährigen ist die Voraussetzung für ›lebendig‹ ein Auge. Um die Bedeutung von *tot* zu verstehen, braucht das Kind ein Weltwissen, das es vielleicht bis zum Schulalter noch nicht erworben hat und über dessen Bedeutung sich auch noch Erwachsene streiten können. Für den Dreijährigen kann ein Regenwurm auch *ein bisschen tot* sein. Würde man öfter nach der gespeicherten Bedeutung forschen und wäre es leichter, sie zu überprüfen, bekäme man sicher viele verwunderliche Ergebnisse. Als die Mutter bei dem Bilderbuchvers: »Die Ziege läuft den Berg hinauf und wackelt mit dem Bärtchen« den drei- und den fünfjährigen Zuhörer getrennt fragt, wo das *Bärtchen* ist, bestreitet der Dreijährige, dass da ein *Bärtchen* zu sehen sei, und verweist auf sein *Bärchen*, der Fünfjährige zeigt auf das *Euter*. Ein Zweijähriger bekommt gesagt, dass er zwei ist, und bettelt: *Bitte, ich bin vier, vier mit den Christian.* (2;11.7)

Das Verkäuferspiel illustriert, wie viel Weltwissen Kinder erwerben müssen, um alltägliche Routinen wie einkaufen, wiegen, bezahlen zu durchschauen. Philipp ist ständiger Begleiter und Helfer beim Einkaufen und spielt seit Anfang drei am liebsten *Verkäufer* fast täglich, aber erst nach etwa *fünf* Monaten verlangt er vom Kunden Geld und gibt Wechselgeld zurück. Vorher gab er dem Kunden beides, Ware *und* Geld, wobei wohl das Rückgeld schuld an der Verwirrung ist. Als zur selben Zeit der Kunde fragt, wie viel die Banane wiegt, legt er sie auf die Kasse: *eine Mark.* (3;4;27) – Auch tags darauf ist er nur scheinbar ein Stück weiter: Er stellt sein Glas mit Apfelsaft auf den Pfannenwender mit der Erkenntnis: *Mama, es wiegt drei Gramm. Mama, der Apfel wiegt eine Mark.* Aber schon ein Fortschritt gegenüber der Antwort auf die Frage: »Wie viel wiegst 'n du?« *Fünf Liter.* (3;0.25) Zweieinhalb Monate später steigt er auf die Waage und stellt fest: *Ich wiege neunzig Gramm.* (3;3.7)

Der russische Sprachforscher Lew S. Wygotski (1934, übers. 1977) hob schon früh hervor, wie grundverschieden Wortbedeutungen in der Sprache des Kindes und der des Erwachsenen sein können, auch wenn die Kommunikation scheinbar gelingt. Er veranschaulicht den Prozess des Lernens von Begriffsbedeutungen mit dem Eintragen der Längen- und Breitengrade auf einem Globus bis zum kompletten Gitter. Den Zusammenhang zwischen geistiger und sprachlicher Entwicklung untersuchte Jean Piaget ab den späten 1920er-Jahren, beispielsweise in Bezug auf Raum-, Zeit- und Maßvorstellungen. Raumvorstellungen (= Raumkonzepte) entwickeln sich demnach *vor* Zeitvorstellungen.

2.8.1 Raumkonzepte

Wenn Kinder lernen, räumliche Verhältnisse auszudrücken, haben sie schon lange vorher Räume erkundet und Raumvorstellungen entwickelt. Das üben Kinder mit Spielzeug wenn sie Wagen beladen, ihre Autos fahren lassen und klettern. Kinder lernen Raumrelationen auch im Alltag beim Einkaufen und auf Spaziergängen. Philipp (1;6) fasziniert es, die labyrinthischen Gänge des Pflegeheims seiner Großmutter zu erkunden, und ist stolz, wenn er immer wieder zurückfindet. Paul (1;6) kann hohe Türme mit Plastikquadern bauen, aber manches muss er zur selben Zeit erst lernen: Er ist erpicht darauf, Kleingeld aus der Geldbörse zu räumen und in eine Spardose zu stecken, was ihm allerdings nur gelingt, wenn er *zufällig* das Geldstück genau in die Richtung des Schlitzes bringt. Er probiert nicht verschiedene Möglichkeiten aus, bis es klappt. Man weiß, dass er es als Nächstes selbst herausfindet, und seine Eltern lassen ihm die Chance für ein Erfolgserlebnis.

Kindern kann man beschreiben, wo sie etwas finden. Sie verstehen es, ohne dass sie es selbst schon ausdrücken könnten. Im Haushalt mit Kindern ist es normal, dass dauernd etwas gesucht wird, sodass solche Hinweise nichts Lehrhaftes an sich haben, aber sie fördern Hinhören und Konzentration, Gedächtnis und Sprache in einer Situation, in der dem Kind etwas wichtig ist.

Es gibt relativ einfache räumliche Relationen, die früh gelernt werden. Natürlich kommt es auf den Input an. Wenn ein Kind immer wieder *Ab*! hört, wenn der Familienhund vom Sofa verschwinden oder nicht an einem Menschen hochspringen soll, wird es *ab* früh für alles verwenden, was beseitigt werden soll (Paul 1;8). Von mehreren Seiten wird die Reihenfolge *in* → *auf* → *unter* etwa um den zweiten Geburtstag herum bestätigt. Man prüft das, indem man Kindern Instruktionen gibt, beispielsweise »Stell den Hund auf den Tisch.« Bei *unter den Tisch* suchen Kinder unter zwei Jahren noch einen Hohlraum und behandeln *unter* wie *in*, eventuell bis zum Alter von zweieinhalb Jahren (Thiel 1985). Überhaupt scheint es so zu sein, dass sich ältere Kinder nicht vom Wortlaut, sondern von ihren normalen Erfahrungen leiten lassen. Bei der Anweisung, ein Boot *auf* die Brücke zu stellen, taten das Kinder unter zwei Jahren noch anweisungsgemäß, aber ältere Kinder stellten es **entgegen** der Anweisung *unter* die Brücke, wo man ein Boot erfahrungsgemäß erwartet. Erst die älteren hörten genau hin. Thiel arbeitete in seinen Versuchen mit Puppenmöbeln und testete *auf* mit der Anweisung »Schrank auf Stuhl«, was ungewöhnlich ist. Jüngere Kinder konnten das nicht ausführen, noch nicht einmal nachmachen, sondern stellten den Stuhl auf den Schrank, das Tier nicht **unter** die Wanne, sondern **in** die Wanne. Ältere Kinder bewältigten die Aufgabe, wenngleich sie anfänglich sich nicht gleich entscheiden konnten, was auf was zu stellen war. Wenn sie einen Gegenstand anderswohin stellen, sagen die jüngsten Kinder *Da!* Experimente zeigen, dass sie dann zwischen Ort/Handlung und Gegenstand/Handlung nicht klar unterscheiden: Ein Becher ist dann einfach: *Rein.*

Raumkonzepte, die eine Perspektive enthalten, haben ihre Tücken für Kinder. Bei *vor* und *hinter* kommt es darauf an, von welcher Perspektive aus einer beispielsweise *vor* oder *hinter dem Baum* steht. Weiter sind bei manchen Objekten die Vorder- beziehungsweise Rückseite konventionell festgelegt, wie beispielsweise bei *Haus, Auto, Mensch.* Auf die Perspektive kommt es auch bei *über* und *unter* an:

Heute Morgen machen wir wieder Plätzchen und schieben sie unter den Ofen (*sc.* oben wird gekocht; 2;11.26).

Ruft von oben in den Keller: *Mama, komm mal runter.* (3;0.22)

Bei Vorder- und Rückseite und *oben* und *unten* spielt auch Weltwissen eine Rolle, sonst käme es nicht zu dem folgenden Missverständnis, wenn es heißt, die Zähne sollen *oben* und *unten* geputzt werden: *Wo unten?* (2;11.4).

Inzwischen wissen wir, dass andere Kulturen, beispielsweise indianische und australische, ganz andere Raumvorstellungen haben können. Uns erscheint *vor, hinter, neben* einleuchtend, aber man kann solche räumlichen Verhältnisse auch anders sehen, zum Beispiel im Verhältnis zum Meer oder als Himmelsrichtungen. Wenn Kinder in eine Kultur mit diesen Raumvorstellungen hineingeboren werden und es so im Input hören, ist es auch nicht schwieriger für sie, räumliche Verhältnisse in dieser Weise zu lernen. Im Koreanischen gibt es unterschiedliche Verben für das Aufliegen von Gegenständen auf ihrer Unterlage, je nachdem, ob ein Objekt breit oder mehr spitz zuläuft oder ob ein Gegenstand ein Gefäß innen ausfüllt (eng anliegt) oder lose hineinpasst (Choi & Bowerman 1991). Auch das lernen die Kleinsten spielend mit.

2.8.2 Zeitkonzepte

Später als Ortskonzepte erwirbt das Kind auf mühseligem und langwierigem Weg das Wissen von Uhrzeit, Kalenderzeit (Wochentage, Monate, Jahre) und Lebensalter. Mit der Tageszeit sind beispielsweise die Mahlzeiten verknüpft; es wundert also nicht, wenn der Dreijährige sich an den Frühstückstisch setzt und das Mittagessen verlangt oder sagt, was er *heute Abend* trinken will, obwohl es *Morgen* ist. Das Erstaunliche ist, dass ein Dreijähriger trotz der kognitiven Lücken fleißig Zeitangaben macht, wohl weil er die Wichtigkeit erkannt hat. Im frühesten Erwerbsstadium begegnen uns allerdings rein auswendig gelernte Phrasen, die dann in der eigentlichen Entwicklungsphase in der Versenkung verschwinden (ein Phänomen, das im Spracherwerb auch anderweitig zu finden ist):

Wie viel Tage ist 'n jetzt, Mama, acht Monate oder siebzig? (3;3.19)
Vier Jahre kommt der Osterhase, in drei Jahren kommt der Osterhase, in vierzig, so schnell. (3;3.22)
Bei März kommt April. (3;3.27)
Mutter singt »April ist auch vorbei.« *April ist nicht vorbei; es ist Januar. April kommt erst.* Philipp: *Und wenn er nicht kommt?* (3;3.29)
Montag, und dann kommt Freitag und auch noch Wittmoch, Mittwoch, Wittmoch. (3;1.1.)
Philipp: *Heute ist ein adressischer Tag, der ist auch von Sonntag bis Abend.* Mutter: *Richtig.* Philipp: *Ja, bis Sonntag bis Abend.* Schwester (7 Jahre): *Weil die Sonne scheint.* Philipp: *Ja, jetzt scheint die Sonne, weil heute Sonnabend ist.* (3;4.2)
Uhrzeit: *Halb nach fünf, Mama, wir müssen jetzt Hitparade; es ist schon halb nach fünf, guck mal, der* (sc. Zeiger) *geht schon weit.* (3;0.10)
Schaut auf kleinen Kompass als Uhr: *Vier fünf geh ich wieder mach Hause.* (3;0.23)
Halb Uhr (3;1.1.)
Mutter: *Ich will Essen kochen.* Philipp: *In der halben gibt es?* (3;0.23)

Man könnte die Liste noch um viele Äußerungen innerhalb eines kurzen Zeitraums verlängern, die zeigen, wie ein Kind, wenn es sein Interesse auf etwas gerichtet hat wie beispielsweise Tageszeit, Wochentag oder Uhrzeit, unentwegt darauf aus ist, sich anzueignen, was es im Zusammenleben als wichtig erkennt, und zwar bei aller scheinbaren Nachahmung doch kreativ: *Ich guck mal in die Uhr* (2;11.21).

Zuerst erfasst das Kind den vergangenen Zeitraum, ablesbar an dem Vergangenheitstempus Perfekt: *Ich hab gesehen*, im Geschichtenkontext auch *Da kam …* Philipp erzählt von der Vergangenheit seit Ende des zweiten Lebensjahres, als er durch erlebnisreiche Ferien besonders motiviert ist. *Früher mal* gebraucht er dann in den ersten Wochen regelmäßig wie ein Signal für die Vergangenheit, später seltener, offenbar, weil dann das Vergangenheitstempus als Markierung genügt. *Früher mal* umfasst in seiner Bedeutung die nächste und weiteste Vergangenheit und *gestern* gebraucht er ungefähr genauso. Das Zukünftige kommt danach in den Blick. Im Deutschen braucht man zum Ausdruck des Futurs keine spezielle Zeitform, es genügt das Präsens mit einem Zeitadverbial, beispielsweise *Er kommt morgen / am Sonntag. Morgen* mit seinen zwei Bedeutungen ›am kommenden Tag‹ und der Tageszeit *Morgen* richtet große Verwirrung an. Ein knapp Dreijähriger, der praktisch noch kein Zeitgefühl hat und am *Morgen* und *morgen* nicht unterscheiden kann, kann *morgen* auch sagen, wenn er *gleich, gestern, neulich, vor Wochen, heute Morgen* meint:

Beispiele aus Philipps Sprache:

Im Auto auf dem Weg nach Hause: *Opa, lest du morgen?* (= nachher; 2;11.3)
Ich habe morgen ein Jumboflugzeug gemacht. (= heute Morgen; 2;11.4)
Grashüpfer im Buch: *Die haben wir morgen in den Graben gesehn.* (= neulich; 2;11.0)
Heute Morgen war mein Schlafanzug nass. (= vor zirka 5 Tagen; 2;11.4)
Vor dem Spazierengehen: *Ich will aber mit 'n Auto, aber morgen haben wir mit dem Rädchen in den Ostpark gefahren.* (= gestern, neulich; 2;11.0)
Mutter: *Schwester Elisabeth kommt morgen.* Philipp: *Ja, in den siebten Oktober.* (= bald; Geburtstagsdatum des Bruders, 2;11.0)
Fragt nach abgelegtem Hemd des älteren Bruders: *Hat das der Christian morgen angezogen?* (= früher; 3;1.12)
Mutter: *Wir haben Bilder vom Urlaub.* Philipp: *Bilder von gestern?* (2;11.5)
Philipp: *Morgen hab ich kein Bonbon; jetzt muss ich zwei nehmen.* Mutter: *Gestern?* Philipp: *Ja, jetzt muss ich zwei nehmen.* (3;2;3)

Erst nach fünf Monaten klärt sich das Konzept *morgen* als ›in Zukunft‹. Als die Mutter ankündigt, dass die Familie morgen ins Schwimmbad geht, weiß Philipp: *Das ist nicht lang, morgen* (3;3.27), und kurz darauf, als er hört, dass seine Spielkameradin *heute Abend* zurückkommt: *Das ist nicht mehr lang* (3;4.7). Aber auch im Schulalter zeigt die Verwechslung von *vorgestern* mit *übermorgen*, welche Mühe die Bedeutung noch macht. Der Siebenjährige isst stolz ein Weißbrot mit Fleischkäse zum Frühstück, weil er stark werden will: *Das ist mein viertes Brot, das ich seit übermorgen gegessen habe* (7;7.11).

Mit den Zeiträumen, die ein Dreijähriger sich noch nicht vorstellen kann, hat er Schwierigkeiten, aber für Gegenwart und unmittelbare Vergangenheit lernt er früh die nützlichen Wörter: *eben* und *jetzt*. Für die Zukunft hilft er sich mit der Reihenfolge: *erst / zuerst … , dann…*, oder mit *wenn wir das gemacht haben, dann …* oder *später …* Diese Zeitverhältnisse sind für ihn wichtig bei dem, was getan und geplant wird, und was er gerade erlebt. Entsprechend früh verfügt er darüber.

Beispiele:

Mutter: *Oder wollen wir **zuerst** zu dem Bächlein und **dann** zu den Enten?*
Philipp: ***Dann** zu den Enten; **jetzt** zu den Bächlein und **dann** zu den Enten.* (2;10)

Eben war ein Schmetterling da und wollte auf 'm Auge gehen. (2;11.4)

Erwachsene müssen Geschick und Fantasie entwickeln, um einem Kind Zeiträume verständlich zu machen, wenn es dem Kind darauf ankommt. Jeder kennt die Notlösung: *Wenn du groß bist, …* Solange ein Kind keinen Begriff davon hat, wird es beispielsweise Ostern, Weihnachten und Geburtstag leicht verwechseln. So denkt Jonas am Vorabend seines vierten Geburtstags an Geschenke und fragt seine Mutter: *Kommt dann auch ein bisschen das Christkind?* Man kennt ›noch einmal schlafen‹ für *morgen*, oder man lässt das Kind an den Fingern abzählen. Der Fünfjährige erklärt, dass es noch *seehr lange* dauere, bis er in die Schule kommt: *Noch einmal Weihnachten und noch einmal Geburtstag – zwei Jahre.*

2.9 Sprechen, um zu lernen: vom Dialog über Denken bis zum Lesen

Von Interaktion, von Kommunikation zwischen Kind und Erwachsenen, war immer wieder die Rede. Ein Kind äußert seine Wünsche und will in seinen Absichten und Gefühlen verstanden werden. Der Erwachsene fühlt sich ein und formuliert, was das Kind noch nicht ausdrücken kann. Kommunikation hat eine soziale Seite und immer auch eine inhaltliche, ein Ziel. Der englische Kindersprachforscher Gordon Wells (1986) rückt noch ein Ziel in den Blick: Sprechen um zu lernen. Er erfand die Bezeichnung *Bedeutungsmacher, meaning makers*. Die Welt ringsum ist interessant, und vieles interessiert sie, und wenn der Erwachsene teilnimmt, entwickeln sich diese kleinen Gespräche, aus denen sich Kinder Bedeutung von Wörtern, Funktion von Sprache und Wissen über die Welt konstruieren. Der Erwachsene sollte sich in solchen Alltagsgesprächen nicht unter Stress fühlen und eine permanente Lehrstunde daraus machen. Spontan und intuitiv zu reagieren genügt. Wichtig ist erst einmal, das Interesse des Kindes zu teilen und sich in das Kind hineinzudenken. Es gibt dafür im Alltag unzählige Anlässe, die dem Kind helfen, seine Erfahrungen besser zu verstehen: was es sieht, an was es sich erinnert, was geplant wird, was zu tun und zu lassen ist. Dazu gehören Bilderbuch betrachten und vorlesen. Auch Fernsehen kann dann einen positiven Einfluss haben, wenn der Erwachsene das Programm mit anschaut und im Gespräch vermittelt.

Es sind längst nicht immer Fragen der Kinder, auch nicht immer Signale wie *Guck mal, Mama, ein Vogel!* – und dann beobachtet man gemeinsam und spricht über das, was man sieht. Dialoge entwickeln sich bei den gemeinsamen häuslichen Arbeiten, die schon Zweijährige so lieben und bei denen sie gerne mithelfen. Auch sich einschalten ins Gespräch gehört schon früh dazu. Wells gibt eine spannende Beobachtungsszene wieder, aber am allerhäufigsten sind kleine Dialoge wie die folgenden. Mit dem Älterwerden entwickeln sich in ruhigen Momenten auch längere.

Meike (1;10) spielt mit einer Milchdose:
um – kipp. mam – ummache kipp. Gibt Mutter die Dose.
Mutter: *Nee, Mama will nichts umkippen.*
Meike: *leine* (= alleine) *mache.* Nimmt selbst wieder die Dose, will Milch in eine Tasse gießen; es kommt nichts raus. *Geht nich.* Hält Mutter die Dose hin.
Mutter: *Geht nicht?*
Meike: *Mama suchen.*
Mutter: *Mama versucht's. Na ja!* *(Miller 1976: 246)*

Philipp im Auto auf der Suche nach der Auerbacher Straße: *Die Bachauer Straße. Da dürfen keine Autos fahren.*
Mutter: *Und keine Fahrräder.*
Philipp: *Und keine Motorräden.* (2;11.22)

Philipp S. betet: *Papa, lass die Augen dein, über meinem Bette sein.*
Großmutter: *Das heißt nicht Papa, das heißt Vater.*
Philipp S.: *Der Papa ist aber doch ein Vater.*
Großmutter: *Ja, aber in dem Gebet ist Gott gemeint, der auf alle Menschen aufpassen kann.*
Philipp S.: *Das kann der Papa auch.*
Großmutter: *Ja, er kann auf euch aufpassen, aber nicht auf alle Menschen. Er kann gar nicht alle Menschen sehen.*
Phlipp S.: *Doch, das kann er, mit seinem großen Fernglas.* (4;9)

Im Laufe des zweiten Jahres entwickelt sich das sogenannte Rollenspiel, das man auch als einen aktiven Versuch des Kindes ansehen kann, sich seine Erlebniswelt anzueignen und zu durchschauen. Beispielsweise wenn der Teddy krank ist und umsorgt wird, so ist die Anteilnahme des Erwachsenen wichtig, der fragt, wie es ihm geht. Beim Verkäuferspiel wird er als Kunde gebraucht.

Die Vierjährigen sind die Frager, und oft beharrliche. Man schließt daraus, dass Kinder in diesem Alter merken, dass ihr geistiges Gerüst zum Verstehen der Welt unzulänglich ist, und sie sich darum bemühen, es zu verbessern und daran zu bauen, als *meaning makers* eben. Ein Beispiel für Beharrlichkeit eines Vierjährigen und Bequemlichkeit eines Erwachsenen:

Im Auto; Mutter fährt, Philipp vier Jahre, seine Schwester acht; Thema: Es wird dunkel.
Philipp: *Warum geht 'n dann die Sonne weg? Wo geh t'n dann die Sonne hin?*
Mutter: *Wir sehen sie und mal nicht. Verstehst du nicht.*
Philipp: *Doch.*
Mutter: *Ist zu schwer.*
Schwester erklärt ausführlich: *Die Erde ist eine Kugel, die dreht sich ...*
Philipp: *Oben wieder Tag, unten wieder Nacht, jetzt versteh ich's.* (4;1.9)

Zuerst mögen Dialoge des Kindes mit einem anderen, der mehr weiß, Nachdenken auslösen. Aber wenn Kinder viele positive Erlebnisse daraus beziehen, wird es ihnen helfen, aus Gesprächen zu lernen und später selbst *beide* Rollen in sich zu vereinigen und aus ihren eigenen Erfahrungen durch Nachdenken zu Lösungen zu kommen. Mit vier ist Philipp schon auf dem Weg dahin, zwei Jahre später schon ganz fortgeschritten in seinem gedanklichen Schluss, aber es ist interessant, dass Kinder ganz unvermittelt solche Gedanken dem Erwachsenen gegenüber äußern, wohl auch mit der Absicht, sich klar zu werden über etwas:

Philipp unvermittelt: *Ich weiß, warum das bei den Geburtstag so groß geht. Da muss man doch Kuchen essen, da wird man groß.* (4;0.28)

Zwei Jahre später: *Mama, ich hab zum Jan gesagt, ich weiß aber nicht richtig, ich glaube, im Wasser in tausend* Meter *Tiefe oder so gibt's keine Uhrzeit.*
Mutter: *Oh, doch.*
Philipp: *Aber da ist doch nicht Tag und Nacht.* (6;0)

Man weiß, dass Mahlzeiten am Esstisch immer günstige Gelegenheiten für Gespräche zwischen Erwachsenen und Kind bieten. Wenn sich Eltern Zeit nehmen zum Antworten und Erklären, dann erwirbt das Kind grundlegende Fähigkeiten, die es später zum Lesen braucht. Wenn es in den Gesprächen nicht nur ums Essen und das Allerpersönlichste aus dem Umfeld geht, sondern auch erklärt wird, warum Leute etwas tun oder wie etwas funktioniert, wenn man sich bemüht, zu verstehen, was das Kind meint, und es gemeinsam mit ihm klärt, gebraucht der Erwachsene auch Wörter, die nicht zu den meistverwendeten gehören. Eine Untersuchung ergab: Dreijährige, die weniger gebräuchliche Wörter bei den Mahlzeiten hörten, gebrauchten sie als Vierjährige (Snow 1993). Wenn Erwachsene in Gesprächen beim Bilderbuchbetrachten mit Zweijährigen übergeordnete Kategorien wie *Tier, Gerät etc.* gebrauchten, so kamen diese Wörter schon ein Jahr später bei den Definitionsversuchen der Kleinen vor (Watson 1995). Kinder lernen in solchen Gesprächen auch, Wörter so zu definieren, dass das Wesentliche enthalten ist. Man kann sich fragen, warum definieren können lesen und schreiben fördert. Man vergleiche dazu die Definitionen von *Esel* zweier spanischsprachiger Kinder der fünften Klasse, die erste ist von einem überdurchschnittlich guten Leser, die zweite von einem unterdurchschnittlich guten (# = Pause):

1. *Der # Esel ist ein Tier # das trägt Sachen # auf seinem Rücken.*
2. *Das ist ein Tier. Es hat sowas # lange Ohren.*

Ein Esel hat zwar auch *lange Ohren*, aber *Sachen auf dem Rücken* charakterisiert ihn genauer. Das erste Kind organisiert also seine Information besser und bringt sie in die sprachlich typische Form für Definitionen, indem es den Begriff wiederholt und alles mit Relativsatz zusammenfügt.

Wahrscheinlich ist die Fähigkeit, definieren zu können, ein Merkmal dafür, wie gut ein Kind über sein gespeichertes Wissen verfügt. Stocken in der Rede wie Pausen, sich verbessern, neu ansetzen sind positive Zeichen. Sie lassen auf eine Art *self-monitoring* schließen. Das Kind ist sich der Problemstelle bewusst.

Gespräche beim Bilderbuchbetrachten oder bei den Mahlzeiten bieten auch Gelegenheit, etwas in längerem Zusammenhang zu erzählen oder zu beschreiben. Kinder hören zu, wenn Eltern zu Hause etwas erzählen, oder haben Gelegenheit, von ihrem Tag zu erzählen. Gespräche werden automatisch länger, wenn die Dinge komplizierter werden, wenn Gefühle, ähnliche Ereignisse, Gründe und Zusammenhänge einbezogen werden. Es sind neben Spracherwerb Übungen im Erzählen. Man spricht vom Erwerb narrativer Strukturen.

Beispiele für Nachdenken und Abwägen:

- Beim Gespräch mit der Großmutter über das Thema *Tod* und *Friedhof* hört der vierjährige Jonas zum ersten Mal, dass die Toten im Sarg unter der Erde liegen. Er ringt um Worte und braucht lange, bis er die Frage herausbringt: *Was fühlen die dann?* Das zu erklären, ist eine richtige Herausforderung.
- Der Vierjährige kommt nach negativen Erfahrungen mit Wunschlisten und ihrer Erfüllung bezüglich Playmobil zu folgendem Schluss: *Ich hab mir am besten gedacht, wir kaufen's. Kaufen ist besser als, als zu Weihnachten wünschen.* (4;0.19)

Aus Fakten entwickeln sich Erklärungen, aus Meinungsäußerung Argumentation. Die Äußerungen werden länger. Um zusammenhängende Texte geht es dann auch beim Lesen und Schreiben. Es werden im mündlichen Gebrauch der Sprache von ganz früh drei Seiten geübt, die später lesen und schreiben fördern (Snow 1993):

- Wortschatz,
- die Fähigkeit, ein Wort zu erklären, und
- etwas in längerem Zusammenhang zu erzählen oder zu beschreiben.

Wichtig zu wissen ist, dass es sich um langfristige Lernprozesse handelt, deren Erfolge sich, wie oben zu sehen war, vielleicht erst nach einem Jahr oder länger einstellen.

2.10 Worauf es ankommt

🕮 Kinder brauchen für das Lernen von Wörtern Interaktion und sind dabei selbst ganz aktiv am Lernprozess beteiligt. Schon unter den ersten fünfzig Wörtern sind etwa 30% Wörter, die nicht durch Hinzeigen gelernt werden, sondern die sich das Kind aus der ganzen komplexen Sprechsituation erschließt. Fernsehen kann solche Interaktion nicht bieten. Kleine lernen aus Fernsehsendungen kaum Wörter, Fünfjährige im Verhältnis ganz wenige, und Gefühlswörter wie *traurig, froh* können Kinder überhaupt nicht aus dem Fernsehen lernen, ebensowenig Grammatik. Speziell für Einjährige gemachte Programme sind lernhemmend und verwirrend, weil das Fernsehen über die Erfahrungen mit den Dingen wie Anfassen, Fallenlassen und Hören der damit verbundenen Geräusche täuscht, und zwar in einem Alter, wo Kinder erste Erfahrungen damit sammeln.

🕮 Zwischen 10 Jahren und dem Beginn des Erwachsenenlebens werden die meisten Wörter erworben, also im Lesealter. Studien zum Worterwerb durch Medien in diesem Alter liegen nicht vor, aber jeder weiß, dass Lesen den Wortschatz erweitert. Das gilt schon für das Vorlesen von Bilderbüchern.

🕮 Kinder erwerben die Bedeutung von Wörtern auf zwei Wegen. Man spricht vom *Steigbügelverfahren;* der englische Fachausdruck ist *bootstrapping:* Wie der Cowboy mit den Schlaufen in den Stiefel, so kommt das Kind dank seiner Anstrengung in die Wortbedeutung hinein. Einerseits benutzt es alle Hinweise und Anhaltspunkte im Kontext, sprachliche und nichtsprachliche. Hier spricht man vom ***semantischen*** *Steigbügelverfahren* und der Strategie *fast mapping,* das heißt *schnelles Abbilden.* Andererseits achtet es auf das Satzmuster und schließt daraus auf die Bedeutung, indem es beispielsweise unterscheidet zwischen *etwas bauen* (SVO, kausatives Tätigkeitsverb) und *rennen* (SV + möglicher Richtungsangabe, Bewegungsverb). Hier spricht man vom ***syntaktischen*** *Steigbügelverfahren.*

🕮 Im frühen Worterwerb überwiegen Substantive nur im europäischen Sprachraum. Verben werden anders gelernt, möglicherweise in Ausdrücken, die das Kind als Ganzes lernt und später durch mehr Input in seinen Einzelteilen erkennt (*Verb-Insel-Hpothese* von Tomasello). Wenn viele transitive Verben gelernt sind, durchschaut das Kind auf einer höheren Stufe das Satzmuster.

🕮 Hinzeigen und Benennen *(labelling)* hilft beim Worterwerb in der Anfangsphase bis zirka 1½ Jahre. Es zeigt sich, dass Erwachsene Kindern auch helfen, indem sie bei Erklärungen von neuen Wörtern sie auf solche beziehen, die das Kind kennt, und dabei Ausdrücke wie *das ist so eine Art / so ein …* verwenden. Bei Zweijährigen benannten sie immer in der gleichen Weise erst das ganze Objekt, dann Teile. Die kindlichen Fragen und Selbstkorrekturen helfen dem Erwachsenen, sich ein Bild vom Entwicklungsstand zu machen. Er muss sich fragen, ab wann sich Sprachlektionen oder Korrekturen lohnen. Etwas anderes ist es, wenn das Kind selbst fragt.

📖 Wörter, ihre Bedeutung und ihren Gebrauch lernt ein Kind vor allem anfangs durch Wiederholung in der täglichen Routine in variablen Kontexten, auch in der Wiederholung beim Betrachten derselben Bilderbücher und durch Spiele wie Bilderlotto, Bilderdomino, Memory. Wiederholung ist das Zauberwort. Viele verschiedenartige Anregungen fördern keineswegs den Spracherwerb.

📖 Wortbedeutungen setzen oft eine kognitive Entwicklung voraus. Raumkonzepte entwickeln sich vor Zeitkonzepten, beide hängen eng mit der kognitiven Entwicklung und Weltwissen zusammen. Noch beim Schuleintritt hat ein Kind keine feste Vorstellung, was beispielsweise *Jahr* bedeutet. Ein Dreijähriger kann etwas in eine zeitliche Reihenfolge bringen, die unmittelbare Vergangenheit von der unmittelbaren Zukunft unterscheiden, aber zu genauen Zeitangaben für größere Zeiträume fehlen ihm Einsicht und Weltwissen, obwohl solche Angaben in seinen Äußerungen gehäuft vorkommen. Es spiegelt sich darin, dass das Kind darauf aufmerksam geworden ist und die Domäne »in Arbeit« hat.
Der Erwachsene sollte einem Kind nicht Weltwissen samt Sprache aufdrängen, für die es kognitive Grenzen gibt. In dieser Beziehung erscheinen Kinder pflegeleicht, sie hören zu und verarbeiten, was weit über ihrem Horizont liegt, aber wie? Die ungeheuer große Lernkapazität des Kindes mit dem zu füllen, was es noch nicht begreifen kann, verschwendet Ressourcen. Ein Vierjähriger kann über Planetenlauf sprechen, ohne etwas davon zu verstehen.

📖 Die Wortbedeutung von Kindern weicht oft noch von der Wortbedeutung Erwachsener ab, auch wenn die Kommunikation scheinbar gelingt.

📖 Verbessern stört die Kommunikation. Andererseits wissen wir, dass ein Kind ganz aktiv Absicht des Sprechers, Mimik, Gestik und Hinweise aus der Situation verarbeitet, um die Bedeutung zu verstehen. Es empfindet beispielsweise Lexikonlücken und Unsicherheit, was daran abzulesen ist, wie es sich selbst verbessert oder bei Rückfragen ganz oder teilweise neu formuliert. Statt gezielter Korrektur hilft es dem Kind in seiner Sprachentwicklung, wenn der Erwachsene seine Äußerung aufgreift, ergänzt und erweitert, beispielsweise durch passende Wörter oder im Satz. Das nützt Aussprache, Wortschatz und Grammatik (vgl. Vorlesedialoge, Teil I).

📖 Zwischen 1½ und 2 Jahren machen Kinder einen auffallenden Entwicklungsschritt, indem sie erkennen, dass Wörter Zeichen sind, die ein Ding (Ereignis, Zustand) bezeichnen, unabhängig von einer bestimmten konkreten Situation, einem bestimmten sichtbaren Gegenstand und ohne erkennbaren Bezug, wie ihn lautmalende Wörter wie *Wauwau* für ›Hund‹ hatten: Wörter werden Symbole. In diesem Alter entwickelt sich das Bewusstsein vom Ich, aus der die Perspektive *Ich – Andere* erwächst. Das Kind erwirbt die Fähigkeit, sich in die Perspektive des anderen hineinzuversetzen und gemeinsam etwas aufmerksam in den Blick zu nehmen. Danach steigt der Worterwerb steil an, was bei manchen Kindern geradezu als Vokabelspurt erscheint. Der Worterwerb beginnt (ab zirka 1;6) mit einem Wort pro Woche bis zur zweiten Hälfte des zweiten Lebensjahres und steigert sich danach auf mehr als ein Wort pro Tag.

🕮 Sechs Monate Unterschied in der Entwicklung können noch durchaus normal sein. Der Wortschatz kann zum Zeitpunkt des zweiten Geburtstag um bis zu 600 Wörter differieren. Als Orientierung wichtig sind die Altersangaben für die ersten 50 Wörter. Mit 1½ oder spätestens beim zweiten Geburtstag sollte ein Kind zirka 50 Wörter (oder was als Wort einigermaßen erkennbar ist) in seinem Lexikon haben. Ist der Wortschatz geringer, sollte man den Ursachen nachgehen (Gehör, Sprachstörungen in der Familie u. a.). Von zirka 20% der gerade zweijährigen Kinder, die keine 50 Wörter produzieren, erweisen sich später in der Regel nur 6% als gestört in ihrer Sprachentwicklung. Achtung: Erfahrungsgemäß zählen Mütter leicht zu wenig Wörter. Es empfiehlt sich, einmal eine Woche lang Bleistift und Papier zurechtzulegen und die Wörter aufzuschreiben.

🕮 Wortkombinationen, sogar ganze Sätze, übernimmt ein Kind aus dem Input. Solche auswendig gelernten Phrasen sind nur Vorläufer im Lernprozess und spiegeln nicht das grammatische und lexikalische Sprachvermögen des Kindes wider.

🕮 Gespräche im Alltag, beispielsweise bei den Mahlzeiten (ebenso wie beim Bilderbuchbetrachten), sollte man pflegen, weil sie Kindern die Gelegenheit bieten, zuzuhören, wenn die Erwachsenen etwas erzählen, selbst zu fragen und beizutragen. Mit der Zeit werden die Gespräche länger, und es wird mehr einbezogen wie Gefühle, Meinungen, Vergleiche, sodass auch mehr und andere Wörter gebraucht werden als in banalen Alltagssituationen. Solche Gespräche beeinflussen nachweislich Sprachvermögen und die Fähigkeit zu erzählen ebenso wie das Lesen. Untersuchungen, beispielsweise zur Fähigkeit von Kindern, definieren zu können, bringen Zusammenhänge ans Licht.

2.11 Literaturverzeichnis

Akhtar, Nameera, Malinda Carpenter and Michael Tomasello (1996), The Role of Discourse Novelty in Early Word Learning. *Child Development* 67, 635–645

Akhtar, Nameera and Michael Tomasello (1997), Young Children's Productivity With Word Order and Verb Morphology. *Developmental Pychology* Vol. 33, No. 6, 952–965

Bloom, Paul (2000), *How Children Learn the Meanings of Words.* (MIT Press: Cambridge, Mass.)

Brown, Roger (1958), *Words and things* (Free Press: Glencoe, Ill.)

Choi, Soonja and Bowerman, Melissa (1991), Learning to express motion events in English and Korean: The influence of language-specific lexicalization patterns. *Cognition* 41, 83–121

Choi, Soonja, Laraine McDonough, Melissa Bowerman and Jean M. Mandler (1999), Early sensitivity to language-specific spatial categories in English and Korean. *Cognitive Development* 14, 241–268

Chomsky, Noam (1965), *Aspects of the Theory of Syntax* (MIT Press: Cambridge); dt. *Aspekte der Syntaxtheorie* (Suhrkamp: Frankfurt a. M.) 1969

Chomsky, Noam (1981), *Lectures on Government and Binding. The Pisa Lectures* (Foris: Dordrecht)

Clark, Eve C. (1993), *The Lexicon in Acquisition* (Cambridge University Press: Cambridge)

Clark, Eve C. (2003), *First Language Acquisition* (MIT Press: Cambridge, Mass.)

Dodson, Kelly and Michael Tomasello (1998), Acquiring the transitive construction in English: the role of animacy and pronouns. *Journal of Child Language* 25, 605–622

Evey, Julie A. and William E. Merriman (1998), The prevalence and the weakness of an early name mapping preference. *Journal of Child Language* 25, 121–147

Gopnik, A. and S. Choi (1995), Names, relational words, and cognitive development in English and Korean speakers: Nouns are not always learned before verbs. In: Tomasello, Michael and Merriman, William E. (Eds), *Beyond names for things: Young children's acquisition of verbs* (Erlbaum: Hillsdale, N. J.)

Grimm, Hannelore (1999), *Störungen der Sprachentwicklung* (Hogrefe: Göttingen)

Grimm, Hannelore und Hildegard Doil (2000), *ELFRA Elternfragebögen für die Früherkennung von Risikokindern* – Handanweisung (Hogrefe: Göttingen)

Grimm, Hannelore (2000), *SETH-2 Sprachentwicklungstest für zweijährige Kinder.* Diagnose rezeptiver und produktiver Sprachverarbeitungsfähigkeiten – Manual, unter Mitarbeit von M. Aktas und S. Frevert (Hogrefe: Göttingen) vgl. Fenson, Larry et al. *MacArthur Communicative Development Inventories,* 1993 (Singular Publishing Group, Inc.) *http://www.acf.hhs.gov/programs/opre/ehs/perf-measures/reports/resources-measuring*

Harris, Margaret (1992), *Language Experience and Early Language Development: From Input to Uptake* (Lawrence Erlbaum Ass.: Hillsdale, USA and Hove, UK)

Markman, Ellen M. (1985), Ways in Which Children Constrain Word Meanings. In: Dromi, Esther (Ed.) *Language and Cognition: A Developmental Perspective. Human Development,* Vol. 5 (Ablex Publishing Corporation: Norwood, New Jersey), 172–201

Markman, Ellen M. and Wachtel, Gwyn F. (1988), Children's use of mutual exclusivity to constrain the meanings of words. *Cognitive Psychology* 20, 121–157

Meibauer, Jörg (1995), Neugebildete *-er*-Derivate im Spracherwerb. Ergebnisse einer Langzeitstudie. *Sprache und Kognition* 14, 138–160

Meibauer, Jörg und Monika Rothweiler (Hrsg.), (1999), *Das Lexikon im Spracherwerb* (A. Francke Verlag: Tübingen, Basel), UTB

Miller, Max (1976), *Zur Logik der frühkindlichen Sprachentwicklung. Empirische Untersuchungen und Theoriediskussion* (Klett: Stuttgart)

Naigles, Letitia R. and Erika Hoff-Ginsberg (1998), Why are some verbs learned before other verbs? Effects of input frequency and structure on children's early verb use. *Journal of Child Language* 25, 95–120

Naigles, Letitia, Lara Mayeux (2001), Television as Incidental Language Teacher. In: Singer, Dorothy G., Jerome L. Singer (Eds), *Handbook of Children and the Media.* (Sage Publications, Inc.: Thousand Oaks, London, New Delhi)

Namy, Laura L. and Susan A. Nolan (2004),Characterizing changes in parent labelling and gesturing and their relation to early communicative development. *Journal of Child Language* 31, 821–835

Nelson, K. (1973), Structure and strategy in learning to talk. *Monographs of the Society for Research in Child Development,* 38 (serial no. 149), 1–137

Quine, Willard V. O. (1960), *Word and object* (MIT Press: Cambridge, MA)

Rice, Mabel and Aletha C. Huston (1990), Words from »Sesame Street«: Learning Vocabulary While Viewing. *Developmental Psychology* Vol. 26, No. 3, 421–428

Rothweiler, Monika (2002), Spracherwerb. In: Meibauer, Jörg et al. *Einführung in die germanistische Linguistik* (J. B. Metzler: Stuttgart, Weimar), 251–293

Slobin, Dan I. (1973), Cognitive Prerequisites for the development of Grammar.In: Furguson, Ch. A. and Dan I. Slobin (Eds), *Studies of Child Language Development* (John Wiley & Sons: New York); vgl. dt. Grimm, Hannelore, *Psychologie der Sprachentwicklung.* Bd. 1 (Kohlhammer: Stuttgart et al.),5 ff.

Snow, Catherine (1993), Families as social contexts for literacy development. In: Daiute, C. (Ed.), *The development of literacy through social interaction* (San Francisco: Bass) 11–24

Szagun, Gisela (2000), *Sprachentwicklung beim Kind* (Beltz Taschenbuch 62: Weinheim, Basel), 6., vollst. überarb. Aufl. 1996; urspr. 1980

Thiel, Thomas (1985), Räumliches Denken und das Verstehen von Lokativen im Spracherwerb. In: Schweizer, Harro (Ed.) *Sprache und Raum.* (Metzler: Stuttgart), 185–208

Tomasello, Michael (1992), *First Verbs: A Case Study of Early Grammatical Development* (Cambridge University Press: Cambridge, Mass.)

Tomasello, Michael and Merriman, William E. (Eds) (1995), *Beyond names for things: Young children's acquisition of verbs* (Erlbaum: Hillsdale, N. J.)

Tomasello, Michael, Randi Strosberg and Nameera Akhtar (1996), Eighteen-month-old children learn words in non-ostensive contexts. *Journal of Child Language* 23, 157–176

Watson, R. (1995), Relevance and definition. *Journal of Child Language* 22 (1), 211–222

Wells, Gordon (1986), *The Meaning Makers. Children Learning Language and Using-Language to Learn* (Heinemann: Portsmouth, New Hamshire)

Wygotski, Lew S. (1977), *Denken und Sprechen* (Fischer Taschenbuch Verlag: Frankfurt am Main), urspr. russ. Originalausgabe 1934

3 Zwei Einzelaspekte: Zahlwörter und Metaphern

3.1 Eins-zwei-drei: Zahlwörter werden anders gelernt

Mit den Zahlwörtern ist es schwieriger, als man denkt. Was die Forschung über ihren Erwerb herausfand, wird von Paul Bloom (2000) unter die Lupe genommen. Ein Kind, das stolz bis zehn zählt, weil die Eltern es ihm beibrachten, weiß unter Umständen noch längst nicht, was die genaue Bedeutung von *drei* ist. Wenn einer sagt: »Draußen sind drei Katzen«, bezieht sich *drei* nicht auf **eine** der Katzen oder eine Eigenschaft von einer; *drei* bezieht sich auf die **Menge,** eine abstrakte Einheit. Die Bedeutung von Zahlwörtern wird also anders gelernt als die von anderen Wörtern. Hier haben menschliche Babys durchaus etwas mit Tieren gemeinsam, die Mengen erkennen können.

Lange bevor Kinder Wörter lernen, besitzen sie schon die Voraussetzung für das Lernen von kleinen Zahlen, nämlich ein Konzept von *eins, zwei* und *drei,* wie folgende Testergebnisse zeigen:

Sieben Monate alte Babys, die Bildkarten mit drei Objekten sahen, reagierten mit Aufmerksamkeit, wenn man ihnen eine neue Bildkarte mit nur zwei Objekten zeigte, also ein Objekt fehlte. In derselben Weise unterschieden sie zwischen drei und zwei Sprüngen und drei und zwei Tönen. In einem Test schauten fünf Monate alte Babys länger hin, wenn bei zwei identischen Objekten eins entfernt wurde und dann trotzdem zwei erschienen, sie schauten also beim inkorrekten Ergebnis länger hin, als wenn das korrekte Ergebnis gezeigt wurde.

Kinder lernen zählen früh. Ein Zweijähriges kann bis *drei* und weiter zählen, es identifiziert ein Bildkärtchen mit einem einzigen Fisch mit Sicherheit als *ein* Fisch ohne Fehler, aber es braucht noch ein Jahr oder mehr, um sicher *zwei* von *drei* zu unterscheiden. Philipp will Kekse: *Ich wollte doch drei essen.* Er bekommt zwei und zieht zufrieden ab (3;4.2).

Die weitere Entwicklung hängt von verschiedenen Faktoren in den verschiedenen Sprachen und Kulturen und unterschiedlichen Zählsystemen ab, vorausgesetzt, es gibt sie. Bloom (2000) betont, dass die Studien sich auf westliche Mittelklassekinder beziehen, deren Muttersprache Englisch ist. Mag sein, dass deutschsprachige Kinder zusätzliche Schwierigkeiten haben durch die lautliche Ähnlichkeit der Wörter *zwei* und *drei* im Gegensatz zu den kleinen Zahlen in Englisch, Französisch oder Italienisch.

Es ist rätselhaft, warum Kinder über eine längere Zeit die Reihenfolge der Zahlen sehr wohl kennen, aber nicht wissen, was die Zahlen genau bedeuten. Wie lernen sie die Bedeutung? *Drei* ist die Zahl, die man noch ohne Abzählen erfasst, sie kommt aber in der an das Kind gerichteten Sprache nicht oft vor. Wahrscheinlich zieht sich dadurch der Lernprozess hin. Mit Anfang drei fehlt manchmal *drei* beim Zählen, manchmal ist die Reihe perfekt, wie im ersten Beispiel. Aber Abzählen und Menge begreift der Anfang-Dreijährige noch nicht:

Eins, zwei, drei, vier Leuten auf einen Kampf. (3;1.11)
Der hat drei davon gekriegt, 2 Apfelbonbon und 2 Mondbonbon. (3; 3.20)
Vier Apfelsinen nehmen wir (hat nur drei). (3;1.8)
Verteilt vier Gläser auf dem Tisch. Mutter. *Für wie viele Leute ist das?* (3;4) Philipp: *Für drei.* (3;3.11)
Die tu ich hier, die beiden (= 3 Zwiebeln; 3;0.15).
Hier liegen überall Kekse rum. Wo ist 'n mein Keks, der dritte Keks? (= zweite, 3;1.12)
Philipp: *Aber mit zwei Räder Karren, das gibt's nicht.* Mutter: *Doch, der Anhänger vom Traktor.* Philipp schaut prüfend und findet es nicht, 3;1.0

Das können Eltern selbst testen und den Lerneffekt bei häufigerem Gebrauch von *drei* überprüfen. Sobald Kinder die Bedeutung von *drei* gelernt haben, explodiert geradezu ihr Zahlenwissen. Bis vier Jahre haben Kinder die Regeln für Zahlwörter erworben: *dreißig/einunddreißig* wie *vierzig einundvierzig* etc. Die Bedeutung von *zweitausend-vierhundertfünfund-dreißig* (2435) wird nach bestimmten Regeln innerhalb des Zahlensystems und nach Wortbildungsregeln ermittelt und ist nicht ein Zeichen, das Objekten zugeordnet wird.

Woher wissen Kinder, dass das Zahlensystem unendlich ist? Sie erfahren, dass man immer weiterzählen kann, dass man immer noch Zahlen hinzufügen kann: *Trillion – trillionen Trillionen – trillionen trillionen Trillionen,* und können daraus die Unendlichkeit ableiten und auch auf anderes übertragen, beispielsweise Musikkompositionen und Schachzüge.

Der Erwerb der Zahlwörter im Überblick (nach Bloom 2000: 239):

vor 2 Jahre	Eine Fähigkeit, niedrige Zahlen (1, 2, 3) zu identifizieren und eine Beziehung zwischen diesen Zahlen zu erkennen (beispielsweise nimmt man ein Objekt weg, bleiben weniger);
bis zirka 2½ Jahre	Verstehen, dass die kleinen Zahlwörter sich auf Zahlen beziehen, ohne zu wissen, auf genau welche Menge, mit Ausnahme von *eins;* Fähigkeit zu zählen. Dann Erwerb der genauen Bedeutung von *zwei* und dann *drei;*
bis zirka 3½	Einsicht in die Tatsache, dass das Zählen die Anzahl bestimmt; Explosion im Verstehen der genauen Bedeutung von Zahlwörtern; später begreifen, dass es unendlich viele Zahlwörter gibt.

3.2 Bilder in der Kindersprache: Wie Kinder Metaphern verstehen und gebrauchen *(Erdbeeren tanzen ›auf der Torte‹)*

3.2.1 Was ist eine Metapher?

Kinder nehmen die Bilder ihrer Umwelt wahr und wenn sie ihr Interesse wecken, unterlegen sie ihnen Bedeutung. Darin sind sie höchst kreativ, wie in vielen Zusammenhängen zu beobachten ist, vor allem auch im Bereich der Metaphern, wie die folgenden Beispiele illustrieren:

- Ein Eindreivierteljähriger pickt Rosinen aus dem Rosinenbrötchen, isst einige, stopft die restlichen wieder rein und singt: »Schlaf, Kindchen, schlaf«. In der Fischstäbchenkruste, die von der Gabel herabhängt, sieht er einen »Regenwurm« und isst ihn! Ein gleichaltriger freut sich über den großen Zeh, der aus dem Loch in der Socke herausschaut, und sagt »Schildkröte« (*turtle*, Winner 1979: 35).
- Der Zweijährige staunt über die Art, wie die Großmutter den Apfel für ihn schält, nämlich spiralförmig, und sieht darin ein *Karussell;* ein anderer Zweijähriger ist fasziniert von dem *Karuell* (= Karussell) im Bilderbuch auf der Schwimmbadseite, wo sich die Kinder im Wasser an der Hand fassen und einen Kreis bilden.
- Ein Dreijähriger schaut zu, wie die Erdbeeren ringförmig auf den Tortenboden gelegt werden, und sieht sie *tanzen*. Er sieht sie belebt und in Bewegung. Ein solches Bild wäre dem Erwachsenen dabei nicht mehr eingefallen.
- *Gleich wird es vorhangdunkel* (3;0.14), beschreibt anschaulich mit einem neuen Wort, dass es Zeit wird, den Vorhang vorzuziehen.
- Die dreijährige Kita entdeckt die Kabel, die vom Fernseher herabhängen: *Das sind ja Straßenbahnschienen*!
- Die Toastscheibe kann zum Krokodil werden (Kress 1997: 87 ff.).

Unter Metaphern verstehen wir bildhafte Sprache. Bis zum Anfang der 1970er Jahre betrachtete man sie in der Tradition von Aristoteles als literarisches Ausdrucksmittel in Prosa, Drama und vor allem in der Dichtung. Es geht dabei um zwei Ausdrücke, »A« und »B«, aus verschiedenen Bereichen bzw. Domänen. In der Metapher A IST B werden Merkmale von dem Ausdruck B, der *Quell*domäne, auf den anderen Bereich A, die *Ziel*domäne, übertragen und dort hervorgehoben (engl. *source domain, vehicle → target domain*). Wenn Romeo von seiner Julia sagt, »Sie ist die Sonne«, sind es Merkmale wie ›Glanz‹, ›Wärme‹, ›Lebenskraft‹ oder was auch immer der einzelne Hörer oder Leser mit *Sonne* verbindet, die auf Julia übertragen werden und die hohe Wertschätzung gleich mit vermitteln. - Metaphern sind asymmetrisch: die beiden Teile, A und B, können nicht im selben Kontext vertauscht werden, ohne den Inhalt des Satzes zu verändern. Diese Eigenschaft haben auch Vergleiche in der Form A IST *WIE*

B, so dass beide Strukturen ohne Unterschied heute in der Sprachwissenschaft als Metaphern behandelt werden. In der Sprachentwicklungsforschung wurden sie schon früher unter »metaphorische Verwendungen« zusammengefasst. Man stellte fest, dass gerade Vergleichsstrukturen Kinder zum metaphorischen Denken anregen (Levorato & Cacciara 2002).

Nur am Rande sei noch auf eine Unterscheidung verwiesen, die hier weniger wichtig ist: Wenn die beiden Domänen inhaltlich eine innerer Beziehung zueinander haben wie bei HERZ für Liebesgefühle (sc. inneres Organ des Menschen → Gefühle des Menschen) spricht man von *Metonymie* (ausführlich: Barcelona 2000). Bei *Symbol* wird eine Metapher von der Gesellschaft auf eine eingeengte Funktion festgelegt. Beispielsweise ist der ADLER allgemein eine Metapher für ›Kraft‹, ›wilde und unberührte Natur‹ aber *Adler* benutzen auch Boy Scouts in den USA als ihr Symbol bzw. Emblem.

In den 1970er Jahren rückten Metaphern ins Blickfeld von Linguisten, Spracherwerbsforschern, kognitiven Psychologen und Pragmatikern. Man erkannte, dass Metaphern überall in der alltäglichen Sprache zu finden sind. Sie verändern und bereichern unsere Sprache. Metaphern entstehen aus Erfahrungswissen und haben mit persönlichen und kulturellen Erfahrungen zu tun. Sie sind dynamisch und interaktiv, weil es beim Verstehen auch um das Wissen des Zuhörers geht, der so mit einbezogen wird. Dazu ein Beispiel: »Heuschrecken« für Großkonzerne, die Firmen aufkaufen, ist ein Bild aus dem Bereich der Natur, übertragen auf die Wirtschaft, mit dem ein Politiker bestimmte Verhältnisse anprangerte und verstanden wurde. Auch derjenige, der nichts oder wenig über Wirtschaft weiß, aber etwas über Heuschrecken, versteht die Gefahr, die von Heuschrecken ausgeht, nämlich ›bedrohliche Zerstörung der Wirtschaftsgrundlagen‹.

Der Mensch erwirbt durch Metaphern Wissen, Erwachsene wie auch Kinder (Ortony 1993: 354f, Vosniadou 1987: 882). Man fand, dass der Mensch sich nicht nur im täglichen Leben sprachlich mit Metaphern ausdrückt, sondern auch so denkt, argumentiert und sich die Welt erklärt. Im Forschungsüberblick (Teil II, 3.2.6) wird dies ausführlicher dargestellt und auch auf Bilderbücher bezogen.

Man kann sich denken, dass es schwierig ist, Kinder auf metaphorische Kompetenz zu testen, erst recht Dreijährige und noch jüngere. Wenn diese Altersgruppe in Tests schlecht abschneidet, kommen jedes Mal Zweifel am experimentellen Design auf, und das zu Recht. Es gibt guten Grund anzunehmen, dass metaphorische Fähigkeiten ganz früh angelegt sind. Schon drei Wochen alte Säuglinge reagieren auf Kombinationen zwischen Licht- und Tonsignalen (Lewkowiecz & Turkewitz 1980). Wenn es um sprachliche Tests geht, werden die metaphorischen Fähigkeiten von Kindern eher unter- als überschätzt. Umso interessanter ist es, die bildliche Ausdrucksweise in ihrer spontanen Rede zu beobachten. Dazu muss noch eine Schwierigkeit genannt werden: Manchmal ist es nicht einfach, im frühen Spracherwerb Metapher von *Überdehnung* abzugrenzen, die zwischen 1;6 und 2;6 häufig vorkommt (vgl. Teil II, 2.3.1). Dabei überdehnt ein

Kind ein Wort wie *Ball*, indem es auch andere runde Objekte so benennt wie Türknopf, Lampen, Seifenstück, Äpfel und Orangen. Oft lässt es sich von Ähnlichkeit in der Form leiten, aber Überdehnungen können auch auf Ähnlichkeit in Bewegung, Laut, Geschmack, Größe und Material beruhen. Sie halten sich im Sprachschatz manchmal nur einen Tag, manchmal Wochen und Monate. Eve Clark gibt dafür zwei Gründe an, dass nämlich ein Kind auf diese Weise eine Lexikonlücke füllt oder zum Gelingen der Kommunikation auf ein wenigstens einigermassen passendes Wort zurückgreift (2003: 88). Im Gegensatz dazu kann man aber auch der Auffassung sein, wenn ein Kind beim Bergaufgehen sagt, dass der Berg »schwer« ist, dass es genau die Last ausdrücken will, die es dabei empfindet und der Gebrauch von »schwer« statt »steil« nicht eine Frage des verfügbaren Wortschatzes, sondern vielmehr eine anschauliche Metapher ist (Kress 1997: 941f).

Dazu drei Beispiele zum Vergleich, die unterschiedlich zu bewerten sind;

Philipp legt das Buch auf einen kleinen Tisch und lässt es ***schlafen.*** Er personifiziert das Buch und drückt so sein liebevolles Verhältnis zum Lesestoff aus. *Ich hab's besser hier hingelegt, sein Schlafbett.* (3;0.12)
Er ruft die Mutter, um ihr den Nebel zu zeigen, und nennt ihn *Herbst: Mama, guck mal, hier ist wieder der Herbst!* (3;1;23); sobald er das Wort für die Jahreszeit lernt, wird er die Metapher (eigentlich Metonymie) ersetzen;
(Reparaturarbeiten am Teich im Park) *Das Wasser ist kaputt.* (Nils 2;3)

In den folgenden Abschnitten werden verschiedene bildliche Ausdrucksweisen in der Kindersprache betrachtet.

3.2.2 Wörtliche vs. übertragene Bedeutung: *Das ist Pech.* = ›Es klebt fest‹ , *Weihnüsse* = ›Walnüsse‹

Man kann es sich fast denken: Bei der übertragenen Bedeutung eines bildhaften Wortes oder Ausdrucks gehen kleine Kinder erst einmal von der ganz konkreten Bedeutung aus, das heißt, wenn Philipp am Esstisch beteuert: *Aber es geht doch um die Wurscht!* (3;1.4), dann geht es tatsächlich um Wurst, die ihm einer streitig macht. Als die Mutter nur mit Mühe ein Plastiktöpfchen aus der Umhüllung lösen kann, kommentiert der Dreijährige: *Das ist Pech.* Die Mutter erhält auf ihre Rückfrage die Antwort: *Es klebt.* Er assoziiert *Pech* mit Kleben, wie das Pech an der Pechmarie in Grimms Märchen »Frau Holle«. Man kann sich ausmalen, welche konkreten Assoziationen die Kleinen bei den folgenden Ausdrücken aus der Alltagssprache haben:

- *unter den Teppich kehren, sich aus dem Staub machen, jemandem den Kopf abreißen;*
- *sich auf den Kopf stellen, es ist alles im Eimer, da ist was los, das hast du davon;*
- *sich auf die Socken machen* (eigentlich Metonymie), *es gibt ein Donnerwetter, auf etwas/jemanden wild sein.*

Wir hatten gesehen: Bei einer Metapher geht es um zwei Domänen, A und B. Von B werden Merkmale übertragen und so in A verstärkt. Beispielsweise mit der Redewendung *seinen Senf dazugeben* erscheint ein Kommentar auch noch überflüssig oder lästig. Man kann von Folgendem ausgehen: Je weniger komplex der Bildvergleich ist, je plausibler der Zusammenhang, je näher er am Erfahrungsbereich des Kindes ist, desto transparenter ist die Übertragung und desto eher verstehen Kinder, was gemeint ist. Für die letzten drei der oben genannten metaphorischen Ausdrücke entwickelt Philipp (3) eine Vorliebe und macht sie zu Lieblingsausdrücken. *Jetzt auf die Socken gehen!* benutzt er, wenn er zum Spaziergang aufbrechen will. *Donnerwetter* hat die Tücke, dass das Wort ›Staunen‹ ausdrückt, aber in der Wendung *Es gibt ein Donnerwetter* ›heftige Schelte‹ bedeutet. Er wickelt ein Weihnachtsgeschenk für das jüngere Nachbarkind ein und kündigt an: *Morgen kriegt das Sabinchen ein Donnerwetter, wenn es das Geschenk aufmacht. Wild auf etwas/jemanden sein* = ›erpicht auf etwas sein‹, versteht er als ›wütend‹ und sagt zu seinem Bruder mit dem freundlichsten Gesicht: *Ich bin nicht auf dir wild.* (3;1.14)

Ausdrückliche Vergleiche mit den Signalen *wie, als ob* und andere verstehen Kinder leichter. Die Bemerkung des Vaters, dass das Zimmer so aufgeräumt sei »wie abgeleckt«, weist der Dreijährige zurück: *Das Zimmer kann man doch nicht aufgeleckt. Der ist doch so groß und man ihn nicht ablecken.* (3;4.2)

Alles wird irgendwie in die eigenen Vorstellungen eingepasst und nur nachgefragt oder kommentiert, wenn das Kind einerseits sehr interessiert ist und ihm andererseits etwas allzu merkwürdig erscheint. Das Kind erschließt sich erst ganz allmählich die übertragene Bedeutung, die für die Kommunikation so wichtig ist.

Das geht nicht so weiter heißt ›die Packung lässt sich nicht weiter öffnen‹. (3;0.3)
Das hast du davon heißt ›du hast davon welche‹ *sc.* Lappen (3;2.27)
Was da drin los ist heißt ›was im Türschloss rappelt‹, muss repariert werden. (3;3.11)

In dem Bestreben, Wörtern einen Sinn zu geben, passen sie unbekannte Wörter ihren eigenen Wörtern an, beispielsweise bei den Weihnachtsliedtexten mit ihrem ausgefallenen Vokabular. Für den Jungen mit Namen *Holger* ist es ein *Holger Knabe im lockigen Haar* (= *holder Knabe*). Jeder erinnert sich an Beispiele wie die folgenden (zwischen 3 und 3¼ Jahren):

Morgen kommt der Nikolaus, kommt mit seinen Gabeln; wollen wir das mal spielen? (3;2.0)		
Futtermilch	=	Buttermilch (2;11.29)
Nachtgalgen	=	Nachtigallen (3;3.9)
Groß!	=	Prost! (3;0.14)
Bruderzucker	=	Puderzucker
Äppelteig	=	apple pie (2;11.3)

Der Erwachsene sieht nicht nur Neues mit den Augen des Kindes, sondern er lernt auch einiges über die Sprache, wenn er genau hinhört. Bei zusammengesetzten Verben denken wir nicht mehr an die konkrete Bedeutung von *ein-* in *einkaufen* oder *einladen*, aber man kann an den folgenden Äußerungen ablesen, wie ein Kind *ein-* = ›rein-‹ unter Umständen noch lokal versteht. Der dreijährige Philipp gebraucht *einkaufen* zunächst nur zusammen mit Korb oder Tasche, wie in folgenden Beispielen:

Er setzt sich in den Einkaufskorb: *Kaufst mich ja ein, Mama!* (3;2.28) *Jetzt kauf ich mit den Korb ein.* (3;1.2)

Dieselbe örtliche Bedeutung hat offenbar zunächst auch *einladen*. Kinder kennen das Verb *einladen*, wenn sie beispielsweise mit Lastwagen spielen. Philipp S. hat noch mit fünf Jahren das Wort mit seiner ursprünglichen lokalen Bedeutung gespeichert. Er erzählt seiner Großmutter am Telefon, wen er zu seinem fünften Geburtstag einladen will.

Nur den Jonas (sc. seinen Bruder) *kann ich nicht einladen. Der wohnt ja hier.*

Bisher war vom Verstehen die Rede. Noch interessanter ist die Kehrseite: Wo Weltwissen noch wenig Grenzen gesetzt hat, wo der zweite Teil der Goethe-Einsicht noch nicht gilt: »Frei ist alle Fantasie, doch hart im Raume stoßen sich die Sachen«, da ist ein weites Feld für Assoziationen und Bilder. Wer aufmerksam mithört, gewinnt neue Sichtweisen. Alltagsdinge erscheinen neu und schöner, wenn wir sie durch die Augen der Kinder sehen, so wie die einfallende Dämmerung den Dreijährigen das Wort *vorhangdunkel* schöpfen lässt. Oft sind die Neubildungen einfach nur treffend und kurz.

Beispiele (zwischen 3;2 und 3;8):

Zweilöffel	=	Messlöffel, beidseitig;
kleinlutschen	=	vom Pullmoll (3;3.25);
runternähen	=	verlängern (3;3.11);
Nachtuhr	=	Wecker (3:3.2);
Knackbrötchen	=	normaler Spitzweck (im Gegensatz zu weichem Rosinenbrötchen);
Kofferfutter	=	Süßes als Futter für das Hundchen aus dem Wunderköfferchen;
die Tippchen	=	Taschenrechner (3;3.24);
Skelettschuhe	=	abgetragene Tennisschuhe (3;2.22)
Laufkatze	=	Mutter: *Eine tote Katze?* Philipp: *Nein, eine Laufkatze.* (3;2.8);
rosenfrisch	=	(riecht am Rotwein) *Das riecht noch nicht rosenfrisch.*

3.2.3 Ungewöhnliche Kollokationen: *Ich hab so schlechten Hunger*

In der Standardsprache haben sich bestimmte charakteristische Wortverbindungen herausgebildet, die man *Kollokationen* nennt. Nur wer diese idiomatischen Verbindungen beherrscht, spricht eine Fremdsprache gut. Andererseits kann der Dichter diese gewohnten Wortverbindungen durchbrechen und so Wörtern durch ungewohnte Kollokationen neuen Sinn geben. Wenn Kinder ihre Muttersprache lernen, gehen sie kreativ und innovativ mit ihren Sprachmitteln um, weil sie sich noch nicht an Kollokationsregeln gebunden fühlen.

Einleitend war der Test erwähnt, bei dem Säuglinge auf Abfolgen von Licht- und Tonsignalen reagieren, ablesbar an ihrem Herzschlag. Einjährige kombinieren bestimmte Linien und Töne (Lewkowiecz & Turkewitz 1980 resp. Wagner et al. 1981). Es geht um die Übertragung zwischen verschiedenen sinnlichen Wahrnehmungen, hier zwischen Hören und Sehen. Indem Grenzen zwischen den Wahrnehmungsbereichen überschritten werden, entstehen Metaphern. Man spricht von *Synästhesie* (zur Forschung über Zusammenhänge und Verarbeitung im Gehirn vgl. Cacciari 2008). In der Alltagssprache gibt es viele Metaphern, bei denen zwei Sinnesbereiche beteiligt sind, z.B. *erdiger Geschmack*, *schreiende Farben.* So drückt sich auch der zweijährige Sebastian aus: die Mutter zieht den Vorhang etwas zurück und lässt ihn in den dunklen Garten schauen. Nach 10 Minuten bittet er: »Noch mal das Kalte sehn« (2;3.3). Ganz früh sind solche *multimedialen* (oder multimodalen) Fähigkeiten zu erkennen (vgl. Teil I, 3.3: multimediale Kompetenz). Dazu weitere Beispiele:

Julia zum Thema »Rotkraut«: *Was dir schmeckt, schmeckt meistens auch mir.*
Philipp: *Und was mir schmeckt, das schmeckt auch mein Augen.* (3;2.15).
Der Pullover schmeckt nicht gut. (3;3.11)

Für die Verbindung von Klang und Bewegung findet er das Verb *sausen*: einen zusammengefalteten Transparentpapierstreifen lässt er *sausen* (3;2.11), das Aufmachen des Bonbonpäckchens nennt er *aufknacken* (3;1.23).

Die Übertragung von *hart* und *weich* auf das Wesen eines Menschen setzt psychologisches Wissen voraus: Kinder müssen nicht nur Oberflächenstrukturen unterscheiden können, sondern auch Einsicht in unterschiedliche Charaktere haben, das heißt vom Domänenwissen hängt es ab, ob Kinder die Metapher verstehen beziehungsweise gebrauchen. Weniger kompliziert, aber doch auch bildlich zu nennen ist schon Philipps Gebrauch von *kuschelich* anstelle von *weich* für seinen Bauch (3;1.9) und *schlapp* anstelle von *matschig* für die Stachelbeertorte (3;2.7).

In den Ausdrücken *Es regnet langsam* und *Es regnet schneller* (3;2.5) setzt er die Geschwindigkeit mit der Menge gleich: *langsam regnen* = ›wenig Regen(tropfen)‹, *schneller regnen* = ›mehr Regen(tropfen)‹.

In Ausdrücken wie Ich *hab so ne schlechte Beule / so schlechten Hunger* flicht der Dreijährige die eigene Beurteilung oder sein Leiden mit ein, so wie der englische Junge, der einen Berg *heavy* = ›schwer an Gewicht‹ nennt (Kress 1997). Es folgen noch einige Beispiele, die den kreativen Umgang mit der Sprache und die daraus entstehenden ansprechenden Bilder illustrieren:

Die Mutter reiht sich mit ihrem Auto in eine Schlange ein: *Wir legen uns hier in die Schlange.* (3;2.11)

Die Schlange an der Ampel: *Oh, ist das ne lange Schnur!* (3;0.20)

Einer fährt aus der Parklücke heraus: *Der hat uns aufgemacht.*

Er will keinen Regenwurm mit Sand: *nicht einen gezuckerigen.* (2;11.8)

3.2.4 Metaphern im So-tun-als-ob-Spiel: *Ich rasiere* mit Abreißzähnen des Tesarollers

Eine Woche vorher *rasierte* sich Philipp mit der Unterseite eines Sportautos mit sehr genauen Bewegungen im Gesicht, dann rasiert er die Stuhllehne (3;0.22); kurz darauf ist der Tesaroller mit den Abreißzähnen sein Rasierapparat. Das Bänkchen, das Philipp als Stufe zur Toilette dient, wird umgedreht zum Schiff:

Entschuldige, das war doch meine Boot, da will ich hinfahren, nach Afrika.
Schwester legt Sachen darin ab: *Ist das mein Packer?* (3;4.3)

Metaphern entstehen in großer Zahl beim *So-tun-als-ob*-Spiel, auch symbolisches Spiel oder Rollenspiel genannt. Die Kinderstühlchen in einer Reihe sind die Eisenbahn, der Waschkorb wird zum *Setz* im Kaufladen, dessen Theke aus zusammengestellten Stühlen besteht. Philipp zieht die Schürze hinter sich her und sagt *Ich bin die Waschmaschine.* Die Schwester, die auf allen Vieren geht, ist das Hundchen und wird an die Leine genommen und gefüttert. Äußere, also wahrnehmbare Ähnlichkeiten liegen zugrunde und lassen die Gegenstände oder Menschen in der Fantasie des Kindes zu etwas anderem werden.

Als der Dreijährige sich endlich traut, alleine die Rutsche runterzurutschen, sieht er den Drachen im Bilderbuch vor sich: *Jetzt komm ich mit gewaltigem Schweif* (3;0.22). Weitere Beispiele:

In den Scheinwerfern des Autos sieht er Augen: *Die Augen glänzen; kann ein Auto auch was sagen?* (3;0.8)

Er bedauert die Zwiebel, die ihm runtergefallen ist: *Arme Zwiebel!* (3;2.17)

Er cremt sich ein und stellt sich vor, er wird dadurch Indianer.

Wenn er sich im Schwimmbad unter Wasser dreht, vergleicht er sich mit einem Fisch aus seinem Aquarium:
Ich mach den rückenschwimmenden Kongowels.

Auf der Stufe des Schwimmbadbeckens entdeckt er Gefährliches: *Ein Hai schwimmt vor mir vorbei.* (3;0.8)

3.2.5 Bewegungsmetaphern; ›belebt‹ vs. ›unbelebt‹: *Das Buch ist weggeflogen*

Kinder lernen früh, nämlich zwischen dem ersten und zweiten Lebensjahr, ›belebt‹ und ›unbelebt‹ zu unterscheiden. Selbst wenn sie gegen Ende des zweiten Jahres schon eine ungefähre Vorstellung haben (Rakison and Poulin-Dubois 2001), zeigen Äußerungen aus der spontanen Rede, wie der Klärungsprozess noch anhält. Zuerst gehören Augen dazu, um lebendig zu sein, dann geht es um die damit verbundene Fähigkeit zu sprechen.

Der Schneemann soll Augen bekommen: *Mach's doch mal dran, das dritte Auge; jetzt kann's was sagen.* (3;2.28)

Mit Anfang drei benutzt Philipp solche Bewegungsmetaphern schon absichtlich, was an seinem ›wissenden Lächeln‹ abzulesen ist:

Vom vermissten Schmusetuch sagt er, es sei *fortgerannt,* die fehlenden Schuhe der Mutter sind *weggeschlüfen,* das gesuchte Buch ist *weggeflogen.* Mutter: *Wenn ich nur wüsste, wo das Buch ist.* Philipp: *Ist weggeflogen.* (3;0.13)
Nach der Melodie ›Kommt eine Vogel geflogen‹ ... singt er: *Kommt ein Fuß an Papa* und bewegt seinen Fuß zu dem des Vaters, der neben ihm sitzt. (2;11.28)
Er erinnert sich beim Anblick der Unterhose, wie der Wind sie an der Nordsee aufblähte, und schöpft ein neues Wort dafür: windeln: *Und da kam der Wind und hat sie* (Pause) *gewindelt.* (3;01.1)
Schüttelt Tuch aus: *Ich flattere mal.* (3;1.20)

Manchmal ist es auch allein die andere Perspektive, die eine Metapher entstehen lässt:

Früher mal hat's zu uns geschneit. (2;10.7)

Bilderbuch betrachten und Geschichten erzählen regen die Fantasie und den bildhaften Sprachgebrauch an:

Mutter liest vor: *Die Mäuschen sitzen am Strand.* Philipp: *Und sehen, wie das Meer wegschwimmt.* (3;4.7)
Philipp erzählt eine Geschichte: *Es war einmal ein Apfel, der lebte auf einem Apfelbaum.* (3;2.20)
... und auf einmal hörte der Regen auf, und da freuten sich alle, dass der Regen zu der Mauer regnete. (3;3.23)

Im Hinblick auf die frühe Unterscheidung zwischen ›belebt‹/›unbelebt‹ werden im Bilderbuch Charaktere wie *das Kleine* und *Große Struppige, Getüpfelte* und *Viereckige* auch von ganz kleinen Lesern gut verstanden (in: *Was ist das?* für blinde und sehende Kinder von V. A. Jensen und D. W. Haller). Schwieriger wird es bei der Vermenschlichung von Tieren, bei den vielen Mäusen, Kaninchen, Bären und Tigern, die wie Menschen angezogen sind, sprechen können und Eigenschaften von Menschen haben. Virginia Lowe beobachtet bei ihren Kindern, dass gerade diese anthropomorphen Tiere in Bilderbüchern der Anlass sind, über die Unterscheidung Tier/Mensch nachzudenken, ablesbar an einem Einwand wie »Tiere können nicht tanzen« (3;1) beim Lesen von *Barbapapa's Ark* von Talus Taylor (Lowe 2007: 63, 161). Oder das Kind fragt: »Kann ein Bär sprechen?« Wahrscheinlich verwirren Bilderbücher in diesem Alter sogar, denn so konsequent wird bei der *Personifikation* nicht unterschieden. Man vergleiche dazu zwei Beispiele aus Büchern von Maurice Sendak: in *Wo die wilden Kerle wohnen* zieht Max ein Tierkostüm an und in *Der kleine Bär* trägt der kleine Bär im Gegensatz zu seiner Mutter keine Kleidung, weil er merkt, dass es ihm nur im Pelz richtig warm ist (vgl. Nodelman 1988:113–117).

3.2.6 Forschungsergebnisse im Überblick

Über vier Jahrzehnte, bis Anfang der 1970er Jahre, folgte man Piagets Auffassung, dass Kinder frühestens ab 9 Jahren Metaphern verstehen. Dazu ließ Piaget Kinder Sprichwörter erklären. Nachdem Metaphern als Phänomen der Alltagssprache ab den 1970er Jahren auch im Spracherwerb erforscht wurden, vereinfachte man die Experimente und stellte Metaphernkompetenz in immer jüngerem Alter fest. Neben anderen leisteten vor allem Ellen Winner und Howard Gardner Pionierarbeit. Ellen Winner wertete eine Langzeitstudie des Kindes Adam aus und fand schon im Alter von zwei und drei Jahren viele Metaphern, revidierte dann aber ihr Urteil 10 Jahre später (1988) und machte den Gebrauch von Metaphern davon abhängig, dass Kinder bewusst und absichtlich von der wörtlichen Bedeutung abwichen und ließ die meisten Ausdrücke nur noch gelten als Beispiele, in denen Kinder auf Ähnlichkeiten aufmerksam machen.

Wenn man Kinder Metaphern umschreiben lässt, ist das die schwierigste Aufgabe. Leichter ist z.B. die Zuordnung von Bildkarten. 3-, 4-, 5jährige neben 8- und 10jährigen und Erwachsenen sollten Objekten wie Bausteinen und Küchengeräten konkrete bildhafte Bezeichnungen zuweisen. Sie sollten beurteilen, welches die bessere Bezeichnung sei, wenn eine Marionette zwei Bezeichnungen vorschlug, eine metaphorische und eine abwegige, d.h. wenn die Marionette sie fragte, welche Bezeichnung *gut* bzw. *dumm* sei. Z.B. wurden für einen umgedrehten Mopp die Bezeichnungen *Toaster* (abwegig) und *Blume* (metaphorisch) angeboten. Von den Dreijährigen wählten schon 15% die metaphorische Bedeutung und 24%, wenn die Marionette noch einmal nachfragte (Winner et al. 1980). Dieses Experiment zeigt wie auch andere, dass Kinder schon früh Metaphern von abwegigen Benennungen unterscheiden können. In einem *act-out* Experiment ließ man Kinder z.B. das Ende einer Geschichte nachspielen: Billy stibitzte Plätzchen, und ehe es die Mutter entdeckte, hieß es: *Billy war ein Eichhörnchen, das seine Nüsse versteckte.* Dieses Ende verstanden die Vorschulkinder und spielten es nach. Anders war das Ergebnis in der Version, in der es in metaphorischer Sprache hieß: *Billy war ein Eichhörnchen, das zu seinem Baum lief* (sc. in sein Zimmer). Statt 85% waren es jetzt nur noch 23%, die den Schluss richtig verstanden (Vosniadou et al. 1984). Verstehen der Metapher hängt also auch von Wissen und Vertrautheit mit dem Bild ab. Auch der Kontext gibt Hinweise zum Verstehen. Man sieht, wie hilfreich hier Bilderbuchgeschichten durch die zusätzlichen Bilder sein können.

Weltwissen brauchen Kinder auch in folgendem Experiment, in dem Einzelsätze getestet werden. Z.B. heißt es von einem Gefängniswärter, dass er nach vielen Jahren zum *harten* Klotz (engl. *hard rock*) geworden ist. Hier stellten Ellen Winner und Kollegen fest, dass erst mit zehn Jahren (die ersten mit acht Jahren) die Metapher verstanden wird, aber Kinder erst noch später die doppelte Bedeutung von *hart*, die Übertragung vom physischen auf den psychologischen Bereich, herleiten können (1976: 295). Bilderbücher schaffen solche Übertragungen viel früher, wie *Stimmen im Park* und *Zoo* von

Anthony Browne oder *Frederick* von Leo Lionni, wo die Mäuse allein durch Fredericks Worte Hunger und Kälte vergessen und in der Abbildung die wohlige Sonnenwärme durch das diffuse gelbe Licht anschaulich gemacht wird. In *Cold Paws, Warm Heart* von Madeleine Floyd wird es dem einsamen frierenden Eisbär allmählich innerlich ganz warm, als Hannah ihm erst ihren Schal, dann heiße Schokolade bringt und zum Schluss ihn umarmt und sie sich als Freunde fühlen. Um die Begriffe Diskriminierung und Toleranz geht es in der ganz einfachen Geschichte *Ei, Ei, Ei!* von Eric Battut, wo ein schwarzes und ein weißes Vogelküken, gerade geschlüpft, das gesprenkelte einfach aus dem Nest werfen. Sie fallen mit heraus, werden von dem gesprenkelten Ei gerettet und sitzen dann schließlich zusammen im Nest. In diesen Bilderbüchern vermitteln Metaphern Wissen über schwierige abstrakte Begriffe. Stella Vosniadou hob schon 1987 die Wichtigkeit von Metaphern im kindlichen Wissenserwerb hervor (1987: 882; generell: Ortony 1993: 354f).

Gottfried (1997) testete Metaphernverstehen in zusammengesetzten Wörtern. Er legte Drei- bis Fünfjährigen und Erwachsenen Bildkärtchen vor, bei denen es um Zusammensetzungen ging, deren erster Teil die Metapher enthielt; alle beruhen auf sinnlicher Wahrnehmung, z.B.

Typ 1: *stick bug* (Stöckchenkäfer);	Metapher betrifft die Form
Typ 2: *zebra shell* (schwarz-weißgestreifte Muschel);	Metapher betrifft die Farbe
Typ 3: *fish cup* (Becher in Fischform);	Objektbezug, Fisch als Becher

Zusammensetzungen wie *Fischbecher* (Typ 3) sind schon Dreijährigen am einfachsten zu entlocken und nicht als Metaphern zu betrachten. Hier werden zwei Objekte gleichgesetzt und ihre Ähnlichkeit betont. Mit Farben, wie *schwarz-weißgestreifte* bei *Zebramuschel* in Typ 2 haben Kinder in diesem Alter eher Schwierigkeiten. Die Studie bringt noch ein anderes Problem ans Licht, das die jüngsten Kinder haben. Bei einer Metapher geht es darum, welches der Kernbegriff (Zieldomäne) ist und welches das Mittel ist (Quelle), mit dem der Kernbegriff illustriert werden soll. Im Deutschen spricht man vom *Kopf* eines zusammengesetzten Wortes. Ist bei *stick bug* der Käfer (*bug*) der Kopf oder das Stöckchen (*stick*)? Im Deutschen steht der Kopf (Kernbegriff) immer rechts, die Nominalkomposition ist also *rechtskopfig*. Die jüngsten Kinder schwanken in der Interpretation. Dies lässt sich mit Beispielen aus der spontanen Rede gut belegen. Gar nicht selten drehen Zwei- und Dreijährige die Reihenfolge der Elemente um (*Metathese*) und bilden Wörter wie die folgenden:

Zwiebelblumen	=	Blumenzwiebeln,
Honigbiene	=	Bienenhonig;
Trunkmilch	=	Milchtrunk (3;0.20)
Salatnüßchen	=	Nüßchensalat (3;4.4)
Bockstein	=	Steinbock, Quartettkarte: Ein wilder Bockstein! (3;3.25)
Papierklo	=	Klopapier, sc. Serviette: (Kreppel:) Aber mit Papierklo, damit die Hände nicht so zuckerig sind (3;2;27)
Cremeschuh	=	Schuhcreme (3;3.9)

Mutter: *Willst du Pizzabäcker werden?* Ph: *Ich will lieber ein Verkäuferpizza.* (3;3.9)

Insgesamt gesehen zeigen die Testresultate, dass Kinder schon mit 3 Jahren dazu neigen, Zusammensetzungen metaphorisch statt wörtlich zu verstehen. Dreijährige verstehen zwar schon auf sinnlicher Wahrnehmung basierende metaphorische Sprache, aber mit wachsendem Alter verstehen sie Metaphern immer besser. Dass Zusammensetzungen für ein Kind durchaus schwierig sein können, zeigt das folgende Beispiel von den *bonbonbunten Felsen* in der Lektüre von *Swimmy* von Leo Lionni. Dort heißt es: »Meeresalgen, die auf *bonbonbunten* Felsen wuchsen.« Die Metapher beschäftigt den dreijährigen Leser wochenlang. Seine Fragen spiegeln wider, dass er nicht weiß: Sind die Felsen Bonbons, die bunt sind, oder sind die Felsen bunt *wie* Bonbons?

Mutter: *Jetzt gibt es DeBaukelaerkeks.* Philipp: Ist das *bonbonbunt?* (3;3.2)
Lesen: **Meeresalgen, die auf bonbonbunten Felsen wuchsen.** *Mama, sind das die Bonbon?* (3;3.23)
Lesen derselben Stelle. *Kann man die essen? Können Fische die essen?* (3:3.29)

Hier fehlt der klare Vergleich, der den Tests von Gottfried zugrunde liegt und die vielleicht deswegen so gut ausfielen, weil sich beim Testen ein Lerneffekt einstellte. Vielleicht zeigen sich die Schwierigkeiten der Dreijährigen auch darin, dass sie gerade erst Vergleichssätze erwerben. Farbbezeichnungen machen allen Kindern besondere Schwierigkeiten. Kinder gehen mit Vergleichen auf Nummer sicher. Die Mutter übt Farben mit Kai (3;0), wie vom Kindergarten erwartet: »Welche Farbe hat das?« Kai: *Wie der Himmel.* Ebenso verhält sich Philipp: *grün wie das Gras, rot wie die Sonne.* Auf die Frage, ob das Gras grün oder rot sei, antwortet er mit einem Vergleich: *Das Gras ist doch wie die Tanne* (3;3.20).

Zukünftig wird sicherlich die konzeptuelle Metapherntheorie auch in der Spracherwerbsforschung eine Rolle spielen. Die Grundlage legten George Lakoff und Mark Johnson 1980 mit ihrem Buch *Metaphors We Live By* (ungefähr übersetzt: »Metaphern, mit denen wir leben«). Metaphern haben nicht nur mit Sprache zu tun, sondern manifestieren sich auch in Bildern, Klang und Gesten, sind also multimodal (vgl. Gibbs 2008). Es sind im Gehirn gespeicherte Bilder, visuell *und* motorisch, also bildliche Vorstellungen verbunden mit körperlichen Aktivitäten bzw. räumlicher Orientierung (Lakoff & Johnson 1980, Gibbs 2002). Sie resultieren aus persönlichen und kulturellen Erfahrungen, die ein Mensch von Anfang an sammelt. Solche Konzepte liegen Ausdrücken der Alltagssprache zugrunde. Nehmen wir als Beispiel: GLÜCKLICH IST RAUF/OBEN und TRAURIG IST RUNTER/UNTEN. Diesen konzeptuellen Metaphern entspricht es, dass man bei Freude (und *Hoch*stimmung) die Arme hochwirft, *unter die Decke springt* und wenn man *tief*gestimmt ist, sich *nieder*geschlagen fühlt, gebückt oder mit gesenktem Kopf geht. Solche körperlichen Grunderfahrungen verstehen schon kleine Kinder, auch die Korrespondenz von diesen Stimmungen mit Farben, z.B. gelb/orange mit fröhlich bzw. braun/schwarz mit traurig. Für einen Begriff kann es mehr als eine Metapher geben; beispielsweise für GLÜCK gibt es außer der räumlichen Metapher noch andere Konzepte, z.B. LICHT, was sich widerspiegelt in *Lichtblick*, wenn man sich auf der *Sonnenseite* des Lebens befindet und *die Augen strahlen.* Bilderbücher können hier früh anknüpfen und die Konzeptentwicklung fördern. Bei den Frühe-Konzept-Büchern ging es um die ersten Pappbändchen, mit denen die Kleinsten lernen, Wort und Bild miteinander zu verbinden (vgl. Teil I, 1.2.1). Auf dieser nächsten Stufe geht es darum, die Bedeutung von abstrakten Begriffen zu erwerben. In Bilderbüchern erleben wir, wie FANTASIE/DENKEN schon für die ganz kleinen Leser sichtbar gemacht wird, z.B. in *Was ist das?* von Antje Damm, wo aus dem Gartenschlauch eine Schlange wird. Kein Wunder dass es das Lieblingsbuch genau in dem Alter ist, wo wir die ersten Metaphern in der Sprache entdecken, wenn eine Fischstäbchenkruste zum »Regenwurm« und eine Toastscheibe zum Krokodil werden können (vgl. Einleitungsbeispiele zu Metaphern). In *Frederick* und *Fisch ist Fisch* von Leo Lionni erlebt das Kind mit, wie Worte Bilder im Kopf entstehen lassen, die in Denkblasen abgebildet sind. Text und Bilder wirken zusammen, »sein Kopf war voll von Lichtern, Farben und aufregenden Bildern«, »er blieb zurück mit seinen Träumen von ...«, und als Frederick die Sonnenstrahlen schickt, fragt er »Fühlt ihr schon, wie warm sie sind?« Diese Zusammenhänge werden erst seit jüngster Zeit erforscht und konzentrieren sich auf Reklame, Film und Comics (Forceville 2005; 2008; Kövecses 2000). Bilderbücher wurden bisher weder beachtet noch erwähnt, obwohl sich hier ein interessantes Feld öffnet.

3.3 Worauf es ankommt

📖 Mit drei Jahren können Kinder Zahlen von Buchstaben unterscheiden. Dann können viele auch schon tadellos bis zehn zählen, wenn es ihnen Großeltern oder Eltern beibrachten. Aber Abzählen und Mengenerfassen kommen später. Im Laufe des dritten Lebensjahres lernt ein Kind erst, die Mengen von zwei und drei zu unterscheiden. Mit Anfang drei kann man noch reimen: *Auf der Wippe wippen drei, Jen und Kai* (3;3.22). Dabei besitzen Kinder schon lange vorher, nämlich als Babys, ein Konzept von *eins, zwei* und *drei.* Vielleicht kommt die Unterscheidung zwischen *zwei* und *drei* im Input zu wenig oft vor und braucht deswegen so lange im Erwerb. Man könnte also versuchen, dem Kind mehr

Übung zu geben. Sobald ein Kind erkennt, dass das Zählen die Anzahl bestimmt, explodiert das Verstehen der genauen Bedeutung von Zahlwörtern. Man kann sich auf Interesse und Eigeninitiative der Kinder für Zahlen und zählen erst mal verlassen. Da schon Babys ein (ganz begrenztes) Zahlenverständnis haben, kann man davon ausgehen, dass Kinder sich schon früh mit den drei Zeichensystemen: Malen/Zeichnen, Schreiben, Zahlzeichen auseinandersetzen und früher unterscheiden können, als sie es sprachlich auszudrücken vermögen, mit vier oder fünf.

📖 Metaphern drücken in dichterischer Sprache eine fantasievolle und pointierte Sicht der Dinge aus. Seit den 1970er Jahren untersuchen Sprach-, Kognitions- und Kommunikationswissenschaftler ihre bedeutende Rolle in der Alltagssprache, wie sie unser Denken und Reden bestimmen und wie sie im Gespräch vom Hörer/Leser verarbeitet werden, wie persönliches und kulturelles Erfahrungswissen dabei einfließen und wie kreativ der Sprecher dabei ist. Diese metaphorischen Fähigkeiten finden wir schon, wenn die Sprachentwicklung richtig in Gang kommt, ungefähr gegen Ende des zweiten Lebensjahres (ab 1;9). Neuschöpfungen, unkonventionelle Kollokationen, Umformungen von Wörtern und Ausdrücken aus dem Input lassen die Bezugspersonen die fantasievolle kindliche Sichtweise miterleben. Es lohnt sich, mehr darüber zu wissen, um Metaphern in der kindlichen Sprache zu entdecken und auf diese Weise interessante Einblicke in das kindliche Denken zu gewinnen. Eine Deutschlehrerin im Gymnasium meinte, dass ihre dreijährige Tochter keine Metaphern verwenden würde, entdeckte aber nach dem Gespräch sofort ein besonders schönes Beispiel für kindliche Fantasie, von dem sie tags darauf erzählte: Ihrer Tochter waren die herunterhängenden Kabel des Fernsehers aufgefallen, *Das sind ja Straßenbahnschienen!* Die große Strauchrose wird zum *Dorner*, Spinnweben zu *Schwimmweben*, *vorhangdunkel* heißt ›Zeit, den Vorhang vorzuziehen‹.
Man muss damit rechnen, dass kleine Kinder metaphorische Wendungen wie *den Kopf abreißen* zuerst wörtlich verstehen. Leichter ist das Übertragen von Merkmalen, wenn die beiden Domänen eine inhaltliche Beziehung haben, wie bei *auf die Socken machen* oder dem *Herz* als Metapher für Liebe, also bei Metonymie. Außer Sprache kann man Metaphern auch in Bildern, Klang und Gesten ausdrücken. Die Zusammenhänge – man spricht von multimodalen Metaphern – sind noch wenig erforscht. Es steht also jedem offen, beim Bilderbuchbetrachten mit dem oben entwickelten Hintergrundwissen eigene Beobachtungen zu machen.

Metaphern spiegeln Denkstrukturen wider und helfen, Wissen zu erwerben. Man kann sich also fragen, was ein Bilderbuch dem ganz kleinen Leser bietet: Etwas über abstrakte Begriffe wie Liebe, Freundschaft, Toleranz oder Angst zu lernen, oder über den Unterschied zwischen realer und nicht-realer Welt, zwischen Wissen einerseits und Denken, Träumen, Wünschen andererseits (wofür ein Kind sich schon etwa ab dem zweiten Geburtstag interessiert)? Wie werden solche abstrakten Begriffe in Geschichten eingebettet und in Text und Bild nahe gebracht? Was lernt das Kind in Bilderbüchern dazu? Gemäß der konzeptuellen Metapherntheorie haben wir solche Begriffe als Bilder + Bewegung (oder räumliche Orientierung) in unserem Kopf gespeichert; GLÜCKLICH IST RAUF/OBEN verbindet schon der Kleinste mit seiner persönlichen Erfahrung, wenn er vor Freude hochspringt und die Arme in die Luft wirft, so wie man von *Hoch*stimmung und *vor Freude an die Decke springen* spricht.
Metaphern verstehen ist ein lebenslanger Lernprozess.

3.4 Literaturverzeichnis

Barcelona, Antonio (2000), Introduction. The cognitive theory of metaphor and metonymy. In: Barcelona, Antonio (Ed.), *Metaphor and Metonymy at the Crossroads. A Cognitive Perspective* (Mouton de Gruyter: Berlin, New York) 1–28

Cacciari, Cristina (2008), Crossing the senses in metaphorical language. In: Gibbs, Raymond W., Jr. (Ed.), *The Cambridge Handbook of Metaphor and Thought* (Cambridge University Press: Cambridge et al.) 423–443

Cienki, Alan and Cornelia Müller (2008), Metaphor, gesture and thought. In: Gibbs, Raymond W., Jr. (Ed.), *The Cambridge Handbook of Metaphor and Thought* (Cambridge University Press: Cambridge et al.) 483–501

Forceville, Charles (2005) Visual representations of the idealized cognitive model of anger in the Asterix album *La Zizanie. Journal of Pragmatics* 37, 69–88

Forceville, Charles (2008), Pictorial and Multimodal Metaphor in Commercials. In: McQuarrie, Edward E. and Barbara J. Phillips (Eds), *Go Figure! New Directions in Advertising Rhetoric (*M. E. Sharpe: Armonk, New York, London, England) 178–204

Forceville, Charles (2008), Metaphor in pictures and multimodal representations. In: Gibbs, Raymond W., Jr. (Ed.), *The Cambridge Handbook of Metaphor and Thought* (Cambridge University Press: Cambridge et al.) 462–482

Gibbs, Raymond W., Jr. and Eric A. Berg (2002), Mental Imagery and Embodied Activity. *Journal of Mental Imagery* 26 (1&2)1–30

Gibbs, Raymond W., Jr. (Ed.), (2008), *The Cambridge Handbook of Metaphor and Thought* (Cambridge University Press: Cambridge et al.)

Gottfried, Gail M. (1997) Comprehending compounds: evidence for metaphoric skill? *Journal of Child Language* 24, 163–186

Kövecses, Zoltán (1991), Happiness: A Definitional Effort. *Metaphor and Symbolic Activity* 6 (1), 29–46

Kövecses, Zoltán (2000), *Metaphor and Emotion: Language, Culture, and Body in Human Feeling* (Cambridge University Press: Cambridge)

Kress, Gunther (1997), *Before Writing. Rethinking the Paths to Literacy* (Routledge: London, New York)

Lakoff, George & Johnson, Mark (1980), *Metaphors We Live By* (University of Chicago Press: Chicago)

Levorato, M.Chiara & Cristina Cacciari (2002), The creation of new figurative expressions: psycholinguistic evidence in Italian children, adolescents and adults. *Journal of Child Language* 29, 127–150

Lewkowicz, David J. and Gerald Turkewitz (1980), Cross-modal Equivalence in Early Infancy: Auditory - Visual Intensity Matching. *Developmental Psychology* Vol. 16, No. 6, 597–607

Lowe, Virginia (2007), *Stories, Pictures and Reality. Two children tell* (London, New York: Routledge)

Nodelman, Perry (1988), *Words about Pictures. The Narrative Art of Children's Picturebooks* (The University of Georgia Press: Athens and London)

Özcaliskan, Seyda (2005), On learning to draw the distinction between physical and metaphorical motion: is metaphor an early emerging cognitive and linguistic capacity? *Journal of Child Language* 32, 291–318

Rakison, David H. and Diane Poulin-Dubois (2001), Developmental Origin of the Animate-Inanimate Distinction. *Psychological Bulletin Vol. 121, No.2*, 209–228

Vosniadou, Stella, Andrew Ortony, Ralph E. Reynolds, and Paul T. Wilson (1984), Sources of difficulty in children's understanding of metaphorical language. *Child Development* 55, 1588–1606

Vosniadou, Stella (1987) Children and Metaphors. *Child Development* 58, 870–885

Wagner, Sheldon, Ellen Winner, Dante Cicchetti and Howard Gardner (1981), ›Metaphorical‹ Mapping in Human Infants. *Child Development* 52, 728–731

Winner, Ellen, Margaret McCarthy, Sandra Kleinman, Howard Gardner (1979), first metaphors: *Early Symbolization: New Directions for Child Development* No.3 29–39

Winner, Ellen (1988), *The Point of Words: Children's Understanding of Metaphor and Irony* (Harvard University Press: Cambridge, Mass., London, England)

Teil III

Pragmatikerwerb: Lernen, miteinander zu reden und mit Reden etwas zu bewirken

1 Einige pragmatische Phänomene

Die grundlegende Fähigkeit, eine menschliche Sprache zu lernen, ist wahrscheinlich angeboren, aber es gibt viele Gründe anzunehmen, dass Kinder die Sprache nur erlernen, wenn sie von früh an kommunizieren (Meibauer 2001: 174). Hinzeigen, Dialog (Sprecherwechsel), sprachliche Handlungen (Sprechakte) wie beispielsweise jemanden auffordern, etwas zu tun, sind pragmatische Phänomene, die sich aus der kindlichen Entwicklung herleiten lassen. Ab Beginn der 1970er-Jahre entwickelte sich die linguistische Pragmatik als ein Wissenschaftszweig, der die Sprache im Miteinander der Menschen untersucht, beispielsweise welche Grundregeln in der Kommunikation gelten, oder unter welchen Bedingungen ein Gespräch am ehesten glückt. Wie lernen Kinder diese pragmatische Kompetenz? »Sprache Lernen ist zum größten Teil das Lernen, Gespräche zu führen« (Jean Berko Gleason 1977, zitiert von Clark 2003: 301). Die Bereiche Semantik (Lehre von der Bedeutung) und Grammatik einerseits und Pragmatik andererseits bedingen einander, aber zur Entfaltung kommen diese Fähigkeiten von Kindern in und durch Kommunikation, die sprachliche Interaktion, wie allenthalben beim Bilderbuchbetrachten und Vorlesen zu beobachteten war mit unmittelbaren, aber auch langfristigen Lernerfolgen im Sprachlernen und Sozialverhalten, aber auch in der kommunikativen Kompetenz. Zunächst, aber eigentlich erstaunlich spät, richtete man das Augenmerk auf den *Input*, die Sprache, die die Mutter und andere in der Umgebung des Kindes benutzen. Die an Kinder gerichtete Sprache (KGS) gehört in den Bereich der Pragmatik (vgl. Teil II, 1.2). Inzwischen liegen zahlreiche Untersuchungen zum Erwerb pragmatischer Kompetenz vor, bedauerlicherweise noch wenige zu Störungen in der Entwicklung dieser Fähigkeiten.

Im Folgenden werden zunächst einige pragmatische Phänomene wie Deixis, gemeinsamer Redehintergrund (*common ground*), Sprecherwechsel und Sprechakt in kurzer Form und mit Beispielen aus der kindlichen Entwicklung erläutert. Auf Perspektivenübernahme wird unter 2 ausführlich eingegangen.

1.1 Deixis

Mit dem ausgestreckten Ärmchen, begleitet von *Da!*, zeigt das Kind auf etwas, das ihm auffällt. Mit der Zeit zeigt es immer genauer auf Interessantes im sichtbaren Umfeld. Allmählich lernt es dann, sich mit sprachlichen Mitteln auf Personen, Orte und Zeit im nichtsichtbaren Raum zu beziehen. In der Pragmatik spricht man von *Personal-*,

Raum- und *Zeitdeixis* beziehungsweise *deiktischen Ausdrücken* (altgriech. *deiktikós* ›zeigend‹ von *deiknymi* ›ich zeige‹).

Deixis gibt auch eine interessante Antwort auf die Frage, was den Übergang von Einwort-Äußerungen zu Zweiwort-, Dreiwort- beziehungsweise Mehrwort-Äußerungen auslöst. Nach einer Auffassung reduziert das Kind Sätze aus dem Input mangels Sprachwissen zuerst auf nur ein Wort: *Ich will einen Apfel* schrumpft zu *Apfel!* Es erweitert seine Äußerungen, je besser es die Sprache beherrscht. Max Miller (1976) beobachtete die Kinder Meike und Simone in ihrer natürlichen Umgebung und machte Tonbandaufnahmen ab dem Alter von 1;7 respektive 1;4 Jahren bis 1;10. Er begründet die Sprachentwicklung vom Einwort- zum Mehrwortsatz pragmatisch: Das Kind sieht sich zunächst im Mittelpunkt der Aktivität; diese egozentrische Wahrnehmung macht es überflüssig, sich selbst als handelnde Person (Subjekt) zu nennen. Außerdem genügen dem Kind zunächst Gesten, um Objekt und Ort zu bezeichnen. Sobald ihm im kommunikativen Kontext Alternativen bewusst werden, besetzt es die Stelle im Satz, das heißt, nennt beispielsweise das Subjekt.

Dazu die folgenden Beispiele (Miller 1976: 93 f.; 240 f.; 237):

Simone (1;9.14) möchte aus dem Kinderwagen:
runter … raus (weint), *raus.* Hohe Stimme, sitzt immer noch im Kinderwagen, Eltern unterhalten sich, *Karre rein …*
Mutter: *Willste in die Karre?*
Simone: *Karre.*
Die Eltern wissen beim Spaziergang, dass Simone aus dem Kinderwagen heraus will beziehungsweise sich wieder hineinsetzen will. Sie braucht sich (und den Kinderwagen) nicht zu nennen.

Meike (1;9.14): *Mama auch.*
Mutter und Max trinken Tee, Meike Milch. Die Mutter soll auch Milch trinken.
Meike: *Auch Milch.*
Die Mutter schenkt Tee ein, Meike will auch Milch eingeschenkt bekommen.

Meike (1;8.21): *Mone weint.*
Einige Zeit später; Simone lacht wieder: *Mone weint.*

Je mehr der Gesichtskreis des Kindes sich über das Hier und Jetzt weitet und es außer seinem eigenen auch andere Standpunkte wahrnimmt und Alternativen erkennt, wird es ausdrücken (auszudrücken lernen), was ihm nötig erscheint, um verstanden zu werden. In *Mama auch* sieht es die Mutter als handelnde Person außer seiner eigenen Person. Im letzten Beispiel *Mone weint* differenziert es noch nicht sprachlich zwischen Vergangenheit und Gegenwart, wird sich dann aber anders äußern, wenn es den Unterschied wahrgenommen hat und beispielsweise *Mone hat geweint* sagen.

Die ersten Dialoge beim Bilderbuchlesen haben den Vorteil, dass Mutter und Kind dasselbe Zeigfeld vor sich haben. Beim Betrachten der Baustellenseite (Ali Mitgutsch, *Rundherum in meiner Stadt*) genügt Meike (1;7.1) ein Wort, *Milch*, um auf den Bauarbeiter aufmerksam zu machen, der aus einer Flasche trinkt (Miller 250). Paul (2;2) greift sich mit beiden Händen an den Kopf, sagt *Hut auf,* und der Vater weiß, dass er meint, dass *alle* oder *viele* auf dem Bild einen Helm tragen. Wenn Paul sich aber an die Bergung eines Verletzten mit Hubschrauber in seiner Nähe erinnert, muss er das Subjekt nennen, wenn er verstanden werden will: »Mann aua weint.« Beim Geschichtenerzählen spielt Deixis eine wichtige Rolle zur Einordnung der Handlung in Ort und Zeit, *wo* und *wann* etwas geschah, und zur Personenreferenz, damit der Zuhörer weiß, *wer* gerade handelt. Schon Dreijährige verfügen über eine Strategie, aber nur begrenzte pragmatische Mittel, die sie stereotyp verwenden (vgl. Teil I, 2.3.2).

Um *Sozialdeixis* geht es bei Formen der Höflichkeit, die ein Kind aus seiner Umgebung übernimmt, beispielsweise *bitte, danke; guten Tag;* die Anrede *Sie/du;* Frage mit Konjunktiv + *mal* als Form für eine Bitte: *Könntest du mir das mal dranmachen?* Man merkt, dass Philipp mit Anfang drei gerade dieses Gebiet »in Arbeit hat«, als er den Vater verbessert, der sich mit »Tschüs« verabschiedet: *Das heißt doch ›Auf Wiedersehn‹*. Zum Vergleich: Der fast zweijährige Jonas nennt das Telefon *Tschüs* und zeigt damit, dass er *Tschüs* auch schon als typische Formel in einer bestimmten Situation wahrgenommen hat. *Guten Tag* versteht Philipp wörtlich und denkt darüber nach, wann man es gebraucht, denn er äußert ganz unvermittelt: *Aber zu Räuber darf man nicht ›Guten Tag‹* sagen (3;1.3).

Der Ausdruck *das würde ich auch sagen* zeigt, wie auch ganze Phrasen zunächst als Einheit verstanden und gelernt werden, weil das Kind ihnen im Gespräch eine Bedeutung gibt. Entsprechend reagiert Philipp konversationsgerecht auf eine Äußerung der Mutter, dass das Wetter mies sei: *Das würd ich auch sagen* (3;4.17). Manchmal sind es nur Versuche:

Zur Mutter: *Wir basteln eine Ente.*
Philipp: *Das wär* (Pause) *lieb von dir.* (3;3.23)

Kinder erkennen früh, dass Höflichkeit ein wichtiges Mittel ist, ihre Wünsche durchzusetzen. Schon Zweieinhalbjährige haben ein beträchtliches Repertoire an Formen für ihre Wünsche. Sie merken, dass sie ihre Taktik ändern müssen, um ihr Ziel zu erreichen. Verweigert man ihnen die Erfüllung, reagieren aber auch noch sechsjährige Kinder und jüngere einfach direkter: Sie wiederholen, sprechen lauter und setzen mehr Gesten ein (Clark 2003: 344 ff.).

Lernen von Höflichkeit umfasst drei Aspekte:

- Kinder müssen die sprachlichen Formen lernen,
- sie müssen die Redesituation durchschauen können, beispielsweise Alter und soziale Rolle des Gegenübers,
- sie müssen verstehen, welchen Gewinn (beziehungsweise Verlust) Höflichkeit in der Interaktion bewirkt, beispielsweise bei höflich geäußerten Bitten (Clark 2003: 341).

1.2 Gemeinsamer Redehintergrund *(common ground)*

Grice (1989) stellt in dem Aufsatz *Logic of Conversation* Grundprinzipien auf, die er *Maxime der Konversation* nennt, bei deren Einhaltung ein Gespräch am ehesten glückt. Dazu gehört unter anderem, dass man informativ sein muss (Quantitätsmaxime), das heißt, nicht zu viel sagt, aber auch nicht zu wenig, was zur Folge hätte, dass der Hörer die Äußerung nicht verstehen würde. Auf das Einbeziehen des gemeinsamen Redehintergrundes, dessen, was beide Gesprächspartner wissen, kommt es dabei an. Wenn der zweijährige Kai *Mann!* sagt, kann nur die Mutter und nicht der Gast wissen, dass er vom Elektriker am Vortag im Kinderzimmer spricht. Der Arzt, den der kleine Patient über *Max' Straßenbahn* informiert, kann nicht verstehen, dass das Kind vom Lieblingsspielzeug seines Freundes redet. Wann lernen Kinder, zu bedenken, was an Information vorausgesetzt werden kann und was neu ist? Wann beziehen sie den gemeinsamen Redehintergrund ein?

Man testete Kinder in der Situation, in der man ankündigte, dass sie die Hilfe der Mutter beim Fortgang des Spiels brauchten, um ein Spielzeug, das in einer Box auf ein Regal gestellt wurde, zu holen. Das geschah im Beisein der Mutter, die einmal alles beobachtete, aber das andere Mal unbeteiligt, mit geschlossenen Augen und verstopften Ohren dabeisaß. Was sich schon für Kinder im Alter von 2;7 herausgestellt hatte, bestätigte sich nun auch für 2;3 Jahre alte Kinder: Um die nicht informierte Mutter zum Helfen zu veranlassen, benutzten die Kleinen bei ihr auffallend mehr Gesten und Blicke. Schon in so frühem Alter stimmen Kinder ihr Verhalten auf den Informationsstand des Partners ab. *Sehen* ist auf dieser Stufe *Wissen*: Bei mangelnder Beteiligung bringen sie den Erwachsenen auf den erforderlichen Wissensstand (O'Neill 1996: 672 ff.). Dreijährige geben unterschiedliche Informationen weiter, je nachdem, ob ein Erwachsener die Hälfte nicht mithörte, weil er den Raum verließ oder ganz abwesend war.

Das Bild im Bilderbuch stellt eine Art gemeinsame Redebasis zur Verfügung, auch wenn Kind und Vorleser es unterschiedlich wahrnehmen und unterschiedliches Weltwissen einbringen. Vielleicht begeistern sich Zweijährige so sehr für Wimmelbücher, weil sie noch nicht die Sprachmittel haben, den gemeinsamen Redehintergrund herzustellen, und die Bilder diesen Hintergrund schaffen. Bei so klaren Verhältnissen macht die Kommunikation Spaß.

Aus pragmatischer Sicht erweitert jede neue Erfahrung, jedes neue Wort den mit dem erwachsenen Zuhörer gemeinsamen Hintergrund und die Möglichkeiten eines Gesprächs (Clark 2003).

1.3 Sprecherwechsel

Jeder hat schon Kinder und auch Erwachsene erlebt, die pausenlos reden oder Fragen stellen und die Antworten nicht abwarten, um sich die Aufmerksamkeit des Hörers weiter zu sichern. Sprecherwechsel (*turn taking*) ist ein wichtiger Gesichtspunkt für Anfang und Fortgang eines Gesprächs. Ein Kind muss verstehen, was der Sprecher meint; es muss lernen, entsprechend zu reagieren, sich einzuschalten, ein Thema fortzuführen oder ein neues einzuführen. Man stellte fest, dass Kinder Bruchteile von Sekunden länger brauchen für ihre Antwort als Erwachsene. Bei Kleinen wie dem gerade mal einjährigen Sebastian (1;2) dauert es zirka fünf Sekunden oder länger, bis er auf die Frage, wo auf der Doppelseite des (neuen) Bilderbuchs die Gießkanne ist, antwortet, indem er schließlich auf das Bild deutet. Ein Gespräch fortführen kann er auch schon. Auf der Weltkarte mit Tieren bekommt er den Koalabären gezeigt, den er kennt. Dann entdeckt er einen zweiten und zeigt ihn seinem Vater *Da!* Als er einen weiteren Tiger entdeckt, macht er *Ch-ch* für den Laut der Wildkatze.

Kinder brauchen manchmal länger zum Verarbeiten und »hinken« im Gespräch hinterher; das *timing*, der richtige Zeitpunkt für die Unterbrechung beziehungsweise das Einschalten, stimmt nicht. Schon Zweijährige verfolgen Gespräche unter Erwachsenen oder zwischen Eltern und älteren Geschwistern mit. Am frühesten reagieren sie, wenn ihr Name fällt. Kinder zwischen zwei und drei Jahren mit einem älteren Geschwisterkind schalten sich etwa ab der Mitte des dritten Lebensjahres in Gespräche geschickt ein, was wohl auch damit zu tun hat, dass ihr *timing* sich verbessert hat und sie den günstigeren Zeitpunkt wählen. Es geht ihnen zwar immer noch primär darum, die Aufmerksamkeit auf sich zu ziehen, aber das entspricht nicht mehr dem Egozentrismus im Piaget'schen Sinne (Dunn & Shatz 1989: 408).

Ein Beispiel:

Geschwisterkind (will ein Bild aufhängen) zur Mutter: *Ich weiß nicht, wo ich es hinhängen soll.*
Mutter: *An deine Tür. Häng es an deine Tür.*
Kind: *Ich häng's für sie auf.*

Dunn & Shatz 1989: 402; übersetzt

Man testete auf den verschiedenen Entwicklungsstufen, wie lange Kind und Bezugsperson miteinander sprachen, und zählte, wie viele Male der Sprecher wechselte. Man machte Videoaufnahmen von 1;7 und 2;0 Jahre alten Kindern mit Mutter und älterem Geschwisterkind. Das interessante Ergebnis war, dass die Gespräche um ein Drittel länger waren und die Kinder, je älter sie wurden, mehr zum Gespräch thematisch beitrugen als im Gespräch allein mit der Bezugsperson. Sie schalteten sich nun doppelt so oft ein. Wichtig war dabei, dass das Kind denselben Aufmerksamkeitsfokus wie die anderen hatte, der gemeinsame Redehintergrund also gegeben war (Barton & Tomasello 1991: 523 ff.). Offenbar lastet auf dem Kind in der Dreiergruppierung weniger

(Antwort-)Druck, das heißt, wenn es sich freier fühlt, trägt es mehr zum Gespräch bei. Die Forschungsergebnisse unterstreichen, wie viel reicher die sprachliche Umgebung und die Lernmöglichkeiten für ein Kind sind, wenn es Geschwister hat, eines oder mehrere. Die Familiensituation bereitet es für das Gespräch mit Gleichaltrigen und Älteren in anderem Umfeld vor.

Der Gesichtspunkt des geringeren Drucks scheint auch für die Vorlesedialoge von Bedeutung. Beim Bilderbuchbetrachten spricht die Mutter das Kind nicht direkt an, sondern beide, Mutter und Kind, richten gemeinsam ihre Aufmerksamkeit auf das Buch, das als dritte Komponente hinzukommt. Es mag auch erklären, was Arizpe & Styles (2005) in ihrer Studie zum Bilderlesen und Interpretieren mit Kindern zwischen fünf und zehn Jahren feststellten: Kinder fühlten sich bei *Was*-Fragen wohler als bei *warum*-Fragen. *Was*-Fragen richten sich eher auf das Bild, *Warum*-Fragen eher direkt an das Kind.

Das gemeinsame Gespräch über die einzelnen Bilderbücher wurde von Arizpe & Styles als die fruchtbarste Phase erlebt; den Kindern hatte man sogar aufgetragen, nicht dasselbe wie im Interview zu sagen. Kinder empfanden hier offenbar mehr oder genügend Freiheit sich mitzuteilen. Eine Grundschullehrerin, die in der zweiten Klasse Vorlesen mit nachfolgendem Gespräch als feste Sitte einführte, bestätigte, dass Kinder hier wichtige pragmatische Fähigkeiten entwickeln, indem sie ihre Meinung äußern, zuhören und die Meinung anderer respektieren. Hier machen Kinder eine wichtige Erfahrung: Die Fragen sind nicht die typischen Klassenzimmerfragen, bei denen der Lehrer immer schon die richtige Antwort weiß, wenn er Sachwissen abfragt, das dann meist nur zu bestätigen oder abzulehnen ist.

1.4 Sprechakte

Am Anfang der Pragmatik steht die Sprechakt-Theorie von Searle (1971). Äußerungen werden als sprachliche Handlungen gesehen und in fünf Typen unterteilt. Gesten und Blicke wurden von Searle später hinzugenommen. Um einen Sprecher zu verstehen, muss ein Kind lernen, unterschiedliche sprachliche Formen auf Funktionen zu beziehen. Um jemanden zu veranlassen, das Fenster zu schließen (Funktion), reicht die sprachliche Form vom Befehl *Mach das Fenster zu!* bis zu *Mir ist kalt.* Das Kind muss die Sprechsituation insgesamt einbeziehen, um die *Illokution* oder *illokutionäre* Bedeutung zu verstehen. Auch eine Geste, die Frieren ausdrückt, kann die gewünschte Reaktion herbeiführen.

Am Beispiel von Fragesätzen soll später gezeigt werden, wie Fragen in der Interaktion Unterschiedliches bedeuten. Das Beispiel wird illustrieren, wie komplex der Lernprozess ist und wie früh pragmatische Kompetenz erworben wird. Bei Lüge und Ironie handelt es sich um ganz langfristige Lernprozesse. Einer springt ins Wasser und ruft einem zögernden Freund zu: »Komm rein, das Wasser ist warm.« Ein und derselbe Satz kann wahr oder eine Lüge sein oder ironisch beziehungsweise sarkastisch gemeint sein und wird nur richtig verstanden, wenn der Hörer den Sprecher, sein Verhalten, seine Absicht und die konkrete Situation durchschaut (Demorest et al. 1984: 1527; vgl. 3.3).

Übersicht über die Sprechakttypen nach Searle:

Behaupten	*assertiver* Sprechakt, z. B. *Der Hund bellt.* Der Sprecher vermittelt dem Hörer, dass er die Aussage für wahr hält.
Befehlen	*direktiver* Sprechakt, z. B. *Hol den Ball. Ich brauche einen Löffel.* Der Sprecher veranlasst den Hörer, etwas zu tun.
Versprechen	*kommissiver* Sprechakt, z. B. *Ich verspreche dir, morgen gehen wir in den Zoo.* Auch ohne den Indikator *versprechen: Du kriegst das zum Geburtstag.* Der Sprecher geht eine Verpflichtung für die Zukunft ein.
Ausdrücken eines psychischen Zustandes	*expressiver* Sprechakt, Verben wie *danken, sich entschuldigen,* u. a.
Deklarationen	z. B. *Ich taufe dich auf den Namen ...* Sie setzen Institutionen, Riten etc. voraus und bleiben hier unbeachtet nach Meibauer 2001: 84–100

Diese Sprechakte haben ihre nichtsprachlichen Vorformen:

– Das zehn Monate alte Kind streckt Arme und Hände aus; mit dieser Geste verlangt es etwas: *direktiver Sprechakt.*
– Das zehn Monate alte Kind streckt einen Arm aus und seinen Zeigefinger; mit dieser Geste macht es auf etwas aufmerksam: *assertiver Sprechakt* (Clark 2003: 305).

Wenn das Kind ungefähr eineinhalb Jahre alt ist, sind Kind und Erwachsener auf demselben Stand, das heißt, von beiden kann die Initiative ausgehen, gemeinsam ihre Aufmerksamkeit auf etwas zu richten (*joint attention*).

Kinder unter einem Jahr achten auf positive und negative Gefühlsäußerungen in der Stimme. Ungefähr so früh erahnen Babys schon die Gefühlsreaktionen der Mutter. Das Kind wird sich einer Spinne nicht nähern, wenn die Mutter ängstlich scheint. Wenn sie unsicher ist oder zögert, schaut es nach den Augen der Mutter, um zu erkennen, was die Mutter anschaut und wie sie reagiert. Man kann sich also fragen, wann sie tatsächlich die Absicht des Sprechers verstehen, die hinter seiner Äußerung steht? Man weiß darüber wenig, es ist aber anzunehmen, dass sich Kinder am Anfang ihrer Sprachentwicklung noch stark an der konkreten Situation orientieren. Das folgende Beispiel belegt diese Strategie:

Statt zu frühstücken, redet das Kind; der Vater klopft an die Schüssel
Kind: *Herb schlagt /ö/ Schüssel.*
Vater: *Warum hab ich an deine Schüssel geschlagen?*
Kind, nimmt lächelnd Löffel in die Hand: */ö/ ess /ö/ Cornflakes.*

Clark 2003: 306, übersetzt

Bei Fragen unterschieden Zweijährige nicht, ob sie eine Information geben oder etwas tun sollten, sondern reagierten regelmäßig mit Handeln. Stellte man die Frage: »Wo ist die Tür?«, machten sie die Türe zu, wenn sie geöffnet war, und im anderen Fall schlossen sie sie (Shatz 1983).

Bei der Bitte um etwas zu trinken zeigt sich, wie das Kind allmählich lernt, die ursprünglich direkte Aufforderung einzukleiden. Die pragmatischen Fähigkeiten wachsen mit Wortschatz und Grammatik mit.

Erst ganz direkt	*Apfelsaft! Gib/Geb mir Apfelsaft. Ich will ...*
dann auch höflich	*Kann ich ... / darf ich ...,*
dann auch öfter begründet	*Kann ich was trinken. Ich hab so Durst.*
schließlich nur eine Feststellung, die Mutter zu veranlassen, ihm zu trinken zu geben (= Illokution)	*Ich habe drei Durst* (*sc.* viel Durst; 3;4.14)

Beim Spielen wird man beobachten können, wie versiert schon Dreijährige Handlungsanweisungen beherrschen (= direktive Sprechakte). Zwischen drei und vier Jahren entwickeln sie die Fähigkeit, zwischen Rollenspiel und Bühnenanweisung zu unterscheiden, indem sie beispielsweise für die Bühnen- beziehungsweise Spielanweisung Modalverben, Konjunktiv oder Futur beziehungsweise Vergangenheit benutzen; im deutschen Beispiel *ist* neben *wär*:

Dies ist ein Pferd und das wär der Stall. (Clark 2003: 354 zitiert Kaper 1980)

Philipp türmt Stühle aufeinander, um seine Größe und die der Familienmitglieder zu messen. Der Konjunktiv *wär* kommt vor für die Möglichkeit, Frage (*gehst du mal...?*), Zeigegeste (*so*), Imperativ (*schau mal genau, umdrehen*), Modalverb (*sollst doch*; *du musst*).

Mit drei Jahren verstehen Kinder Versprechen. Philipp erinnert seine Mutter an den Schwimmbadplan, den er als Versprechen auffasste: Wir *dachten doch, wir seien ins Schwimmbad gegeht* (3;0.7). Im Laufe des dritten Lebensjahres beginnen Kinder, Behauptungen nach ihrem Wahrheitsgehalt zu differenzieren; Signale sind beispielsweise *ich weiß, ich meine, vielleicht, sicherlich.*

Zu den expressiven Sprechakten gehören Ausdrucksmittel wie *leider* und *entschuldige / Entschuldigung*, die psychologisch komplex sind; trotzdem sind Kinder früh dafür sensibilisiert; mit Anfang drei experimentiert Philipp schon mit *leider*:

Oh, ich seh mich (*sc.* im Autoinnenrückspiegel); *da ist der Philipp und da ist die Mama, leider.* (3;0.14)

Ich zieh leider, leider jetzt meine Jacke aus. (3.1.21)

Wer nicht weiß, was *Absicht* bedeutet, und sich nur auf den Situationskontext verlässt, der weiß auch nicht, wie wichtig das Wörtchen *nicht* für die Verteidigung ist:

Beim Einkaufen reißt Philipp ein Bonbonpäckchen auf; es folgt eine Diskussion; 10 Min. später: *Das hab ich nur mit Absicht gemacht.* (3;0.8)

Sein zwei Jahre älterer Bruder erinnert sich bei dieser Gelegenheit, wie er in einer solchen Situation sagte: *Ich kann was dafür,* und alle lachten. Da solche Situationen emotional geladen sind, beherrscht Philipp die richtige Wendung mit Negation erst zwei Monate später sicher:

Linsentüte geht auf: *Entschuldige, ich hab das nicht mit Absicht gemacht.* (3;2.2)

Im Folgenden geht es noch darum, wie Kinder unterschiedliche soziale Redesituationen wahrnehmen.

1.5 *Wie* spricht *wer* mit *wem* und bei *welcher* Gelegenheit?

Ein Beispiel zeigt anschaulich, wie früh Kinder lernen, soziale Rollen zu unterscheiden, auch durch Sprachmittel:

Philipp setzt sich auf den Stuhl der Mutter: *Jetzt bin ich die Mama; sei leise, ihr Kinder; jetzt essen wir brav.* Schlägt mit der Hand auf den Tisch: *Aber verdammt noch mal! Ich bin der Wüterich, verdammt noch mal, ihr Wüterich!* (3;0.27)

Hier wünscht sich die mithörende Mutter, dass nicht alles aus dem Familienleben stammt. Mitten im Satz korrigiert sich Philipp in Gegenwart eines Gasts und wählt statt des konkreten Anliegens ein feineres Wort: *Ich muss en Klo…* (bricht ab), *ich muss auf die Toilette.*« (3;3.23). Andersen (1990) untersuchte bei den Altersgruppen 4;7, 5;4 und 6;10, wie sie mit sprachlichen Mitteln differenzieren. Sie wählte drei Orte aus: Zuhause, Arztpraxis, Klassenzimmer und verwendete Handpuppen. Jedes Kind ließ mindestens zwei Puppen miteinander sprechen, aber meistens drei, beispielsweise Vater, Mutter, Kind zuhause; Arzt, Krankenschwester und Kind / Patient in der Arztpraxis. Die Kinder wechselten die Tonlage (hohe Stimme für kleine Kinder und sehr tiefe für erwachsene Männer), sie nahmen Machtunterschiede wahr und drückten sie durch direktes Verlangen bei Vater, Doktor und Lehrer, und durch mehr indirekte Bitten bei anderen Personen aus. Auch im Wortschatz markierten sie deutlich Unterschiede, wobei natürlich bei den Vier- und Fünfjährigen das Wissen schnell an Grenzen stößt. Ein Sechsjähriger lässt einen Arzt sprechen: *Ich muss operieren – Skalpell, Schraubenzieher und, ach, was brauchen wir noch?* (Clark 2003: 134).

1.6 Beispiel für eine grammatische Form mit verschiedenen Funktionen: mit Fragesätzen *bitten, auffordern* und anderes

Fragen spielen im Zusammenleben und für die Wissenserweiterung eine wichtige Rolle. Weil Fragen immer mit Antworten zu tun haben, sind sie für die zwischenmenschlichen Dialoge wichtig. Beim frühen Bilderbuchlesen zum Beispiel bestehen die Dialoge hauptsächlich aus Fragen des Erwachsenen um das Kind einzubeziehen und seine Aufmerksamkeit zu fesseln. In der kindlichen Sprache haben Fragen schon früh vielerlei Motive. Im Folgenden werden die unterschiedlichen Funktionen in der Sprache eines Anfang-Drei-Jährigen zusammengestellt.

– Kinder fragen nach Wörtern und erweitern damit ihren Wortschatz:

Kind zeigt auf kleine Europakarte: *Wie heißt das?* Mutter: *Deutschland.*

– Sie erweitern ihr Weltwissen:

Kind hört Flugzeug: *Bremsen auch Flugzeuge?*

– Sie sichern sich die Aufmerksamkeit des Zuhörers und können dessen Interesse auf das lenken, was sie gerade interessiert:

Guck mal, das für ein Buch ist.

– Sie fordern in freundlicher Form zum Mitspielen und Mitmachen auf:

Rollenspiel: *Wer will angeschnürt sein? Willst du ein Hundchen sein? Bitte, sei doch ein Hundchen. Das ist doch so schön.*

– Fragen ermöglichen es, sich Handlungen erklären zu lassen und zu erfahren, was geplant ist und was wer macht, was wem gehört, und sichern sich die Erlaubnis:

Beim Kochen: *Muss da der Fett ab?*

Wo fahren wir jetzt hin, Mama? / Was machst du denn jetzt?

Gehen wir jetzt zu die Rehe, Mama?

Wo kann ich das jetzt hin reintun? / Darf ich das reinschütten?

Ist das Julias Bademütze?

– Mit Fragen äußern Kinder ihre Bitten höflicher, weniger direkt:

Darf ich helfen mit den Rührlöffel?
Mama, ich hab so schlechten Hunger. Machen wir was?
Kannst du die Schale mal da bitte abschneiden, Mama, bitte.
Kind öffnet den Kühlschrank: *Was war denn da Leckeres drinne?*

– Kinder können mit Fragen Anteilnahme zeigen und Bestätigung suchen:

Hast du dich geschnitten? Ich mach dir ein Pflaster drauf.
Hab ich schön gehelft?

– Sie vergewissern sich einfach der Nähe der Familienmitglieder:

Kind ruft nach der Schwester: *Johanna, was machst 'n du?*
Mama, bist du weg? (!)

– Sie verwenden Fragen als kommunikative Formeln:

Weil ich viele Deutsche Marken brauche, verstehst du, Mama?

– Zur Überraschung stellte sich eine hinweisende Aussage als Wort**frage** heraus:

Mama, guck mal, 'ne Amsel. Mutter: *Hmm.* Philipp: *Sag mal ährlich, das 'ne Amsel is.*

(Spontane Äußerungen des Kindes Philipp [3;0–3;1.14])

Beim Erwerb von Fragen sind einige Schwierigkeiten zu bewältigen, die im Folgenden kurz beschrieben werden:
– Das Kind muss die **Fragewörter** erwerben, die verschiedenen Wortarten angehören: beispielsweise ist *wer* ein Substantiv; *welcher* (welcher Hund) ein Adjektiv; *was* ist auch Relativpronomen, *wie* eine Konjunktion im Vergleich, beispielsweise das *sieht aus wie*, aber es wird auch im erstaunten Ausruf verwendet: **Wie** *schön*! Am Vogelhaus: **Wie viele** *Vögel kommen*!
– Die **Stellung des Verbs** ist unterschiedlich in den verschiedenen Fragesatztypen. Das Verb kann am Satzanfang, an zweiter Stelle und am Satzende stehen, aber diese Wortstellungsregeln werden in der normalen Sprachentwicklung problemlos mitgelernt. Indirekte Fragen entwickeln sich zusammen mit anderen Nebensätzen (*wenn, weil, dass*), die im Deutschen (fast) generell Verbendstellung haben.

Beispiele für flexible Wortstellung:

Mama, was ***kann*** *ich 'n jetzt tun? Ich weiß, was ich tun* ***kann.***
Zweit-Stellung → End-Stellung

Kann *ich mich hier setzen? Ach so, ich weiß, was ich* ***mach.***
Erst-Stellung → End-Stellung

Ich will die Mama fragen, wo mein Geld ***ist.*** *Wo* ***is*** *'n mein Geld?*
End-Stellung → Zweit-Stellung

- **Modalpartikeln,** die den Ton einer Frage verändern und die man nicht uneingeschränkt und in jeder Frage verwenden kann, drücken feine Bedeutungsunterschiede in der sozialen Interaktion aus, beispielsweise *denn, mal, doch.* Mit diesen kleinen unflektierten Wörtern passt der Sprecher seine Äußerung in den Gesprächszusammenhang ein und gibt ihr eine subjektive Nuancierung. Ihre Verwendung hängt mit Satztyp, Kontext und der Einstellung des Sprechers zusammen. Die Bedeutung kann man testen, indem man die Modalpartikel weglässt; beispielsweise mildert *mal* den auffordernden Ton: *Zeig mal!* klingt verbindlicher als Zeig! *Denn* ist auf Fragen spezialisiert; trotzdem kann man *denn* nicht in jeder Frage verwenden, beispielsweise dann nicht, wenn man ein Thema neu einführt. Man wird nicht ein Geschäft betreten und fragen: »Gibt es ***denn*** hier Ledertaschen?« (Wegener 2002: 386 f.).
  Man könnte nun denken, ein Kind übernimmt aus dem Input einige Wendungen wie *Wo fährst 'n hin? Wo denn? / Was is 'n mit dir los?* und andere und lernt ansonsten den idiomatischen Gebrauch im Versuch-und-Irrtum-Verfahren allmählich. Es beeindruckt deswegen, wie früh ein Kind sie wahrnimmt und sicher verwendet. Offenbar bringt der Mensch Antennen für diese Feinheiten in der Kommunikation mit. Man vergleiche damit die großen Schwierigkeiten mit Modalpartikeln, die diejenigen haben, die Deutsch als Fremdsprache lernen.
  Wenn Philipp wissen will, wer noch nicht eingeschlafen ist, ruft er in den Raum: *Wer ist da-a? Wer ist noch da?* (3;0.10). *Denn* würde den Sinn verändern.
  Weitere Beispiele für den sicheren Gebrauch:

mit 'n / denn	**ohne denn**
Fasst an Tasche: *Was hast du 'n hier drinne?*	*Wie heißt das Auto?* *Wer will ein Hundchen sein?*
Vom Besuch wird gesprochen: *Wo wohnt sie denn?*	Wer wohnt da?
Sieht Einkäufe: *Was habt ihr denn gekauft?*	*Wer will was kaufen? Der kriegt auch was Süßes.*
Da steht Papas Auto. Wo ist er denn hin?	*Jeder bekommt ein Stück, und wo tun wir jetzt die Torte?*
Im Buch kommt **plaudern** vor: *Was ist denn ›plaudern‹? Wenn man Knochen esst? Mama, ich hab mein Geld gesucht. Wo ist es denn bloß? Wo ist es denn drinne?*	(Äußerungen von Philipp 3;0)

Fragen können eine Aufforderung an den Hörer ausdrücken (= direktiver Sprechakt). Die Möglichkeiten, die die Modalpartikeln bieten, die Äußerung auf die Situation abzustimmen, lernt das Kind gleich mit:

mal: der Sprecher unterstreicht, dass er sich die Erfüllung wünscht.

*Darf ich ihn **mal** haben?* (3;0.16); beim Murmelspiel: *Kann ich auch bei dir **mal?*** (3;1.18)

denn* + *bloß und ***schon* + *wieder*** lassen Fragen nachdrücklicher klingen.

*Wo ist es **denn bloß?*** (3;0.24); *Wo ist denn mein Geld **schon wieder?*** (3;0.27).

Nicht kann ohne Betonung auch Modalpartikel sein. Der Fragende erwartet *Ja* als Antwort.

Mutter: *Was wollt 'n ihr jetzt spielen?* Philipp: ***Nicht** mit hier das?* (Diktiergerät; 3;1.18)
*Kann ich mein Maoam **nicht** essen?* (*sc.* vielleicht doch noch vor dem Frühstück? [3;1.24])

- **W-Fragen (Ergänzungsfragen)** mit *wo, was, warum, wann*
  Kinder stellen die ersten Ergänzungsfragen anfangs meist ohne Fragewort: *Is 'n das? / Das is?* Diese Lücke resultiert vielleicht aus der Erwachsenenfrage *Das ist ein …?*, wo Tonfall und Zusammenhang genügen, um die Frage zu kennzeichnen.
  Noch früher als *was*, mit dem nach Dingen gefragt wird, erwerben manche Kinder *wo*, das zuerst weniger Wissensdrang ausdrückt, als viel eher ein sehr subjektives Habenwollen signalisiert. Das Kind vermisst Familienmitglieder, Spielsachen, Kleidungsstücke, Lieblingssachen, beispielsweise *Ä hut?* (= Wo ist der Hut? 2; 1.4) ist die erste Frage bei Günther Stern, während seine Schwester Hilde *apfe wo?* schon mit 1;9 rief. Kinder verstehen w-Wörter wie *was, wo, wer, wie* aber schon sehr viel früher, als sie sie verwenden. Mit 1;2 schaut sich Sebastian schon suchend um, wenn man fragt, wo ein Spielzeug ist. Beim Bilderbuchbetrachten prägt es sich als Routine ein.
- ***Warum-Fragen*** beziehen sich nicht auf ein Satzglied, sondern fragen nach dem Grund oder auch Zweck eines Sachverhalts. Man kann unterscheiden zwischen frühen *Warum*-Fragen, die eher praktischer Natur sind und so viel bedeuten wie ›warum das und nicht was anderes‹ oder ›warum denn nicht‹. *Warum daf ich nich unten essen?*, fragt Eva (2;3.15), als ihr verboten wird, die Semmel in den Garten mitzunehmen. *Warum*-Fragen, die dem wirklichen Erklärungsbedürfnis entspringen, treten später auf, nach Beobachtungen der Sterns am Ende des zweiten oder sogar erst des dritten Lebensjahres (Stern & Stern 1928/1975: 215):

Elett e heiss is – erum denn? (= Warum ist das Tablett so heiß? (Günther 2;10)
Andere Kinder: *Warum wird das Holz gesnitten? Warum tönnen Häuser nich laufen?* (3;1.15)

Wird ein Kind selbst nach dem *Warum* gefragt, lernt es erst allmählich Begründungen, die über das Wahrnehmbare hinausgehen.

- **Entscheidungsfragen,** das heißt Fragen, die mit *Ja/Nein* beantwortet werden, erwerben Kinder in der Regel später als w-Fragen. Vergleicht man die beiden Fragen, so merkt man, dass Ja/Nein-Fragen mehr Wissen voraussetzen:
  w-Fragen: Was ist das? Was mögen die?
  Ja/Nein-Fragen: Ist das ein Boot? – Magen die Honigbienen auch Nüsse? (2;11).

- Bei **Alternativfragen** stellt man zwei Entscheidungen zur Wahl. Für Erwachsene ist es wichtig zu wissen, dass dieser Fragesatztyp Kindern Schwierigkeiten macht. Die Frage »Willst du mit zur Großmutter oder willst du hier bleiben?« wird das Kind unter Umständen mit *Hierbleiben* beantworten, aber beim späteren Protest stellt sich heraus, dass es die andere Alternative meinte. Selbst sprachgewandte Dreijährige verstehen diesen Fragesatztyp nicht, erst recht nicht Zweijährige:

Mutter: *Willst du erst Marmeladenbrot oder soll ich dich gleich anziehen?*
Philipp: *Gleich anziehen!* (Mutter beginnt, Philipp anzuziehen; dieser weint und protestiert; 2;10.21)

Zweieinhalb Monate später macht er die ersten Versuche mit eigenen Alternativfragen mit … *oder nicht?*

Sitzt vor Teller: *Was tu ich nun, **ich will Kuchen oder nicht Kuchen?*** (3;1.6)

Darf ich schon oder nicht? Kann ich mich setzen, ich hab doch eine Jagd gemacht (auf dem Tisch aufgebaut); *wo kann ich denn sitzen, wo denn?* (3;1.12)

- **Bestätigungsfragen** beziehungsweise **Vergewisserungsfragen** sind wie Aussagesätze gebaut und unterscheiden sich nur durch Fragintonation und Modalpartikel. Die Form erscheint relativ einfach, aber vollständige Fragen dieser Art stellt Philipp erst sechs bis acht Wochen nach der Zeit, in der w-Fragen und Ja/Nein-Fragen sprießen. Man sieht an den Beispielen, wie viel Nachdenken sich hinter diesen Fragen verbirgt; die charakteristische Modalpartikel *doch* wird gleich miterworben:

Beim Lesen: *Mama, du, man mag **doch** kein kein, man kann **doch** kein Korn essen?* (3;2.28)

Mutter: *Frau F. ist keine Putzfrau, eine Haushaltshilfe.*
Philipp: *Aber die Frau F. ist **doch** eine Frau?* (3;2.29)

Der Überblick zeigt: Sprachlich, kognitiv und pragmatisch (im Dialog) stellen Fragen Ansprüche an den kleinen Lerner. Auch wenn Kinder schon wohlgeformte Sätze produzieren können und beispielsweise ausdrücken können, *wen* sie gesehen haben und *mit wem* sie gespielt haben, dauert es noch eine Weile, bis sie einen anderen danach fragen können. Fragen nach der Uhr- und Kalenderzeit, nach Maßen, nach der Anzahl hängen von der kognitiven Entwicklung ab.

Wenn wir davon ausgehen, dass Kinder unablässig allem in ihrer Umgebung eine Bedeutung unterlegen, sind Fragen ein wichtiges Mittel, Zweifel zu klären und Wissbegierde zu stillen. Nach dem dritten Geburtstag steigt Philipps Sprachproduktion sprunghaft an und damit auch die Zahl seiner Fragen. Wie sehr ihm an genauer Auskunft liegt, zeigt sich darin, dass er öfter zwei Fragen hintereinander stellt, um die erste zu präzisieren.

Philipp schaut in den Kühlschrank. Mutter: *Das ist der Impfstoff.*
Philipp: *Mama, kann man da nix essen? Ist das nix für Kinder?* (3;0.21)

Mutter wäscht Kartoffeln: *Muss man die waschen? Werden die dann frisch?* (3;1.21)

Es wird interessant sein, darauf zu achten, wann Fragen nur der Erfüllung von Wünschen, dem Suchen nach Spielzeug und Familienmitgliedern dienen und (ab) wann es den Kindern um mehr geht.

Ein Teil einer Mittagsunterhaltung in der Familie Stern illustriert, wie vielfältig die Fragestrukturen sind, die Hilde mit dreidreiviertel Jahren schon beherrscht:

Hilde (3;9):	**Mutter:**
Wieso sind im Kottelett knochen?	*Die Kotteletts sind vom Tier aus der Seite geschnitten, wo so viele Knochen sind.*
Von welchem Tier?	*Vom Kälbchen.*
Aber nicht vom Ochsen?	*Nein.*
Gelt, Ochsen haben wir noch nicht gegessen?	*Doch, auch schon.*
Wann denn?	*Schon manchmal.*
	Stern & Stern 1928/75:77

Fragen tragen viel zur kommunikativen Kompetenz auf Seiten des Kindes bei, aber sie fordern auch vom Erwachsenen Antworten, die das Kind versteht. Im Gespräch mit Hilde geht die Mutter auch nicht in Details. Der Dreijährige, der fragt, ob Vögel Knochen essen, ist mit der Antwort *Ja, manche* vollauf zufrieden und braucht auch keine längere Erklärung auf die Frage, ob Kohlmeisen Kohl essen. Ständige Überforderung lässt die Wissbegierde ermüden.

1.7 Worauf es ankommt

»Sprache Lernen ist zum größten Teil das Lernen, Gespräche zu führen«: Diese Beobachtung von Jean Berko Gleason (zitiert in Clark 2003) verweist auf die Bedeutung, die Interaktion im Spracherwerb hat. Kommunikationsmuster lassen sich bis in die früheste vorsprachliche Phase zurückverfolgen. Wir sahen an vielen Stellen, wie wichtig, auch im späteren Entwicklungsprozess, Dialoge beziehungsweise Gespräche sind, in denen der Erwachsene sich dem Kind zuwendet und auf Äußerungen des Kindes reagiert, an denen das Kind teilnimmt, sich einschalten kann oder nur zuhört. Mit dem Bilderbuchbetrachten sammelt das Kind Erfahrungen im Bilderlesen und Textverstehen, in der Kombination von beidem und im Gespräch darüber; außerdem erwirbt es beim Geschichtenerzählen kommunikative Kompetenz. Damit kann man nicht bis zum Schuleintritt warten. Die Forschung auf dem Gebiet der Pragmatik zeigt, wie früh sich pragmatische Kompetenz entwickelt. Schon Zweijährige berücksichtigen den Informationsstand ihres Gesprächspartners und Vierjährige unterscheiden soziale Rollen sprachlich. Ganz früh im Spracherwerb entwickeln sie die Fähigkeit, ihre Äußerungen, beispielsweise durch Modalpartikeln wie *mal, denn, doch, aber,* »abzutönen«, den Wahrheitswert mit *bestimmt, vielleicht, ich weiß* u. a. auszudrücken oder ihre Wünsche durch höfliche Formen auf den Situationskontext abzustimmen. Es scheint, als sei der Mensch mit Antennen für solche Feinheiten geboren. Für den Erwachsenen heißt das, dass er sich angemessen verhalten muss.

Forschungen auf dem Gebiet der Pragmatik durchleuchten, was alles im Spiel ist, wenn Menschen miteinander kommunizieren. Daher gibt uns die Pragmatik Kriterien an die Hand, nach denen wir pragmatische Kompetenz (beziehungsweise deren Fehlen) besser beurteilen und Fähigkeiten besser fördern können. Bezüglich des Sprecherwechsels (*turn taking*) heißt das, dass pausenloses Reden und Fragen, ohne eine Antwort abzuwarten, Fehlentwicklungen sind, die früh eingedämmt werden müssen. Positiv gesehen lernen wir daraus, dass Kinder erst einmal Zeit brauchen, beim sich Einschalten ins Gespräch erst allmählich den richtigen Zeitpunkt finden (*timing*), dass Situationen anregen, in denen der Antwortdruck gemildert ist; Kindern muss man dafür Gelegenheiten und Freiräume geben. Nach den ausführlichen Darlegungen in Teil I ist klar, wie Vorlesen und Anregungen zum Geschichtenerzählen pragmatische Kompetenz fördern.

1.8 Literaturverzeichnis

Andersen, Elaine S. (1990), *Speaking with style: The sociolinguistic skills of children.* (Routledge: London)

Barton, Michelle E. and Michael Tomasello (1991), Joint Attention and Conversation in Mother-Infant-Sibling Triads. *Child Development* 62, 517–529

Barton, Michelle E. and Tomasello, Michael (1994), The rest of the family: The role of fathers and siblings in early language development. In: Gallaway, C. and B. J. Richards (Eds), *Input and interaction in language acquisition* (Cambridge University Press: Cambridge), 109–134

Clark, Eve. V. (2003), *First Language Acquisition* (Cambridge University Press: Cambridge)

Grice, H. Paul (1989), Logic and Conversation. In: Grice, H. Paul, *Studies in the Way of Words* (Harvard University Press : Cambridge, Mass.) 22–40

Gretsch, Petra (2000), *Fokale Ellipsen in Erwachsenen- und Kindersprache* (Niemeyer: Tübingen)

Dunn, Judy und Shatz, Marilyn (1989), Becoming a conversationalist despite (or because of), having an older sibling. *Child Development* 60, 399–410

Helbig, Gerhard (1988), *Lexikon deutscher Partikeln*. 3. durchgesehene Aufl. (Verlag Enzyklopädie: Leipzig)

Meibauer, Jörg (2001), *Pragmatik. Eine Einführung*. Zweite, verbesserte Auflage (Stauffenburg Verlag: Tübingen)

Miller, Max (1976), *Zur Logik der frühkindlichen Sprachentwicklung. Empirische Untersuchungen und Theoriediskussion* (Klett: Stuttgart)

O'Neill, Daniela K. (1996), Two-year-olds' sensitivity to the parents' knowledge when making requests. *Child Development* 67, 659–677

Searle, J. R. (1971), *Sprechakte. Ein sprachphilosophischer Essay.* (Suhrkamp: Frankfurt a. M.)

Shatz, Marilyn (1983), Communication. In: Flavell and E. M. Markman (Eds), *Handbook of Child Psychology, vol. 3: Cognitive Development,* 4th ed. (Wiley: New York) 841–889

Stern, Clara und William (1928), *Die Kindersprache. Eine psychologische und sprachtheoretische Untersuchung*. Unveränderter Nachdruck der 4. Aufl. 1975 (Wissenschaftliche Buchgesellschaft: Darmstadt)

Tracy, R. (1994), The Acquisition of Wh-Questions in German. In: Tracy, R. and E. Lattey (Eds), *How tolerant is Universal Grammar?* (Niemeyer: Tübingen), 1–39

Wegener, Heike (2202), The evolution of the German modal particle *denn*. In: Wischer, I. / Diewald, G. (Eds), *New Reflections on Grammaticalization* (Benjamin: Amsterdam) 379–394

Weydt, H. (1983), Aber, mais und but. In: Weydt, H. (Ed.) *Partikeln und Interaktion* (Max Niemeyer Verlag: Tübingen), 148–159

2 *Ich weiß was:* Wie sich kleine Kinder denken und fühlen vorstellen *(theory of mind)*

Die Domäne *Denken* ist unsichtbar und nicht greifbar; mit Anschauen und Hinzeigen kann die Bedeutung dieser Wörter nicht erklärt werden. Psycholinguisten erforschen mit unterschiedlichem Schwerpunkt – mehr psychologisch oder mehr sprachlich – die kindliche Entwicklung und versuchen, ausfindig zu machen, welches die kindlichen Vorstellungen sind und wie früh das Verhalten und die Äußerungen kleiner Kinder auf Konzepte innerhalb dieser Domäne schließen lassen. Es geht nicht darum, was Kinder denken und träumen, welche Ideen sie haben, sondern was sie sich unter Denken *vorstellen*, wissenschaftlich ausgedrückt geht es nicht um Kognition, sondern um *Metakognition*, das heißt, was Kinder über Denken denken. Das Forschungsgebiet, das Erwachsene einschließt, heißt *theory of mind*. Der angelsächsische Terminus hat sich eingebürgert. Er bedeutet so viel wie ›das Bewusstsein vom Denken und Fühlen anderer Personen und der eigenen‹ (nach Bischof-Köhler 1989), mit Gewicht auf dem Wort *Bewusstsein* (Einsicht, Kognition). Es mag erstaunen, dass Fühlen mit dazugehört, aber letztlich geht es auch hier um Erkennen, beispielsweise um Verstehen, warum der andere traurig ist, um ihn dann möglicherweise zu trösten. Man spricht von Empathie. Es geht um die Fähigkeit, sich in einen anderen hineinzuversetzen, in der Fachsprache heißt dies *Perspektivenübernahme*. Man erkennt, wie wichtig solche Fähigkeiten für den Gedankenaustausch, für Kommunikation, Zusammenleben und auch Lernen sind. Es lohnt sich, einmal an einfachen Beispielen nachzuvollziehen, was kleine Kinder hier schon leisten.

Der Erwachsene macht sich vielleicht gar nicht klar, was es für das Denken bedeutet, wenn sich ein Kind allein nur erinnert, wenn es zum Beispiel mit dem Vater Fotos anschaut, auf denen es selbst und der Vater zu sehen sind. Erinnerungen sind zwar mit Bildern verknüpft, existieren aber nur im Kopf. Das Kind weiß, dass der Vater auf dem Foto der Vater ist, der neben ihm sitzt, aber dass es eben doch etwas anderes ist: Er existiert auf einer realen Ebene, hier und jetzt, und auf einer gedachten Ebene in der Vergangenheit.

Mit 3¼ Jahren schaut sich Philipp auf einmal besonders gern Ferienfotos an, auf denen er sich am Strand sieht. Ganz spannend wird es dann, wenn er sich verbessert, indem er das Präsens für beides benutzt, die gegenwärtige und auch die gedachte Ebene also zeitlich gleichsetzt. Auf einem Foto sieht er sich zu Fastnacht mit Kochmütze:

Guck, der königliche Koch! Das war ich, das bin ich. (3;4.30)

Mit der Selbst-Korrektur und dem Präsens (= Zeit der Gegenwart) zeigt er, dass er sich aus zwei Perspektiven sieht, Philipp in der Vergangenheit und Philipp in der Gegenwart, aber als ein und dieselbe Person.

Kleine Kinder, so zeigen Versuche, können schon sehr gut unterscheiden, dass Menschen der Umgebung unterschiedliche Informationen haben, dass sie vielleicht bei einem Geschehnis nicht dabei waren und deswegen Erklärungen brauchen (O'Neill 1996). Dessen ist sich Philipp bewusst, als die Mutter mehrmals nach der siebenjährigen Johanna ruft und er antwortet und dabei das Verb *wissen* verwendet:

Ich weiß, wo sie ist, in den Zimmer. (2;11.3)

Um andere zu verstehen, muss ich einkalkulieren, dass der andere durch abweichende Informationen einen Vorgang anders betrachtet und beurteilt als ich selbst, dass ich selbst Informationsdefizite habe, dass ich mich irren kann und mich korrigieren kann oder muss. Ich kann einen anderen missverstehen, genauso, wie er vielleicht etwas falsch einschätzt. Ich muss mir darüber klar werden, dass es verschiedene Sichtweisen auf etwas gibt und im übertragenen Sinne verschiedene Meinungen, ja sogar ohne dass sie als richtig oder falsch eingestuft werden können. Das Bewusstsein des Sprechers von Wissen und Wissenslücken beeinflusst die Formulierung seiner Aussage. Er wählt *vielleicht, sicherlich, bestimmt, ich glaube, (dass) … ich meine, (dass)…* zur Modifikation seiner Äußerung in Bezug auf den Wahrheitswert. Wann erwerben Kinder diese Fähigkeit? Wann entwickeln Kinder eine Vorstellung von dem unsichtbaren Bereich *Denken*?

Um es vorwegzunehmen: Seit den letzten drei Jahrzehnten traut man kleinen Kindern auf diesem Gebiet immer mehr zu. Zunächst war es nötig, sich vom Kognitivismus Jean Piagets zu lösen, der seit den späten 1920er-Jahren die Psycholinguistik beherrschte.

2.1 Vom Kognitivismus (Jean Piaget) zur Pragmatik

Piaget machte aufschlussreiche Beobachtungen, die zum Teil gar nicht so stark abweichen von denen der nachfolgenden Pragmatisten, er ordnete jedoch alle Beobachtungen in ein Phasen- beziehungsweise Stufenmodell mit einer strikten Reihenfolge ein, bei dem sich eins aus dem anderen entwickelt.

Kennzeichnend für die ersten fünf Lebensjahre ist nach Piaget der Egozentrismus des Kindes: Das Kind ist auf die eigene Person konzentriert, Monologe dominieren. Ganz anders sehen es die Pragmatisten, die schon in der vorsprachlichen Entwicklungsphase vom Austausch mit der Umgebung und Kommunikation ausgehen. Piaget sieht bei der Entwicklung zwei Faktoren am Werk: *Assimilation* und *Akkomodation*. Das

Kind passt seine Erfahrungen an den eigenen Erlebnishorizont an *(Assimilation)*, oder es passt seine Vorstellungen an objektive Gegebenheiten an *(Akkomodation)*. In der Phase des anschaulichen Denkens bis zum Schulalter (1;6 bis 5 Jahre) spricht Piaget von Tätigkeitsschemata, bei denen das Kind die Wirklichkeit an seine Vorstellung anpasst (*Assimilation*), beispielsweise beim Invarianzproblem: Die gleiche Menge von Perlen oder Wasser erscheint Vier- und Fünfjährigen unterschiedlich groß, wenn sie in zwei Gläser mit verschiedenem Durchmesser geschüttet werden, ein Glas breit, das andere Glas schmal (1947/1974: 148 ff.). Bei naturwissenschaftlichen Studien in Kindergärten lösen Kinder heute das Problem früher, weil sie die Menge selbst in die Gläser schütten dürfen. Assimilation weist Piaget auch im Experiment nach, bei dem Kinder Sprichwörter erklären müssen. Man vergleiche, dass auch mancher Erwachsene nicht den vollen Sinn von *Der Krug geht so lange zum Brunnen, bis er bricht* versteht. Der zehnjährige Max erklärt das Sprichwort mit dem Satz: *Mit zunehmendem Alter wird man vernünftig* (Piaget 1972: 170). Piaget nennt es *Synkretismus,* Einpassen in die eigene Vorstellung.

In Übereinstimmung mit Piagets Beobachtungen erlebt man auch zunächst bei Philipp, wie er auf seiner eigenen Vorstellung besteht, beispielsweise laut protestiert, als im Fernsehen eine Laborantin ihren Kittel in einen Spind hängt: *Das ist doch kein Schwimmbad!* (3;0.10) und der Porzellannachttopf mit Henkel kein Topf, sondern aus seiner Sicht eine *Tasse* ist (2;10.1).

Mit Anfang drei merkt man aber Veränderungen; er fragt öfter, offenbar doch, weil er sich seiner eigenen Vorstellungen nicht mehr so absolut sicher ist, beispielsweise *Ist die Julia ein Mensch oder eine Tochter?* (3;0.24). Die Dialoge des dreijährigen Philipp beispielsweise mit seinem fünfjährigen Bruder Christian sind keineswegs in der Mehrzahl Monologe, sondern beide kooperieren beim Spielen und tauschen gelegentlich Gedanken aus, wie im Folgenden über das Altwerden:

Mutter und Philipp holen älteren Bruder vom Kindergarten ab, der im Auto berichtet, dass er die letzte Strophe vom St.-Martins-Lied gelernt hat.
Mutter: *Ach, da träumt er.*
Christian (5;1): *Ja, da ist er schon tot. St. Martin ist schon größer, älter, dreiunddreißig; der hat ein Taschenmesser* (= Schwert), *oder zwanzig, oder fünfzehn.*
Philipp (3;1.19): *Achtundachtzig.*
Christian: *Nein, ich muss mal den Papa fragen, wie viele Jahre der hat.*
Philipp: *Oder achthundert.*
Christian: *Nein, dann passt man nicht mehr in die Welt. Man kann nur hundert wachsen, und dann wächst (wachst?) man wieder bis kleiner.*

Am Inhalt der Experimente Piagets liegt es, dass erst ältere Kinder sie lösen können und Piaget auch die Fähigkeit der Perspektivenübernahme viel später ansetzt. Manchmal liegen Piagets Altersangaben drei bis fünf Jahre später als in der heutigen Forschung, vor allem, weil er erwartet, dass die Kinder ihre Vorstellungen sprachlich erklären können. Neue Einsichten in die Domäne *Denken* eröffneten sich also in dem Maße, wie man die Experimente auf den Erlebniskreis der Kinder abstellte und weniger von ihrer sprachlichen Kompetenz abhängig machte. Man fand Aufgaben, bei denen Kinder statt mit ganzen Sätzen, Erklärungen und Begründungen nur mit Hinzeigen, mit einem Wort, einem Namen beispielsweise, oder nur mit *Ja* oder *Nein* antworten mussten. Man vergleiche daher einige folgende moderne Experimente mit Piagets bekanntem Drei-Berge-Versuch mit einem Papprelief: Vierjährige sollen aus Zeichnungen und Fotografien auswählen, welche Sicht der Betrachter aus verschiedenen Positionen hat. Piaget sieht Egozentrismus bestätigt: Kinder wählten zunächst die eigene Perspektive, aber auch nachdem ihnen die Sicht aus zwei anderen Positionen vorgeführt worden war, sahen die meisten zum Schluss wieder alles nur aus ihrer eigenen Perspektive (1947/1974: 152 f.).

Beispiele für neuere Experimente, die zeigen, wie Kinder sich früher in eine andere Perspektive hineinversetzen können:

Maxi und die Schokolade
Maxi legt Schokolade in den *blauen* Schrank und geht auf den Spielplatz. Seine Mutter braucht die Schokolade zum Backen und legt den Rest in den *grünen* Schrank. Sie verlässt das Zimmer. Maxi kommt vom Spielplatz zurück und will seine Schokolade haben. Wo schaut er nach?
Vierjährige (je älter, desto mehr von ihnen) und Fünfjährige wissen, dass Maxi im *blauen* Schrank nachschaut. Sie wissen, dass Maxi nicht die Information hat, die sie selbst haben.
Fast alle **Dreijährigen** lassen sich jedoch von dem leiten, was sie zuletzt gesehen haben, dass nämlich die Mutter die Schokolade in den *grünen* Schrank legte, und nehmen an, dass Maxi dort nachschaut.
(Wimmer & Perner 1983)

Ein Schwamm wie ein Granitstein
In einem Experiment sieht ein Objekt wie ein Granitstein aus, die Kinder dürfen ihn anfassen und merken, dass es in Wirklichkeit ein Schwamm ist. Das merken auch die Dreijährigen beim Anfassen, aber sie behaupten trotz dieser Erfahrung bei der abschließenden Frage wieder, dass es ein Stein ist. (Flavell et al. 1986)

Experiment mit einer Polaroidkamera
Kinder verschiedener Altersstufen lernen, mit einer Polaroidkamera zu fotografieren, beispielsweise Ernie auf dem Badelaken am Strand; Ernie wird nach der Aufnahme durch Bert ersetzt. Dann wird nachgefragt, wen die Kinder auf dem Foto erwarten.
Dreijährige erwarten Bert auf ihrem Foto, das heißt, sie orientieren sich an der Szene, wie sie sich ihnen im Moment präsentiert. Bei allen Experimenten wird ausgeschlossen, dass es am Gedächtnis liegt und die Kinder es vielleicht vergessen haben. Beim Anblick des leeren Badelakens erinnern sie sich sehr wohl, dass Ernie drauflag. Sobald Bert Ernies Platz einnimmt, lassen sie sich von dem leiten, was sie sehen. (Zaitchek 1990)

Für die unterschiedlichen Fähigkeiten zwischen Drei- und Vierjährigen gibt es verschiedene Erklärungen. Einmal könnte man annehmen, dass Dreijährige noch überhaupt keine Vorstellung von diesem unsichtbaren Bereich des Denkens haben und sich stattdessen am Verhalten orientieren; man könnte in ihnen kleine *Behavioristen* sehen, aus denen erst mit vier Jahren kleine *Theoretiker* werden. Nach Perner (1991) ist bei Dreijährigen *Wissen* gleich *Sehen.* Plausibler und von Experimenten gestützt erscheint die These von Wellman (1990), dass auch schon die jüngsten Kinder Diskrepanzen wahrnehmen, aber sich noch ganz stark von dem leiten lassen, was ins Auge springt (von *Salienz,* von dem, was *salient* ist). Als Beweis dient ihm unter anderem das folgende Trickexperiment:

Ein Gegenstand wird vor den Augen des Kindes in einem von zwei Töpfen versteckt. Dann wird manipuliert und heimlich, vor dem Kind verborgen, der Gegenstand in den anderen Topf gelegt. Auf die Frage, wo der Gegenstand liegt, ist sich das Kind sicher, in welchem Topf er liegt. Wenn sich dann aber herausstellt, dass er sich im anderen Topf befindet, besteht auch schon ein Dreijähriges darauf, dass es weiß/wusste, dass es der andere Topf war. (Wellman 1990)

Wellman macht darauf aufmerksam, dass kleine Kinder im Alltag diese Situationen ganz oft erleben, in denen sie etwas anderes dachten oder erwarteten, als ihnen dann tatsächlich begegnet. Sie erleben immer wieder diese Diskrepanz zwischen gedachter und wirklicher Welt. Es liegt also auch nahe, dass sich eine Vorstellung von einer gedachten Welt früh entwickelt. In den Tagebuchaufzeichnungen des Kindes Philipp um den dritten Geburtstag herum finden sich dafür viele Beispiele, wie er staunt, dass etwas anders ist, als er erwartet beziehungsweise gedacht hat.

TV, Opernszene in alten Kostümen: *Die haben ja Handschuhe an!* (3;0.15)

Beim Kindergarten entdeckten Philipp und sein Bruder den Mond bei Tage am Himmel; unvermittelt: *Bei uns in Zimmer ist kein Mond.* (3;1.18)
Zwei Tage später: *Papa, ich sag dir was. Neulich war der Mond in den Hellen.*
Vater: *Wo denn?*
Philipp: *Da, wo der Kindergarten ist, da war er.* (3;2.10)
Wiederholt Thema: *Ich hab da oben ein Mond gesehn; das darf doch nicht sein.* (3;2.10)

Theke: *Oh, das ist ja klein. Da kann ich was sehn.* (3;5)

Über die sinnliche Wahrnehmung hinaus werden kleine Kinder im Alltag mit Gedanken, Wissen, Überzeugungen anderer Personen der Umgebung konfrontiert. Es ist anzunehmen, dass sie allein schon dadurch zwischen einer unsichtbaren, gedachten Welt und der realen unterscheiden (lernen). Zugang bietet schon den Kleinsten das Bilderbuch und in ihren Geschichten können auch Dreijährige schon etwas über die Absicht einer Person sagen, *Der wollte/will …* (vgl. Teil II, 2.3).

Was wäre, wenn …: Bedingungssätze (= Konditionalsätze) können Irreales ausdrücken. Zunächst lässt sich erst einmal der Typ, bei dem man über die Vergangenheit spekuliert beziehungsweise eine Hypothese aufstellt, aus dem frühen Spracherwerb ausklammern. Kinder beherrschen ihn erst im Laufe der Schulzeit. *Peter und der Wolf* endet mit einem solchen Bedingungssatz und verkürzten Hauptsatz in Frageform: *Wenn Peter den Wolf nicht gefangen hätte, was dann?* Der Dreijährige beantwortet ihn schlicht mit der Tatsache, dass Peter den Wolf fing. Das findet er richtig! Und das hat er im Bilderbuch vor Augen.

Mutter: *Wenn der Peter den Wolf nicht gefangen hätte?* Philipp: *Das war das Richtige, Genaue.* (3;3.19)
Mutter: *Wenn der Peter den Wolf nicht gefangen hätte, was dann?*
Philipp: *Das ist richtig, das ist ganz richtig.*
Mutter: *Was wäre dann, wenn …?* (mehrmals).
Philipp: *Dann muss man die Platte rumdrehen.* (*sc.* die Schallplatte, von der er die Geschichte hört; 3;3.23)

Das vollständige irreale Bedingungsgefüge in der Vergangenheit versteht er in einfachster Form auch jetzt schon, wenn er es im Bilderbuch nachvollziehen kann:

Mutter (vom Wolkenschaf): dass es sich in ein Loch verkrochen hätte, wenn eins da gewesen wäre. *Hat es sich in ein Loch verkrochen?*
Philipp, energisch: *Nein!* (3;0.14)

Mit *wenn* eingeleitete Nebensätze sind unter den ersten Satzkonstruktionen, und wenn man genau hinschaut, sind es nicht nur Zeitsätze. Zuerst begegnen Versuche, die zeigen, dass das Kind einfach nur für den Bedingungssatz sensibilisiert ist, beispielsweise dass es die Konjunktivform nicht kennt und weglässt oder etwas später den Konjunktiv *würde* gebraucht, wo er nicht passt:

Wenn ich ne Mama, dann hab ich auch ne Stricknadel da oben. (*sc.* Hochfrisur mit Haarnadel; 3;0.1)

War erfolgreich auf Toilette: *Da würdest du, da würdest du stolz sein.* (3;0.25)

Aber: In der Vorstellungswelt eines Dreijährigen ist mehr real denkbar als bei älteren Kindern, deren Weltwissen die Möglichkeiten beschränkt.

Den kleinen Müller hab ich gesehn; und wenn der kleine Müller aus 'n Fernsehn rausläuft? (3;4.16)

Wenn ich ein Gott bin, kann ich dann ein Christkind bekommen? (3;4.18)

Für die theoretische Annahme, er sei die Mutter, verwendet er den Konjunktiv (= nicht real), aber das, was er an ihrer Stelle tun würde, steht ihm real vor Augen (= ohne Konjunktiv):

Mutter zeigt im Geschäft auf ein Regal mit Verlockendem: *Das können wir alles nicht kaufen.*
Philipp: *Wenn wir eine Mutter sei 'n, dann kaufen wir's.* (3;1.22)

Sei scheint dann eine Rolle im So-tun-als-ob-Spiel zu signalisieren:

Philipp: *Wenn ich ein Hundchen sei.*
Johanna: *Ja.*
Philipp: *Dann sei 'ch auch ein Hundchen, sei keine Katze, sondern ein Hundchen, wuf-wuf.* (3;1.22)

Ein einziges Mal (drei Monate später!) beginnt er mit dem Hauptsatz mit einem Konjunktiv. Er bricht ab, ohne neu zu beginnen, was typisch wäre für Selbstverbesserungen in diesem Alter. Er fühlt sich offenbar so unsicher, dass er weggeht, statt den Satz zu beenden:

Sagt, was alles ins Haus passt, das so groß ist, beispielsweise ganz viele Hähnchen:
Dann würden wir krank, wenn wir so viel Hähnchen ... (geht weg). (3;4.4)

Interessant ist ein Blick auf andere Sprachen: Das Chinesische hat drei Verben, um den Grad der Ungewissheit einer Aussage auszudrücken: *xiang* ist bezüglich einer Annahme neutraler als *yiwei* und *dang*. Getestet wurden drei, vier und fünf Jahre alte Kinder und Erwachsene. Es zeigt sich, dass drei und vierjährige besser abschneiden bei *yiwei* und *dang*. Offenbar assoziieren sie *xiang* mit Gewissheit. Obwohl chinesische Kinder mit der größeren Differenzierung aufwachsen, bleibt es dabei, dass erst die Mehrzahl der Vierjährigen falsche Annahmen verstehen (33% der dreijährigen Versuchskinder). Trotzdem kommen Lee und Kollegen (1999) zu dem Schluss, dass das Chinesische aufgrund der sprachlichen Differenzierung das Verstehen erleichtert.

2.2 Perspektivenübernahme: »Ich sehe was, was du nicht siehst«

Es beginnt damit, dass der Erwachsene auf etwas zeigt und das kleine Kind auf den Finger schaut statt in die angezeigte Richtung. Etwa um die Mitte des zweiten Lebensjahres (1;6) können sowohl der Erwachsene wie auch das Kind die Aufmerksamkeit gemeinsam auf etwas lenken, also einen gemeinsamen Aufmerksamkeitsfokus herstellen (*joint attention*). Initiative kann von beiden ausgehen. Das Kind lenkt die Perspektive der Bezugsperson auf das, was sein eigenes Interesse geweckt hat, und ebenso folgt es, wenn es aufgefordert wird, mit seinen Blicken der Perspektive der Bezugsperson, unterscheidet also schon zwischen seiner eigenen und einer anderen Perspektive.

Ich sehe was, was du nicht siehst, und das ist ...: Um dieses Spiel spielen zu können, müssen Kinder schon versiert sein in der Wahrnehmung von anderen Perspektiven als der eigenen. Spielen, helfen im Haushalt, sich abstimmen in der Familie sind Gelegenheiten, bei denen das Kind andere Sichtweisen kennenlernt und Erfahrungen sammelt. Bilderbuchgeschichten bieten wunderbare Möglichkeiten, über den Alltag hinaus Perspektiven zu erschließen.

Die Perspektive der Mutter übernimmt Philipp, beispielsweise wenn er ihre Einwände bei der Erfüllung seiner Wünsche mitbedenkt. So soll ihm die Mutter das Wasser am Waschbecken anmachen:

Ich will die Frösche schwimmen lassen; ich mach auch hier das nicht nass, das (zeigt auf seine Vorderseite; 3;0.19).

Dem jüngeren Nachbarkind erlaubt er den Einkauf in seinem Kaufladen, aber denkt daran, was es vorhaben könnte:

Ich bin der Verkäufer und du verkaufst bei mir, aber nicht in mein Verkaufsladen reingehn! (3;0.20)

Wahrscheinlich ohne recht zu wissen, was *neidisch* bedeutet, provoziert er die Mutter mit der Behauptung: *Ich bin neidisch.* Prompt fragt die Mutter nach dem Grund: *Das insistiert sich, initiiert sich, wenn ich neidisch bin* (= interessiert dich; 3;2.0).

Behavioristen könnten einwenden, dass das Kind diese Form der Perspektivenübernahme aus der Alltagsroutine gelernt und hier ein bekanntes Verhaltensmuster vor Augen hat und anwendet. Aber ganz gewiss geht das Folgende darüber hinaus: Im Rahmen seines Lieblingsspiels *Verkäufer* manipuliert Philipp den Kundenwunsch, um die Ware zu behalten, das heißt, er hält die Mutter davon ab, sein großes Mars zu kaufen, mit der Begründung, es sei zu teuer, und will ihr stattdessen einen Lappen anbieten, von dem er annimmt, dass Lappen Mütter bestimmt interessieren (3;0.27). Für einen großen Wagen, den er behalten möchte, bietet er Ersatz an; im Ganzen wird seine Verkaufsstrategie im Hinblick auf die Kunden über drei Monate hin immer ausgefeilter:

Philipp: *Ich brauch noch den Topf mit den drei (sc.* zwei*) Deckeln, mal sehn, ob das passt. Nehm ihn doch, der kostet drei Mark, hier drei Mark. Welchen willst du denn noch kaufen? Den anderen Topf? Du kannst auch die Schüssel kaufen, die ist wunderbar, die glinzt.*
Mutter: *Wie?*
Philipp: *Die glänzt in Sonnenschein.* (3;4.14)

2.3 Meinungsäußerungen und die Wahrnehmung von Meinungsdifferenzen mit Anfang drei

Wir erinnern uns, dass die Definition von *theory of mind* das Bewusstsein nicht nur vom *Denken*, sondern auch vom *Meinen* anderer einschließt. Als Philipp zum ersten Mal eine Meinungsdifferenz zwischen Vater und Mutter entdeckt, geht es darum, ob Apfelkerne essbar sind. Ganz aufgeregt läuft er aus dem Garten ins Haus, um der Mutter die abweichende Meinung des Vaters zu hinterbringen:

Philipp: *Du, Mama, der Papa hat draußen gesagt, du kannst die Apfelkerne essen; und da hab ich gesagt, nein, man darf sie nicht essen.*
Mutter: *So, was hat der Papa gesagt?*
Philipp: *Da hab ich nicht gesagt, man darf sie essen, da hab ich gesagt, nein, man darf die Apfelkerne nicht essen.* (3;0.5)

Vier Monate später vertritt er die eigene Meinung selbstbewusst und betont sie gegenüber der Mutter, beruft sich auf Bücher und Fernsehen als Wissensquelle. Das Wort *meinen* benutzt Philipp zwar schon, bevor er drei wird, aber nur in den Wendungen, mit denen man sich und andere bei Missverständnissen korrigiert, beispielsweise wenn er äußert, er wolle *Käse,* und sich dann verbessert: *Nein, ich will Wurst, mein ich doch* (2;11.20). Zirka zwei Monate nach dieser ersten Bedeutung gibt es Äußerungen, in denen er auch das Wort in der Bedeutung ›der Meinung sein‹ verwendet, aber immer noch nicht wie in der Erwachsenensprache. Die Steigerung mit *so sehr* zeigt, dass noch die Bedeutung ›wünschen‹ mit hineinspielt:

Mutter nimmt Saft aus Tomatensoße, Philipp denkt, er wird weggeschüttet:
Ich meine doch, das schmeckt. Mama, willst du's probieren? (3;1.15)

Seine Schwester soll nicht zur Schule gehen, sondern hier bleiben: *Mama, das mein ich doch so sehr.* (3;3.24)

Philipp fällt Werturteile, beispielsweise über den Sänger Heino, oder er überlegt sich, was andere gefährlich finden oder wie schön ihn andere mit Krone finden:

Aber den anderen, der mit der Brille, den finden wir nicht gut. (sc. Heino, 3;1.9)

Philipp soll nicht auf den Schultern der Schwester reiten: *Findet's die Mama gefährlich?* (3;3.28)

Die Krone kann man auch in der Hand nehmen, an der Hand nehmen. Da findest du mich besser schön, und der Opa findet mich auch schön, wenn ich ein Königlicher bin. (3;4.28)

In vielen Einzelheiten spiegeln Meinungsäußerungen die neue soziale Rolle und das wachsende Selbstwertgefühl eines Kindes mit Anfang drei wider. Es erstaunt also auch nicht, dass beim Bilderbuchbetrachten die Dreijährigen schon so viel zur Interpretation beitragen können und im Gespräch darüber ihre Meinung bilden können, ohne dass der Erwachsene alles weiß und es für das Kind nur darauf ankäme, zu sagen, was er erwartet.

Eltern können hier interessante Fortschritte beobachten. Jedenfalls lohnt es sich, schon früh ein Augenmerk auf solche Meinungsäußerungen zu haben, um auch den Freiraum dafür zu schaffen. Wer traut einem Anfang-Dreijährigen (oder auch erst Zweijährigen) ein unabhängiges Urteil zu? Manchmal sieht es aus wie Trotz und Opposition, aber es geht um mehr. Das Kind ist stolz auf seine (neue!) Eigenständigkeit.

2.4 Wörter aus der Domäne *Denken: wissen, meinen, vielleicht* und andere

Die Verben aus der Domäne *Denken* nennt man *epistemische* Verben. Man untersuchte die englischen Verben: *know, remember, think, guess, lie, pretend, forget* (= *mental state verbs*). Metaphern wie *mir fällt ein* fallen darunter. Zu dem semantischen Feld gehören jedoch auch Substantive wie *Idee, Meinung, Absicht*, Adjektive wie *richtig, falsch*, Adverbien wie *sicherlich, vielleicht*, Modalpartikeln wie *wohl, eben* und anderes in Grammatik und Lexikon, das interessant ist und auch mit neuen Verhaltensweisen einhergeht.

Auch kleine Kinder ordnen schon epistemische Verben einer inneren Welt zu, wie Studien zum Worterwerb zeigen. Ihre Bedeutung gibt eine Beziehung zur äußeren Welt wieder, die auch schon in der Vorstellung der Kinder ein Kontinuum von ›richtig‹ bis ›falsch‹ darstellt (Johnson & Wellman 1980; zum Erwerb von *lügen* vgl. 3.2):

wissen, sich erinnern	am einen Ende werden mit ›richtig‹ assoziiert;
lügen, so tun als ob (lie, pretend)	am anderen Ende werden mit ›falsch‹ assoziiert.
denken/glauben/meinen, raten (think, guess)	liegen zwischen beiden Polen und werden sowohl mit ›wahr‹ als auch mit ›falsch‹ assoziiert;
denken/glauben/meinen (think)	liegen näher an *wissen (know)*.

Im Vergleich dazu hatte Piaget Mitte der 1920er-Jahre dargelegt, dass Kinder wohl zwischen einer inneren und äußeren Welt unterscheiden und wissen, dass etwas *im Kopf* ist. Nach Piaget entwickeln sie aber erst mit neun oder zehn Jahren ein Bewusstsein ihrer selbst und erkennen, dass es ein nichtmaterieller Bereich ist (1926/2003: 119 f.). Dahinter steht die Lehre Descartes': Einsicht gewinnt der Mensch in andere Denkweisen über Erkenntnis der *eigenen* Denkweise. Diese Position gaben die Pragmatisten auf.

Die Pioniere der Kindersprachforschung, das Ehepaar Clara und William Stern (1928), stellen fest, dass Verben wie *denken, meinen, glauben* (*wissen* fehlt) in der Sprache ihrer Kinder ab der zweiten Hälfte des zweiten Lebensjahres vorkommen, und führen Beispiele an. Sie sehen darin einen wichtigen logischen und psychologischen Fortschritt und sprechen von *abstrakten Verben*, die eine »Scheidung von Schein und Sein ausdrücken« (Stern & Stern 1928: 237; 65).

Angelsächsische Forscher, vor allem Wellman und Johnson (1980, 1982), ermittelten in den 1980er-Jahren mehr über das Feld von *know, remember* über *think, guess* bis hin zu *lie, pretend*. Eine Langzeitstudie mit vier Kindern zwischen ihrem zweiten und dritten Geburtstag bestätigt die frühe Differenzierung von *wissen* und *meinen / denken* (*know* und *think*) bezüglich ihrer Bedeutung zum Ausdruck von ›Gewissheit / Ungewissheit‹. Bloom und Kollegen (2001) untersuchen, wie Kinder diese Verben anfangs nur speziell und mit wenigen, ganz bestimmten Satzstrukturen gebrauchen: mit Objekten und mit indirekten Fragen, und zwar mit denen zuerst, die sie auch als direkte Fragen früher zuerst gelernt hatten (*was* und *wo*), allerdings jetzt als indirekte Fragen vier Monate später. Die indirekte Frage (*if/ob*) kommt zuletzt und mit *why/warum* im Beobachtungszeitraum überhaupt nicht vor (256 f.). Der Mangel an Gewissheit bei *denken/meinen* drückt sich auch darin aus, dass Kinder sie mit Modalverben *sollen, können* gebrauchen. In der Struktur mit *dass* (*think that* … beziehungsweise *meinen/glauben/denken, dass, …*) drückt der *dass*-Satz Gewissheit aus. Diese Konstruktion fehlt praktisch. Wenn die Zweijährigen *know/wissen* gebrauchen, dann teilen sie mit, dass etwas so *ist*, es geht ihnen um Mitteilungen, deren sie sich sicher sind.

Um den dritten Geburtstag herum lässt sich in Philipps Sprache beobachten, was Bloom et al. herausfanden. Auch in seiner Sprache fehlt die *dass*-Konstruktion.

Beispiel für *wissen* mit direktem Objekt und indirekter Frage:

wissen mit **direktem Objekt**	Philipp werden Gefäße gezeigt. Es wird nach der Bezeichnung gefragt. (Blechdose): *Dose!* (Rote rechteckige Plastikschüssel mit Griffen): Mutter: *Auch eine Dose?* Philipp: *Das weiß ich nicht. Ein Boot!* (2;10.1) Findet sein Maoam-Säckchen nicht: *Ach so, ich weiß was.* Mutter: *So?* Philipp: *Das liegt weg, das such ich schon.* (3;0.16)
wissen mit **indirekter Frage:**	Philipp: *Mama, was kann ich 'n jetzt tun? Ich weiß, was ich tun kann.* (3;0.11) Mutter: *Kannst 'ne Platte hören.* Philipp: *Mama, ich weiß nicht, was ich 'ne Platte höre für eine.* (3;1.11) Philipp: *Wo sind denn die anderen Krokodile? Die weiß ich nicht mehr, wo sie sind.* (3;2.0)

Verwendungsweisen der epistemischen Verben zeigen, dass Kinder zwischen zwei und drei Jahren schon im Grad der Gewissheit differenzieren. Bassano (1985) untersuchte im Französischen *croire* und *savoir* und stellte allerdings fest, dass die Dreijährigen nur auf die Aussage achteten, nicht darauf, ob eine Phrase mit *wissen* oder *glauben/meinen* (*savoir* oder *croire)* vorausging, sie achteten noch nicht einmal auf die Negation. Es bestätigt sich, was Wellman (1990) sagt, dass nämlich kleine Kinder sich an das halten, was ins Auge springt (*saliency*). In Bassanos Versuch sind es die Puppen, die einen Fisch in der Hand haben und von denen einige zugebundene Augen haben. »Weiß die Puppe, dass sie einen Fisch in der Hand hat? Oder glaubt sie nur …?«

Man sieht: Heute schaut man genauer hin und fragt, wie Kinder allmählich die Bedeutung erwerben und wie eingeschränkt beispielsweise die grammatischen Formen sind, mit denen Kinder diese Verben zuerst gebrauchen. Am Beispiel *wissen* bestätigen sich die angelsächsischen Forschungsergebnisse für den anfangs sehr eingeschränkten Gebrauch und die langsame Entwicklung in Philipps Sprachentwicklung. Aufschlussreich ist, dass zur Entwicklung der Bedeutung etwa zur selben Zeit wie *ich weiß*, Anfang drei, Philipp auch *vielleicht* erwirbt*; dacht ich / ich denke* kommen nur gelegentlich vor, aber gleich an unterschiedlichen Stellen im Satz, nachgestellt und satzeinleitend. Offenbar wird der Ausdruck einfach aus der Alltagsroutine übernommen, was Johnson (1982) für englisch *I think* annimmt.

Mutter: *Was willst du denn noch basteln?* Philipp: *Ich dacht 'ne Blume und ein Baum.* (3;0.8)

Aber wenn die großen Äpfel noch klein sind, dann kann man sie essen, die kleinen, dacht ich. (3;1.13)

Versteht Bienenstock wörtlich; sieht Gerte am Haus, die zum Vertreiben von Wespen benutzt wurde: *Mama, ein Bienenstock! Ein Bienenstock, ich denke, es gibt keine Bienen mehr, alles verjagt, alle sind verjagt.* (3;2.23)

Man kann sich vorstellen, dass ein Zeitfenster aufgeht und das Kind sensibilisiert wird für diese Art der Differenzierung im Hinblick auf die reale Welt. Solche Wörter kommen anfangs oft gehäuft vor. Man merkt, dass das Kind sie sozusagen in Arbeit hat, offenbar weil sie ihm auf einmal auffallen, vielleicht Rätsel aufgeben, es auf jeden Fall herausfordern. Philipp scheinen auf einmal *sicherlich* und *vielleicht* zu interessieren. Die Verwendung sieht aus wie experimentieren: Er probiert beim Sprechen aus, wie er damit ankommt, *learning by doing*:

Vielleicht bedeutet so viel wie ›möglicherweise‹, aber gelegentlich verdoppelt er das Wort, dann schwingt noch etwas Geheimnisvolles mit, wie beim Schneemann, der *vielleicht* zu laufen beginnt. Er soll Augen haben und eine Möhre als Nase.

Und ein Mund, damit er sprechen kann, und vielleicht ein Stock. (3;4.25)
Vielleicht, vielleicht lauft er zum Sandkasten, Papa, guck mal, unserer Schneemann. (3;4.26)

Aber auch schon zwei Monate früher beim Gespräch über die Hexe für das Knusperhaus:

Zu Vater: *Aber vielleicht, vielleicht, ich hab die Johanna gesagt, vielleicht kommt in Wald die Hexe, aber dann in Geschäft fragen, vielleicht gibt's da ne Hexe.* (3;2.27)

Glauben gebraucht er selbst noch nicht, aber versteht es; als die Mutter *ich glaube nicht* verwendet, widerspricht er mit *vielleicht*:

Philipp: *Da war so ein Königsschlösschen, da wohnt der Nikolaus drin, ja, Mama? Sag's doch mal richtig.*
Mutter: *Ach, das war nur gemalt. Das glaube ich nicht.*
Philipp: *Da wohnt vielleicht ein kleines Nikoläuschen drin.* (3;2.25)

Bestimmt: Offenbar versteht er schon früh den Ausdruck *es stimmt,* denn am Ende einer Geschichte betont er plötzlich: *So was ist gestimmt. Morgen erzähl ich noch was.* (3;2.0) Das Adverb *bestimmt* erwirbt Philipp drei Monate später als *vielleicht.* Vergleicht man die beiden folgenden Äußerungen, merkt man, wie er noch einen weiteren Monat braucht, um die Bedeutung von ›sicher, gewiss‹ (Wahrig) zu erfassen:

Mutter schneidet Nägel. Philipp: *Du, das war bestimmt der Nagel. War das der Nagel?* (3;3.21)

Am besten frag ich das nicht die Julia, bestimmt sagt die Nein, das darf ich nicht. (3;4.17)

Sicherlich assoziiert Philipp zuerst mit ›Sicherheit‹, während im Sprachgebrauch *sicherlich* die Sicherheit gerade in Frage stellt: ***Sicherlich*** *fall ich nicht ins Klo.* (3;4.19)

Dazu weitere Beispiele:

Einige Reihen von Verben aus der Domäne *Denken* haben eine konkrete Grundbedeutung und werden im übertragenen Sinne gebraucht, beispielsweise *sich vorstellen, sich überlegen, sich ausdenken.* Kinder verstehen Wörter mit übertragener Bedeutung zunächst wörtlich (Konkretismus), hier in der ganz konkreten lokalen Lesart. Zum Beispiel heißt *Ich hab mir vorgestellt,* dass er sich aus Angst vor dem Nachbarhund vor die Haustür gestellt hat (3;2.0); *sehr gut überlegt* bedeutet ›gut versteckt‹, indem er etwas über die Süßigkeiten seiner Schwester gelegt hat (3;1.12). Zwei Monate später hat Philipp die übertragene Bedeutung und die Assoziation mit *äm-äm* für die Überlegungspause erworben. Als jemand sich lustig macht über sein *äm, äm,* erklärt Philipp: *Ich muss doch nur überlegen* (3;3.24). Auch *siehst du* /siehst, mit dem der Sprecher betont, dass er Recht hatte, gebraucht er erst konkret wie *sehen* (sinnliche Wahrnehmung, 3;0.23) und drei Monate später in der übertragenen Bedeutung, wenngleich es dann noch mit der Schlussfolgerung etwas hapert:

Philipp: *Wenn der Christian noch mal auf die Straße lauft, gibt's dann ein Donnerwetter?*
Mutter: *Nein, dann tut's mir leid, wenn was passiert.*
Philipp (zu Christian): *Siehst du, die Mama hat's verboten; man darf nicht über die Straße laufen; dann wird man tot und in die Erde gesteckt.* (3;4.29)

Dichten hat schon mit Geschichten und Schreiben zu tun, aber auch mit ›klein gefaltet‹:

Philipp: *Ich hab so ne Geschichte gemacht. Das hab ich geschreib.*
Mutter: *Wie?*
Philipp: *Das hab ich gedichtet und in mein Wunderköfferchen gelegt.* (3;4.18)

Vergessen und ***verlieren*** überschneiden sich in ihrer Bedeutung: Man kann beispielsweise eine Brille *vergessen* und *verlieren,* aber ein Wort oder eine Idee nur *vergessen.* So kommt es, dass Kinder diese Verben verwechseln, wie auch Philipp, der den Großvater, der sich den Schal umbindet, erinnert: *Du hast den Hut verlorn.* (3;4.1).

2.5 Wortbedeutungen entwirren sich: *Traum, Idee, Märchen, Geschichte*

Über Monate bleiben diese Wörter beinahe austauschbar, wie die folgende Äußerung zeigt, als Philipp den Aufnahmeknopf auf dem Kassettenrekorder sucht, um draufzusprechen:

Ich will die Pünktchen, das ist so 'n Pünktchen; da kann ich so sprechen, die Geschichte, so 'n Traum. Es war einmal das Märchen, und jetzt ist es zu Ende. (3;4.20)

Den Wörtern haftet noch viel Konkretes im Piaget'schen Sinne an. Piaget nennt Träume *materielle Wirklichkeit* (1926/2003: 113 f.). Philipps Traumgeschichten werden von Bilderbüchern beeinflusst; er wirft sein Schmusetuch in den Papierkorb: *Da stand doch ein Krokodil*, und erzählt später seinen Traum:

In ein Mülleimer kam ein Krokodil vorbei. Das Krokodil hat die Sonne gestohlen und ging wieder hinaus. (Bilderbuch: **Das Krokodil hat die Sonne gestohlen**; 3;0.7).

Philipp will zu den Zwergen gehen und sie sich ansehen oder warten: *Bis sie aus den Land rauskommen. Dann sag ich zu den Zwergen in Wald, seid ihr in Märchenland. (...?) Aus Schnee kann man auch ein Märchenland baun.*
Als die Mutter behauptet, dass es das Märchenland nur im Kopf oder im Buch gibt, muss Philipp lachen. *Im Kopf gibt's doch kein Märchenland! Das gibt's doch gar nicht!* (3;4.15)
Immerhin: Zwischen Buchdeckeln kann er es sich vorstellen!

Dann merkt er selbst, wie seine Träume sich verändern und er auch von Erinnerungen und Plänen träumt (*was anderes*):

Ich hab was geträumt, was anderes. Ich hab die Rehe gefüttert. Ich bin über den Zaun gesprungen und kam nicht raus. (3;2.4)

Bei der Nacht hab ich geträumt, morgen gehen wir doch bei der Sparkasse und auf der Sparkasse. (3;2.27)

Philipp: *Ich hab mir eingefallen, ich hab geträumt, dass du im Wald lagst und (?)*
Mutter: *Ach ja, da bin ich weggelaufen.*
Philipp: *Ja, du wolltest weglaufen.* (3;3.11)

Zur selben Zeit zeigen Fragen, dass er sich über das Träumen Gedanken macht. Er fragt die Mutter, ob ein Baum träumen kann (3;3.10). Über den Schneemann, der ein Auge verloren hat, fragt er: *Träumt er dann mit ein Auge zu?* (3;4.25). Offenbar assoziiert er jetzt schon geschlossene Augen mit *träumen*. Am Ende des ersten Schuljahres kann er der Mutter *träumen* erklären; er sagt, er habe vom Meer geträumt, und fährt fort:

Träume kann man nicht so richtig erzählen. Bei Träumen sind die Bilder das Wichtigste. (7;11.11)

Idee erwirbt er erst vier Monate später als *Traum* und *träumen*. Er assoziiert *Idee* zunächst mit richtigem Sprechen. Als die Mutter ihn lobt, er habe immer so gute Ideen, fällt ihm dazu ein: *Das Sabinchen* (jüngere Spielgefährtin) *kann nicht reden; das sagt immer nur falsch.* (3;4.8)

Er gebraucht es dann mit der Bedeutung ›ich weiß was‹, ›mir fällt was ein‹:

Ich hab 'ne tolle Idee. Ich kann ja Apfelverkäufer sein. (3;4.13)

Sucht sein Gewehr: *Ich hab's gleich; ich hab 'ne Idee, wo's war.* (3;4.15)

Ach so, Papa, ich hab 'ne Idee. Ich hab von den dicken, fetten Lollus geträumt. (3;4.22)

2.6 Empathie (*Die Mama hat geweint und ich konnte die Mama nicht helfen.* 2;10.28)

Eltern sind gerührt, wenn sie entdecken, dass ihr Kind mitfühlend ist. Mitgefühl ist nicht zu verwechseln mit dem sogenannten Ansteckungsweinen: Wenn einer in der Krabbelgruppe anfängt zu weinen, stimmen andere mit ein. So reagieren sogar schon Neugeborene, wenn viele in einem Raum untergebracht sind und eines zu schreien anfängt. Empathie gehört in den Bereich *theory of mind*, den Bischof-Köhler erforscht und auf deren Ergebnisse wir uns im Folgenden beziehen. Im Rahmen von *theory of mind* geht es darum, dass sich das Kind der Gefühle des anderen bewusst wird und versucht, wenn der andere beispielsweise traurig ist, zu trösten. Auch hier geht es um Perspektivenübernahme und prosoziales Lernen, aber im Unterschied zum Denken gehört zum Fühlen offenbar das Bewusstsein der eigenen Empfindungen dazu. Voraussetzung dafür ist die Erkenntnis des eigenen Ichs. Der sogenannte Rougetest gilt dafür als Nachweis.

Man malt dem Kind möglichst unauffällig einen roten Fleck auf die Nase. Wenn es nun vor dem Spiegel an den Fleck fasst oder ihn sogar wegrubbelt, lässt sich daraus schließen, dass das Kind sich selbst im Spiegel erkennt. Am besten lässt man das Kind schon vorher einmal – ohne Fleck – sein Spiegelbild sehen. Es können sich Fehler einschleichen, etwa wenn das Kind das Auftragen spürt und sich noch erinnert. Kinder, die jünger als 1½ Jahre sind, verhalten sich anders vor ihrem Spiegelbild. Man beobachtet verschiedene Phasen, die jedoch überlappen können. Bis zum Alter von etwa einem Jahr sieht das Kind im Spiegelbild den Spielpartner, lacht, spielt Guck-guck und steigert seine Aktivität. Darauf folgen ausgeprägte Neugier, auch mit Blicken hinter den

Spiegel, dann eine auffallende Befangenheit gegenüber dem Spiegelbild, das verstohlen oder lieber gar nicht angeschaut wird. Möglich ist, dass hier schon die Unterscheidung zwischen *Wirklichkeit* und *Schein* erwacht und das »Scheinselbst« im Spiegel verunsichert.

Im Alter zwischen 18 und 22/24 Monaten (1;6–2;0) erkennt sich das Kind selbst im Spiegel. Zeitlich verzögert, kommt dann die Fähigkeit hinzu, das Spiegelbild der eigenen Person mit dem eigenen Namen oder mit *ich* zu benennen.

2.6.1 Empathie und Ich-Bewusstsein

Doris Bischof-Köhler, Entwicklungspsychologin, untersuchte den Zusammenhang zwischen dem Selbsterkennen im Spiegel in der Mitte des zweiten Lebensjahres (zwischen 1;6 und 2 Jahren) und Empathie. Sie machte folgendes Experiment:

Beim Spielen zeigt die Spielpartnerin (= Versuchsleiterin) deutlich, dass der Teddy ihr Lieblingsspielzeug ist; auf einmal löst sich der Arm des Teddys; daraufhin wird sie ganz traurig. Die Kinder reagieren im Versuch unterschiedlich: Die »Helfer« sind die Kinder, die betroffen reagieren und versuchen, irgendwie mit einem anderen Spielzeug zu trösten, den Teddy selbst zu reparieren oder die Mutter zu Hilfe zu rufen. Diese »Helfer« gehören alle zu denjenigen, die sich selbst im Spiegel erkannten. Daneben gibt es »Übergänger« beziehungsweise »Verwirrte«, die nur vorübergehend betroffen reagieren, und die Gruppe der »Unbeteiligten«. Das sind diejenigen, die eindeutig auch ihr Selbst nicht im Spiegel erkannten. (Bischof-Köhler 1989)

Prosoziales Verhalten, wie es die »Helfer« an den Tag legen, scheint danach an Selbsterkennen geknüpft. Es leuchtet ein, dass das Bewusstsein von sich selbst auch die Unterscheidung *Ich – Andere* mit sich bringt. Zu beobachten ist, dass Kinder ausgerechnet in diesem Alter auch beginnen, Erwachsenen bei Haushaltsarbeiten spontan zu helfen. Natürlich ahmen sie Erwachsene nach, aber es kann auch als Zeichen prosozialen Handelns gesehen werden: Das Kind kooperiert mit dem Erwachsenen für ein gemeinsames Ziel.

Situationen wiederholen sich im Alltag und Kinder imitieren einfach das Verhalten, das sie wiederholt in ihrer Umgebung erleben. Aber der Kinderalltag ist so vielfältig, dass längst nicht alles mit direkter Nachahmung zu lernen ist. Die Fähigkeit zu Empathie scheint auch nicht abhängig von der Geschwisterzahl, aber sicherlich üben die Eltern immer als Vorbild Einfluss aus. Ganz wichtig ist auch das Verhalten, das Kinder in anderen Institutionen wie in Kindergarten und Schule erleben. Rollenübernahme, die Nachahmung einschließt, hat viel mit Liebe und Respekt des Kindes gegenüber seinen Bezugspersonen zu tun (Kohlberg 1969). Die Fähigkeit, die Gefühle des anderen oder der anderen zu verstehen, bedeutet die Hinwendung zur Gemeinschaft und ist grundlegend für soziale Kontakte. Es geht schon im frühen Kindesalter um die Entwicklung einer Grundhaltung, die für das weitere Leben ganz wichtig ist. Das folgende Beispiel stammt von einem Kind, das einen integrierten Kindergarten besucht:

Der vierjährige Philipp S. wird zufällig morgens zusammen mit einem blinden Mädchen am Eingang abgesetzt. Er läuft zur Begrüßung auf sie zu, *Hallo, Lisa, ich bin der Philipp.* Er bedenkt, dass sie ihn nicht sehen kann, und gibt sich ihr daher zu erkennen. Wahrscheinlich hat er dieses Verhalten geübt, aber in diesem Moment versetzt er sich spontan in das blinde Kind.

In der neueren Hirnforschung geht es um Spiegel-Nervenzellen, *Spiegelneurone.* Sie erklären manche psychologischen Beobachtungen und geben dem Aspekt der Nachahmung ein besonders starkes Gewicht. Man weiß inzwischen mehr über die Netzwerke, die bei Gefühlen aktiviert werden. Säuglinge neigen bereits kurz nach ihrer Geburt dazu, Gesichtsausdrücke spontan zu imitieren. Daraus entsteht schon denkbar früh eine wechselseitige Kommunikation. Es wird klar, wie wichtig das Zusammensein der Mutter beziehungsweise der Eltern mit dem Kind nach der Geburt ist. Aus der Imitation entsteht ein frühes intuitives Gefühl von inniger Verbundenheit. Man sieht: Der Säugling hat die genetische Ausstattung und die Fähigkeit, mit der Welt in sozialen Kontakt zu kommen. Aber wenn die Nerven-Netzwerke nicht benutzt werden, entwickeln sie sich nicht weiter beziehungsweise gehen zugrunde. Es gilt der Satz: *Use it or lose it.* Das Kind bekommt die Grundausstattung von der Natur mit, aber die eigene Empathiefähigkeit entwickelt sich aus dem, was es an Anteilnahme, Zuwendung, Liebe, vor allem in den ersten beiden Lebensjahren von Seiten seiner engsten Bezugspersonen, erlebt und erfährt. Die Forschung lenkt also den Blick auf die große Bedeutung früher Erfahrungen des Kindes. Sie erklärt, wie der Mensch aus solchen Erfahrungen lernt, intuitiv und spontan auf Gefühle anderer zu reagieren. Sprache spielt dabei eine wichtige vermittelnde Rolle. Man prüfe sich, wie schon die Beschreibung eines empfundenen Schmerzes ein Schmerzgefühl im Zuhörer auslösen kann (vgl. Bauer 2005).

2.7 Gefühlswörter: *Angst, wütend, sich freuen*

Die Allerkleinsten sichern sich bei neuen Eindrücken mit einem Blick auf die Mutter ab, wie sie reagieren sollen. Man merkt, wie sie eine veränderte Stimmungslage beispielsweise in der Lautstärke erkennen. Mit wachsenden Fähigkeiten teilen sie bei Gelingen am liebsten ihre Freude und ihren Stolz mit dem Erwachsenen. Einjährige durchschauen die Zusammenhänge schon so gut, dass sie Reaktionen der Bezugspersonen herausfordern können. Mit dem Tritt in die Pfütze und dem zielstrebigen Gang zum Fernseher verrät manchmal der Blick auf einen Elternteil die Absicht zu provozieren.

Ärger, Angst und Freude anderer erkennt ein Kind an Verhalten, an Mimik und Gestik, an Worten und Ton der Rede. Sein eigenes Einfühlungsvermögen und Empathie zeigen sich schon viel früher, als in der Sprache fassbar, aber im Worterwerb wird die Einsicht greifbar. Diese Gefühlswörter sind gar nicht leicht zu verstehen, *sich ärgern, wütend sein, sich freuen, stolz sein, Mitleid haben, leidtun, einen Schreck kriegen* und andere. Daher ist es interessant, die Anfänge im Lexikon des Kindes zu beobachten.

- ***Freude*** und ***Stolz:*** Philipp malt sich Freude aus, beispielsweise beim Backen, wie der Onkel sich über den Kuchen oder die Geschwister über Geschenke, die er einwickelt, freuen werden. *Stolz* sollen die Eltern sein; zuerst gebraucht er das Wort noch als Verb, schnell, bevor er die Medizin brav schluckt: *Gleich stolz du's* (3;0.16); dann folgt ein neuer Versuch, weil er nicht in die Hose macht: *Da würdest du stolz sein* (3;0.17).

- Im Input kommt ***etwas*** oder ***jemand tut einem leid*** oft vor, aber um es richtig zu gebrauchen, verlangt der Ausdruck Einsicht in eigenes Handeln und die Konsequenzen für den anderen, ist also schwierig zu verstehen, aber das Kind ist interessiert daran, es zu lernen. Der erste Versuch mit 3½:

Mutter: *Kletter nicht da, du kannst auf den Boden fallen und dir wehtun.*
Philipp: *Ich tu mir leiden.* (3;6.4)

Hat man das Wort *Mitleid* erworben, kann man sich ab dann sein ganzes Leben mit der Bedeutung und seinem Für und Wider auseinandersetzen.

Zur selben Zeit setzt er sich intensiv mit Angstgefühlen und ihren Ursachen auseinander. Er erklärt die eigene Angst, z. B. im dunklen Zimmer und in der Waschanlage, und versucht sie zu vermeiden. Er fühlt mit anderen mit, lässt sich trösten und redet anderen die Angst aus.

Wenn ich weine, hat mir's die Mama hell gemacht, und ich hab mich gefreut; aber nicht dunkel machen! (3;0.14)

Später weiß er, warum seine Puppe Angst hat: *Das hat so Angst, weil Gespenster kommen.* (3;3.25)

Du tröstest mich, ich weine (sc. umgekehrt). *Aber nicht in der Wischmaschine* (= Autowaschanlage)! *Die Mama tröstet mich.* (3;0.14)

Streichelt die Mutter: *Du hast doch keine Angst zu 'n Hund; die tun doch nix.* (3;0.17)

- Bei *Angst haben* ***vor*** ist die (Raum-)Vorstellung ein Problem; Philipp schwankt über eineinhalb Monate lang zwischen den Perspektiven *von, an, zu, vor, nach;* man vergleiche dazu:

Angst von Kühen (trotz Kontext) (2;10.28)
Angst vor den Eulen (3;0.22)
Angst zu Flugzeug (3;0.27)
Angst an der Schnecke (Mutter: Wie?) *Angst an die Schnecke* (3;1.0)
Angst zu Bücher, korrigiert sich: *vor, von Bücher* (3;1.1)
Angst von ein Gespenst. Mutter: *Hast du Angst von einem Gespenst oder vor einem Gespenst?*
Philipp: *Von einen* (2x) (3;1.2)
Angst nach Hunde (3;1.0)
dann regelmäßig *Angst vor: Angst vor Menschen/Gespenstern/etc.* (3;1.5/12)

Er redet von Menschen, die ihm Angst einflößen, und stellt zwei Wochen später klar, dass ihm Geschichten und Märchen in Büchern keine Angst machen, was wohl eher Wunschdenken ist:

Aber ich hab vor Leuten Angst, weil ich nicht nett finde (= die ich nicht nett finde; 3;0.13)

Ich hab nicht zu Bücher Angst, ich hab nicht vor, von Bücher Angst. (3;0.28)

Beim Helfen in der Küche hat er Fürsorglichkeit gelernt. Als die Mutter die Nudeln abschüttet und sagt, dass es heiß ist, ermahnt Philipp:

Ich seh, dass es heiß ist. Pass vorsicht auf! Wenn du dich verbrennst, hol ich dir ein Pflaster. (3;0.18)

Im So-tun-als-ob-Spiel spielt er zum ersten Mal die Rolle des Ärgerlichen beziehungsweise regelrecht Zornigen, indem er zu einem imaginären Partner mit böser Stimme spricht und auch sprachlich zeigt, dass er emotionale Reaktionen genau beobachtet:

Sprecher in seiner Geschichte: *Der hat die Uhr kaputt gemacht, du verstandest!* (3;1.22)

Philipp: *Das hab ich gemerkt.*
Mutter: *Was?*
Philipp: *Der Papa und die Mama waren wütend auf mich; alle waren wütend, und die Mama auch.* (3;2.23)

Bilderbuchbetrachten und Geschichtenhören eröffnen im Bereich der Empathie wunderbare Lern- und Einflussmöglichkeiten. Kinder werden schon ganz früh mit unterschiedlichen Charakteren und Verhaltensweisen konfrontiert. Sie erweitern ihren Horizont und vertiefen ihre Einsicht für Emotionen und Empathie. In dem Dreieck: Buch, Kind, Vorleser geht es um die Personen im Buch und ihr Verhalten untereinander, aber auch darum, wie die Leser, kleine und große, dazu stehen. Nimmt man alles zusammen, was oben bezüglich Vorlesen beschrieben wurde, wie Konzentration, tieferes Eindringen durch Wiederholung, gemeinsamer Blickwinkel, Geborgenheit, so wird deutlich, wie der Erwachsene hier an der Gefühlswelt des Kindes teilhaben kann und wie viel Einfluss er gerade hier auf das Kind hat, und zwar in frühem Alter. Es geht um die Charaktere im Buch und die Geschichte, aber auch um die Einstellung. Für den Gefühlsbereich ist das limbische System verantwortlich, das bis zum Alter von zehn Jahren schon weitgehend festgelegt ist und danach nur noch wenig Veränderungen zulässt. Wie wichtig erscheint dann ein früher positiver Einfluss! – Es wundert nicht, dass Kinder Gefühlswörter *nicht* aus dem (Kinder-)Fernsehen erwerben, wie man in einer Untersuchung mit Drei- bis Fünfjährigen ermittelte (Harris 1992).

2.8 Worauf es ankommt

📖 *Theory of mind* ist der Fachausdruck für das, was man ungefähr als ›Bewusstsein vom eigenen Denken und Fühlen und dem anderer Personen‹ wiedergeben kann. Es geht um soziales und kognitives Lernen, das aber in seinen allerersten Anfängen schwer nachzuweisen ist. Hier tut sich ein weites und interessantes Feld für Eltern und Erzieher auf, selbst Beobachtungen anzustellen. Fragestellungen aus der Forschung und Experimente geben eine gewisse Orientierung und Anleitung, auf was man achten kann.

📖 Die wirkliche Welt von einer Welt, die nur im Kopf existiert und nur gedacht ist, zu unterscheiden, beginnt mit dem Betrachten von Fotos oder Bilderbüchern. Der Erwachsene muss sich bewusst sein, dass es eine erstaunliche Denkleistung eines Eineinhalbjährigen ist, die Person auf dem Foto mit der neben sich zu identifizieren oder mit der zweidimensionalen Abbildung im Buch die Gegenstände im Haushalt gleichzusetzen. Welche Bedeutung assoziiert ein Kind mit *Traum* und *träumt*? Die Bedeutungskonzepte von Wörtern wie *Traum*, *Absicht*, *Idee*, *Ahnung* entwickeln sich langsam und geben Einblick in Fortschritte im Bereich des Denkens. Verben mit übertragener Bedeutung wie *sich vorstellen*, *(sich) überlegen*, *einfallen*, *sehen* erwerben Kinder zuerst in ihrer konkreten Bedeutung. Der Erwachsene wird bei seinen Beobachtungen auch über Schwierigkeiten und Besonderheiten seiner Muttersprache nachdenken. Das kommt beiden zugute, Erwachsenem und Kind. Hier – wie an anderen Stellen – wird man sich bewusst, wie groß die Lernleistung der Kinder im Spracherwerb ist, und man wird besonders aufmerksam zuhören.

📖 Wie falsch oder richtig beziehungsweise wahr eine Äußerung ist, hat im täglichen Gespräch eine große Bedeutung für das Verhältnis der Beteiligten. Der Wahrheitswert spielt deswegen in der Kommunikationsforschung und Philosophie eine wichtige Rolle. Der Sprecher kann mit Verben wie *ich weiß*, *ich glaube*, mit Adverbien wie *vielleicht*, *sicherlich*, mit Modalpartikeln wie *wohl*, *eben* dem Zuhörer gegenüber den Wahrheitswert modifizieren. Untersuchungen zu epistemischen Verben (*wissen*, *glauben* etc.) zeigen, dass schon Dreijährige diese Verben dem Bereich des Denkens zuordnen. In der Vorstellung der Kinder stellt die Beziehung zur äußeren Welt ein Kontinuum von ›richtig‹ bis ›falsch‹ dar zwischen *wissen*, *sich erinnern* (= ›richtig‹) und *lügen* (= ›falsch‹) am anderen Ende; *denken*, *glauben*, *meinen* rangieren dazwischen. Schon die ganz Kleinen achten auf solche Differenzierungen. Es ist erstaunlich, wie Dreijährige für solche Unterschiede sensibilisiert sind, die ganz wichtig sind für Verlässlichkeit und Vertrauen zwischen Gesprächspartnern. Bezugspersonen sind Vorbilder. Ein Kind wird verstehen, wenn ein Erwachsener etwas nicht weiß, nicht genau weiß oder sich korrigiert, wenn sich etwas als falsch herausstellt.

📖 Um die Mitte des zweiten Lebensjahres (1;6) erwirbt ein Kind die Fähigkeit, die Perspektive eines anderen einzunehmen. Das hat große Auswirkungen auf die Kommunikation. Das Kind und der Erwachsene wenden gemeinsam ihr Augenmerk auf eine Sache (*joint focus*). Nicht zufällig kommt die Sprachentwicklung ab diesem Alter richtig in Gang. Beim Spielen, beim Helfen bei Hausarbeiten, beim Betrachten von Bilderbüchern und Geschichtenerzählen, beim Sichabstimmen in der Familie, überall sammelt das Kind Erfahrungen mit anderen Sichtweisen. Für Bezugspersonen ist es wichtig zu wissen, dass ein Kind auf diese Weise früh die unterschiedlichen Perspektiven wahrzunehmen beginnt und das Feld in Arbeit hat, sodass Erklärungen auf fruchtbaren Boden fallen. Die Einsichten des Kindes sind an seinem Verhalten und seiner Sprache abzulesen, beispielsweise seine Aufmerksamkeit für Schilder, für Regeln beim Spiel und im sozialen Umgang, der Erwerb des unpersönlichen *man* und die Fähigkeit, schon die Bedenken des Erwachsenen in die Formulierung einer Bitte mit einzubeziehen. Adversatives (den Gegensatz betonendes) *Aber* wuchert in der Sprache Dreijähriger und signalisiert, dass *sich hineinversetzen in einen anderen* auch immer *sich auseinandersetzen* zur Folge hat.

📖 Die neuere Hirnforschung belegt, dass der Säugling mit einer genetischen Grundausstattung geboren wird, die ihn zu sozialem Kontakt befähigt, beispielsweise ahmt er spontan den Gesichtsausdruck der Mutter nach. Man fand heraus, dass bei zielgerichteten Handlungen beim Zuschauer dieselben Spiegel-Nervenzellen aktiviert werden wie beim Handelnden, dass sogar schon am Anfang das ganze Handlungsschema aktiviert wird. Dasselbe wurde im Bereich der Gefühle nachgewiesen mit wichtigen Konsequenzen für die frühe Erziehung. Was das Kind bei der Geburt mitbringt, entwickelt sich durch liebevolle Anteilnahme und Zuwendung zur eigenen Empathiefähigkeit und trägt zur Ich-Findung und zum Selbstwertgefühl bei. Daraus ergibt sich, wie wichtig der Einfluss der engsten Bezugspersonen gerade in den ersten Lebensjahren ist. Ein Kind, das liebevolles Verständnis für seine Nöte und Gefühle erfährt, wird eher fähig sein, für andere dasselbe Mitgefühl zu empfinden und auszudrücken.

2.9 Literaturverzeichnis

Bauer, Joachim (2005), *Warum ich fühle, wie du fühlst* (Hoffmann und Campe); ebenso: Heyne-Taschenbuch

Bassano, Dominique (1985), Five-year-olds' understanding of ›savoir‹ and ›croire‹. *Journal of Child Language* 12, 417–432

Bischof-Köhler, Doris (1989), *Spiegelbild und Empathie: Die Anfänge der sozialen Kognition* (Verlag Hans Huber: Bern, Stuttgart, Toronto)

Bloom, Lois, Matthew Rispoli, Barbara Gartner and Jeremie Hafitz (2001), Acquisition of Complementation. In: Tomasello, Michael and Elizabeth Bates (Eds), *The Essential Readings*, 248–266

Flavell, J. H. (1978), The development of knowledge about visual perception. In: C. B. Keasey (Ed.), *Nebraska Symposium on Motivation 1977*, University of Nebraska Press

Flavell, J. H., F. L. Green and E. R.Flavell (1986), Development of knowledge about the appearance-reality distinction. *Monographs of the Society For Research in Child Psychology*, 51 (Serial No. 212)

Golinkoff, Roberta M. (1993), When is communication a ›meeting of minds‹? *Journal of Child Language* 20, 199–207

Gopnik, A, and Astington, J. W. (1988), Children's understanding of representational change and its relation to the understanding of false belief and the appearance-reality distinction. *Child Development* 59, 26–3

Johnson, Carl Nils and Henry M. Wellman (1980), Children's developing understanding of mental verbs: Remember, know, and guess. *Child Development* 51, 1095–1102

Johnson, Carl Nils (1982), Acquisition of Mental Verbs and the Concept of Mind. In: Kuczaj, Stan A. (ed.), *Language Development* Vol. 1: *Syntax and Semantics* (Lawrence Erlbaum Ass.: Hillsdale, N. J.)

Harris, Margaret (1992), *Language Experience and Early Language Development: From Input to Uptake* (Lawrence Erlbaum Ass.: Hillsdale, USA and Hove, UK)

Kohlberg, Lawrence (1969), Stage and Sequence: The Cognitive-Developmental Approach To Socialization. In: Goslin, David A. (Ed.), *Handbook Of Socialization Theory and Research* (Rand McNally and Company: Chicago), 347–480

Lee, Kang, David R. Olson, Nancy Torrance (1999), Chinese children's understanding of false beliefs: the role of language. *Journal of Child Language* 26, 1–21

Oerter, Rolf und L. Montada (Eds), (2002), *Entwicklungspsychologie*. 5. vollständig überarb. Auflage (Beltz PVU: Weinheim et al.)

O'Neill, Daniela K. (1996), Two-year-olds' sensitivity to the parents' knowledge when making requests. *Child Development* 67, 659–677

Perner, Josef (1991), *Understanding the Representational Mind* (MIT Press: Cambridge, Mass. et al.)

Piaget, Jean (1926), *Das Weltbild des Kindes.* Dt. Übers. 1978; dtv 7. Aufl. 2003 (1. Aufl. 1988)

Piaget, Jean (1947), *Psychologie der Intelligenz.* Kindler Taschenbücher, Nachdruck der 6. Aufl. 1976, 2. überarb. Auflage, mit einer Einführung von Hans Aebli

Piaget, Jean (1972), *Sprechen und Denken des Kindes* (Pädagogischer Verlag Schwann: Düsseldorf), 3. Aufl. 1976; urspr. 1968, 7. Aufl.

Shatz, Marilyn and O'Reilly, Anne W. (1990), The development of communicative skills: Modifications in the speech of young children as a function of listener. *Monographs of the Society for Research in Child Development* 38 (Serial No. 162)

Stern, Clara – Stern, William (1928), *Die Kindersprache: Eine psychologische und sprachtheoretische Untersuchung.* Leipzig, 4. neubearb. Aufl. Nachdruck: Darmstadt: Wissenschaftliche Buchgesellschaft 1975

Tomasello, Michael (1995), Pragmatic Contexts for Early Verb Learning. In: Tomasello, Michael and E. William Merriman (eds) *Beyond Names for Things: Young Children's Acquisition of Verbs* (Lawrence Erlbaum Ass.: Hillsdale, N. J.), 115–146

Tomasello, Michael (2003), *Constructing a Language: A Usage-Based Theory of Language Acquisition.* (Harvard Univ. Press: Cambridge, Mass., and London, England)

Wellman, Henry M. (1985), The Child's Theory of Mind: The Development of Conceptions of Cognition. In: Yussen, Steven R. (Ed.), (1985), *The Growth of Reflection in Children* (Academic Press, Inc.: Orlando et al.), 169–206

Wellman, Henry M. (1990), *The Child's Theory of Mind* (MIT Press: Cambridge, Mass.)

Zaitchek, D. (1990), When presentations conflict with reality: The preschooler's problem with false beliefs and »false« photographs. *Cognition* 35, 41–68

3 Erinnerung, Lüge, Ironie

3.1 Erinnerung und Gedächtnis: Vom Speichern und Abrufen

Es mag verwundern, dass Erinnerung, Lüge und Ironie in ein und demselben Kapitel behandelt werden, aber der Zusammenhang wird schnell deutlich, allein wenn man schon bedenkt, wie lange ein Kind braucht, Fantasiewelt und reale Welt klar voneinander zu trennen. Es erwirbt sehr langsam ein objektives Zeitkonzept, um Ereignisse einzuordnen, und lernt erst allmählich, sich in andere Personen hineinzuversetzen und sich in ihre Perspektive hineinzudenken. Man kann sich also fragen, ob ein kleines Kind überhaupt lügt und ob es Lügen versteht und Ironie davon unterscheiden kann. Es lohnt sich, genauer hinzuschauen, was ein Kind in bestimmten Situationen leisten kann beziehungsweise worüber es (noch) nicht verfügt. – Einleitend scheint ein kleiner Ausblick auf Ergebnisse der Hirnforschung angebracht.

In unserem Gehirn ist *Gedächtnis* der Speicher, *Erinnerung* das Abrufen des Gespeicherten. Die Hirnforschung unterscheidet zwischen *nichtdeklarativem* und *deklarativem* Gedächtnis. Im nichtdeklarativen Gedächtnis werden Fähigkeiten gespeichert, wie laufen und schwimmen. Das deklarative Gedächtnis teilt sich in zwei Bereiche: Im *episodischen* Gedächtnis werden Erinnerungen an Erlebnisse abgelegt, die man auch Episoden nennen kann, wie beispielsweise Erinnerungen an Ferien und Weihnachten. Im *semantischen* Gedächtnis wird das ganze Wissen gespeichert, von Fremdsprachen bis zu mathematischen Formeln. Bestimmte Areale im Gehirn erfüllen bestimmte Aufgaben, aber noch lange (an die zehn Jahre) besitzt das Gehirn noch so viel Plastizität, dass sich Leistungen verlagern können, wenn eine Seite gestört ist. Die Hirnforschung wies nach, dass für den Mutterspracherwerb die linke vordere Hirnhälfte zuständig ist; das heißt, man spricht besser von Erstspracherwerb, denn auch beim Input von zwei Erstsprachen (also bei bilingual aufwachsenden Kindern) werden diese beiden links verarbeitet, anders als Sprachen, die später dazukommen und die weniger konzentriert und mehr rechts abgebildet sind.

Bei der Gedächtnisleistung kommt weiter mit ins Spiel, was man *das limbische System* nennt. Es betrifft die emotionalen Umstände, unter denen gelernt wird, und spielt eine wichtige Rolle in den Diskussionen um effektives Lernen in der Schule. Man kann es sich ganz natürlich erklären, dass der Mensch das unter angenehmen Bedingungen Gelernte besser behält als das, was er beispielsweise unter Druck und mit Angst lernte. Eine gesunde Abneigung sträubt sich dagegen, das abzurufen, was mit unangenehmen Begleitumständen verknüpft ist.

Was für Lernen in der Schule wichtig ist, gilt erst recht für die frühe Kindheit. Sprache lernt man dann am besten, wenn die Kommunikation Spaß macht, wenn der Erwachsene das Kind versteht und auf es eingeht. Wir kamen in verschiedenen Zusammenhängen wiederholt darauf zu sprechen, beispielsweise beim frühen Bilderbuchbetrachten; genaues Hinhören und Mitreden, aber auch Freude, Lob und Staunen gehören zur täglichen Interaktion zwischen Erwachsenem und Kind.

Genaues Sehen und Erkennen sind die Voraussetzung für genaues Speichern im Gedächtnis und entsprechend genaue Erinnerung. Wenn sich die Sprechfähigkeit entwickelt, ist dieses Sehen und Erkennen auch eng mit Sprache verknüpft. Was für das Gedächtnis von Bildern gilt, trifft auch auf den Worterwerb zu. Das Gedächtnis wird nicht etwa durch möglichst viele neue Eindrücke gestärkt und gefördert, sondern durch Wiederholung. Die täglichen Routinen, von Sprache begleitet, das Gespräch beim Essen, beim Baden, beim Spielen vermitteln dem Kind Sicherheit und fördern die Sprachfähigkeit: Die Assoziation zwischen Objekt/Situation und Wort/Ausdruck wird verstärkt. Das Kind erfasst und speichert die Bedeutung neuer Wörter besser.

Eine Aussage über Vergangenes, das länger oder ganz kurz zurückliegen mag, basiert auf Erinnerung an etwas. Die Erinnerung kann falsch sein oder vom Sprecher bewusst gefälscht werden, sodass Irrtum und Lüge nahe beieinander liegen. Wie beides in der Kindersprache miteinander zusammenhängt, soll im Folgenden dargestellt werden.

3.2 Lügen vs. Scheinlügen

Stern & Stern definieren *Lügen* als »bewusst falsche Aussagen, mit dem Zweck, andere zu täuschen« (1907/1908:33). Die Sterns entdeckten in ihrer Darstellung der frühen Kindheit ein weites Feld von Aussagen, die sie nur als *Irrtümer* und *Scheinlügen* bezeichnen und deren psychologische Gründe sie erforschten. Die Gültigkeit kann jeder überprüfen. Sie werden bestätigt und ergänzt von neuerer experimenteller Forschung. Bis zur Zeit der Veröffentlichung ihrer Abhandlung stellten die Sterns bei ihrer Tochter Hilde, damals neun Jahre alt, keine Lüge im oben definierten Sinn fest. Allerdings gibt es Kinder, die schon viel früher beharrlich lügen (lernen), etwa bei strenger Erziehung, wenn Strafen für Ungehorsam oder sonstiges Fehlverhalten angedroht werden.

Wer mehr weiß über *scheinbare* Lügen, wird nicht zu früh oder an falscher Stelle moralische Maßstäbe anlegen. Im Folgenden werden Gesichtspunkte zusammengestellt, die erklären, warum Kinder oft gar nicht fähig sind, verlässlich die Wahrheit zu sagen.

Überlagern von Bildern, fehlendes Zeitkonzept

Die Erinnerungen sind in der frühen Kindheit ganz stark visuell geprägt. Es tauchen Bilder aus dem Gedächtnis auf, und Bilder überlagern sich, zumal bis in die Grundschulzeit hinein ein objektiver Zeitrahmen fehlt, der zur genauen Erinnerung gehört. Lange können Kinder noch nicht zwischen ganz naher und ferner Vergangenheit unterscheiden. Unter solchen Umständen kann man nicht erwarten, dass ein Kind über Vergangenes zuverlässige Auskunft gibt. Man vergleiche die Situation, dass das Kind den Vater an der Tür mit der größten Neuigkeit empfängt: *Papa, das Fernsehen ist wieder kaputt* (2;11.7), nachdem eine Woche zuvor der Fernseher ausgefallen war, nach vier Tagen repariert wurde und seitdem wieder funktioniert. Wenn also ein Dreijähriger im Kindergarten seiner Gruppenleiterin sagt, dass ihn ein Großer gezwickt hat und der Junge an dem Tag gar nicht im Kindergarten ist, lügt er nicht, selbst wenn er auch noch eine Zeitangabe macht wie *heute*.

Irrtum aus Affekt

Nehmen wir als Beispiel, dass der Schlüssel verschwunden ist. Das Kind wird gefragt und gibt Auskunft, einfach weil es kooperativ sein möchte oder weil es diese Situation mit einer ähnlichen Gelegenheit aus der Vergangenheit vermischt. Fragen, mit denen der Erwachsene dann vielleicht in ein Kind dringt, beispielsweise »Hast du mit dem Schlüssel gespielt?«, suggerieren (meist) die Antwort *Ja*. Es kann sich nachher herausstellen, dass das Kind überhaupt nicht an dem Schlüsselverschwinden beteiligt war.

Es ist wichtig zu wissen, dass Fragen, erst recht drängende Fragen, ein Kind zu falschen Aussagen veranlassen können. Solche suggestiven Fragen darf man kleinen Kindern nicht stellen, um die Wahrheit herauszufinden. Manchmal ist nur Nachahmung im Spiel, wenn das Kind ein *Nein* des Spielpartners übernimmt. Oder das *Nein* ist nicht konstatierend, sondern emotional: Es drückt aus, dass es etwas nicht tun *wollte*. Bei ganz Kleinen unter zwei Jahren ist es unter Umständen nicht sicher, ob sie *nein* und *ja* schon in ihrer Bedeutung sicher unterscheiden.

Nur mit Behutsamkeit kann man Kinder auf ihre Irrtümer aufmerksam machen und sie korrigieren. In allem gilt, dass der Erwachsene Vorbild sein muss, das Kind niemals hintergeht und an der Ehrlichkeit keine Abstriche macht, auch wenn die Fahrkarte bei falscher Altersangabe billiger ist. Die Sterns sprechen von einer Phase mit ausgesprochenem Wahrheitsfanatismus. Wenn die Atmosphäre angstfrei ist, berichtet der Dreijährige freimütig von dem, was ihm passiert ist. Er plaudert Geheimnisse aus und behält sie auch nicht für sich, wenn er beispielsweise beim Spiel der eigenen Partei schadet.

Fantasievorstellungen

Kleine Kinder unterscheiden nicht zwischen dem, was sie erlebt haben, und dem, was sie sich nur in ihrer Fantasie vorgestellt haben. Wenn sie beginnen, Geschichten zu erzählen, wird besonders deutlich, wie leicht die Grenzen zwischen erlebter Realität und Fantasiegeschichten, die sie aus Bilderbüchern, von Hörkassetten und aus dem Fernsehen kennen, verwischen.

Als Schulkind weiß Philipp, dass es den Nikolaus nicht gibt, jedenfalls glaubt das die Familie und beschließt, nicht mehr Hafer und Milch für den Esel vor die Tür zu stellen. Auf einmal wird bemerkt, dass Philipp leise vor sich hin weint – weil der Nikolaus nicht kommt. Beide Vorstellungen existieren in seiner Vorstellung noch nebeneinander, die aufgeklärte und die kindliche.

Wie kompliziert die Verhältnisse sind, zeigt sich in der folgenden Äußerung eines Sechseinhalbjährigen, der sich mit seiner Mutter über Berufswünsche unterhält und ihr anvertraut:

> *Bauer ist auch nicht so gut. Da hab ich mal ne Lüge als klein* (= als ich klein war) *gemacht. Da hab ich en Hut und ne Wester angezogen und hab in Kindergarten gesagt: »Ich bin ein Cowboy«. Aber jetzt bin ich groß und kann dir's sagen: Als ich klein war, wollt ich Cowboy sein.* (6;6.5)

Er weiß, dass *lügen* ›absichtlich irreführen‹ bedeutet – aus seiner Sicht als Sechsjähriger –, aber aus der Formulierung spricht auch, dass er sich damals als Cowboy fühlte und dachte, die anderen glauben es.

Ausrede

Ich bin müde: Mit diesen Worten weigert sich Jonas (2;9), die Treppe hinaufzusteigen, wenn er getragen werden will. Alle Müdigkeit ist plötzlich verflogen, wenn seine etwas ältere Spielkameradin erscheint. *Ich bin müde* heißt so viel wie ›ich habe keine Lust‹. Er hat wahrscheinlich die Frage Erwachsener übernommen: »Bist du müde?« oder den entschuldigenden Kommentar »Er ist müde«, wenn sie erklären wollen, wenn er etwas tut oder verweigert entgegen der Erwartung.

Stern & Stern machen weiter auf die harmlose Beschuldigung aufmerksam. Wenn in der Familie der Kleinste alles Mögliche anstellt, so liegt es nahe, ihn in Krisenfällen zu nennen ohne Täuschungsabsicht.

Redewiedergabe

Mit wachsender sprachlicher Kompetenz gehört zum Alltag des Kindes auch das Zitieren; es beruft sich dabei auf die Worte anderer oder seine eigenen. Sobald Philipp lernt, von Vergangenem zu berichten, entwickelt sich auch schnell die Fähigkeit zu zitieren. Diese Reportstrukturen geben einen interessanten Einblick in den Verstehensprozess, vor allem, wenn man den ursprünglichen Wortlaut oder den Inhalt der Rede kennt. Die Redewendung *Sei so lieb und mach das nicht* legt sich Philipp als Lob aus; *Die Mama hat gesagt, ich sei so lieb, und dann hat die Mama gesagt, das mach jetzt nicht* (3;0.14). So geht es ihm auch mit der Mahnung einer Frau im Supermarkt: »Pass schön auf!« versteht er als Lob: *Die Frau hat gesagt, ich passe schön auf* (3;1.20). Ganz kompliziert wird es mit dem Schlagertext:

»Ich lieb Dich, aber es wird nie mehr so sein, wie es einmal war.« …
Philipp berichtet der Mutter: *Mama, ich sag dir was; man liebt sich nicht, hat der Mensch gesagt; er liebt sich nicht, das Kind.* (3;0)

Die Kleineren geben Rede so wieder, wie sie sie verstanden haben, nämlich oft auch falsch. Dabei geht manchmal sogar die wichtige Negation unter, erst recht im Affekt. Weitere Fragen verwirren nur. In der Geschwistergruppe beruft man sich gern auf die Mutter, wenn es um strittige Dinge geht. Diese Kategorie fällt unter Ausreden, deren Philipp sich geschickt bedient, beispielsweise wenn er das Nachbarkind davon abhalten will, seine Bonbons aufzuessen: *Die Mama hat gesagt, jetzt reicht das Bonbonfressen.* (3;0.22). Fest steht aber auch, dass die Mutter sicher irgendwann einmal gesagt hat, dass mit dem Bonbonessen Schluss sein muss. In Reportstrukturen geht es bei den Abweichungen von der Wahrheit mehr um Irrtümer als um Fantasie und Affekt.

Erkennen von Irrtum

Es hatte sich gezeigt, dass Erwachsene bei Fragen vorsichtig sein müssen, um nicht falsche Aussagen zu suggerieren. Auch beim Erklären eines entdeckten Irrtums ist Zurückhaltung geboten. Neuere Forschungen ergaben, dass Fünfeinhalbjährige beziehungsweise Sechsjährige – im Gegensatz zu fünfjährigen und jüngeren Kindern – sich an eigene falsche Annahmen erinnern. Jüngere Kinder mögen sich erinnern, aber sie lassen sich ganz stark von dem Augenschein leiten, von dem, was sie gerade erleben. Zum Lernen in der Schule gehört die Fähigkeit des Kindes, falsche Annahmen bewusst zu korrigieren.

3.2.1 Lügen

Die Sterns untersuchten die Pseudolügen im kindlichen Verhalten. Piaget geht in seinem Buch *Das moralische Urteil beim Kinde* (1954, urspr. 1932, 155–196) weiter. Er befragte Kinder zwischen sechs und elf Jahren, was *lügen* bedeutet, und ermittelte zwei Definitionen:

Sechsjährige: lügen = ›ein hässliches Wort sagen‹ (relativ häufig)	Piaget erklärt, dass ein Sechsjähriges »ungefähr so lügt, wie es fabuliert oder spielt« (159). Wenn es ein hässliches Wort von der Straße mitbringt, wird es gerügt wie beim Lügen; in beiden Fällen heißt es dann: »Das sagt man nicht.«
Sechs- bis Zehnjährige: lügen = ›Eine Lüge ist etwas, was nicht wahr ist‹.	Nach Piaget empfinden auch die Fünf- bis Siebenjährigen schon die Nuance, dass sich die absichtliche Handlung vom unfreiwilligen Irrtum unterscheidet.

In weiteren Versuchen legte Piaget den Kindern Geschichtenpaare mit einer Lüge vor. Die Kinder sollten die Geschichten vergleichen und sagen, welche von den beiden Geschichten oder welcher von den beiden beteiligten Jungen schlimmer ist und warum (Beispiele gekürzt).

Sie unterscheiden sich in der Absicht des Sprechers:

- I. A.: *ohne schlechte Absicht beziehungsweise nur eine einfache Ungenauigkeit,*
- I. B.: *sichtbare Betrugsabsicht.*

I. A.	Ein Kind trifft auf der Straße einen Hund, der ihm Angst macht, und erzählt der Mutter, es habe einen Hund gesehen, der so groß wie eine Kuh gewesen sei.
I. B.	Ein Kind erzählt der Mutter, die Lehrerin habe ihm gute Noten gegeben. Das war aber nicht wahr. Die Lehrerin hatte ihm gar keine Note gegeben. Da war seine Mama sehr froh und gab ihm eine Belohnung.

Die Antworten zu I. A./B. zeigen: Viele Kinder orientieren sich *nicht an der Absicht* des Lügners, sondern *an der mehr oder weniger großen Wahrscheinlichkeit der Behauptung.* Im ersten Beispielpaar finden sie es schlimmer, zu behaupten, der Hund sei so groß wie eine Kuh.

Im folgenden Kontrastpaar werden gegenübergestellt:

- II. A.: *einfacher Irrtum mit ärgerlichen Folgen,*
- II. B.: *beabsichtigter Betrug ohne materiellen Schaden,*

II. A.	Ein Junge kannte die Straßennamen schlecht. Von einem Mann gefragt, wo die Straße ist, antwortete das Kind: »Ich glaube, dort.« Der Mann verirrte sich und fand das Haus nicht.
II. B.	Ein Junge kennt die Straßennamen gut, wollte aber dem Mann, der ihn nach einer Straße fragt, einen Streich spielen und zeigte auf die falsche Straße. Der Mann verirrte sich aber nicht und fand seinen Weg wieder.

Im zweiten Beispielpaar (II. A./B.) gehen sie von der *Folge* aus: Schlimmer ist also die Geschichte, wo der Mann sich verirrt (II. A.). Die Kinder können Lüge, Begleithandlung und *Folge* nicht auseinanderhalten. Einige Siebenjährige bewerten Lüge beziehungsweise Irrtum nur vom Standpunkt der *Folgen* aus, aber die Neunjährigen vom Standpunkt der *Absicht* aus.

Während die Kleinen als Begründung, warum man nicht lügen darf, die Strafe anführen, begründen die Größeren mit zehn bis zwölf Jahren es damit, dass Aufrichtigkeit zum notwendigen gegenseitigen Verständnis gehört. Genauso wird Lügen in der Konversationstheorie definiert: Der Zuhörer muss davon ausgehen können, dass der Sprecher normalerweise die Wahrheit sagt (Grice 1989).

In neueren Untersuchungen geht es immer um die drei Aspekte: *Wahrheit/Wissen* (sachliche Richtigkeit), *Annahme/Glaube* und *Absicht.* Ungefähr mit fünf oder sechs Jahren beginnen Kinder Lügen an der sachlichen Richtigkeit zu messen, aber sie weiten den Begriff *Lügen* auf Raten, Übertreibungen und Streiche aus.

Wir erinnern uns an das Experiment mit Maxi und der Schokolade (vgl. 2.1). Fünfeinhalbjährige, aber auch schon einige Viereinhalbjährige können sich in Maxi hineinversetzen, der die Schokolade im blauen Schrank sucht, wo er sie hineingelegt hatte, weil er nicht sah, dass seine Mutter sie unterdessen in den grünen Schrank gelegt hatte. Anknüpfend an dieses Experiment, testen Heinz Wimmer und Kollegen (1984), in welcher Bedeutung Kinder zwischen 4½ und 12 Jahren das Verb *lügen* gebrauchen und wie sie *lügen* beurteilen.

1.	Maxi möchte mit seinem Bruder Kurt die Schokolade essen. a. Maxi weiß, wo sie liegt, und nennt dem Bruder den Ort. b. Maxi nennt Kurt den falschen Ort, aber *in gutem Glauben*, dass sie dort liegt.
2.	Maxi will die Schokolade für sich allein haben. c. Er nennt Kurt *absichtlich* einen falschen Ort.

Auf den Unterschied zwischen b. und c. kommt es an:

Acht- bis Zehnjährige beachten die *Absicht*, um eine Information *Lüge* zu nennen.

Gut die Hälfte der Sechsjährigen und fast alle 4½-Jährigen nennen b. und c. Lügen; für sie zählt der realistische Sachverhalt, das heißt nur die *falsche Information*.

Interessant ist, dass bei der Bewertung des Verhaltens mit goldenen Sternen oder schwarzen Punkten auch schon die 4½-Jährigen das Verhalten unter b. (moralisch) besser bewerten als unter c. (1984: 20, 28 f.).

Siegal & Peterson (1996) verändern die Fragestellung und kommen zu einem ganz anderen Ergebnis, indem sie fragen: »Ist es ein Irrtum oder eine Lüge?« (beziehungsweise *Irrtum* und *Lüge* in umgekehrter Reihenfolge), und wählen eine vertraute Domäne: *Essen*.

Ein Bär schaut zu, wie Schimmel auf einer Brotscheibe mit Aufstrich verdeckt wird, und bietet die Scheibe zum Essen an.
Ein Bär ist abgewandt, weiß nichts von dem Schimmel und dem Überdecken und bietet die Scheibe zum Essen an.

Tests mit Drei-, Vier- und Fünfjährigen ergaben, dass schon zwei Drittel der Dreijährigen *Absicht* beachten und sagen, dass der Zuschauer-Bär *lügt* und der andere, abgewandte, sich *irrt*. Auch die Kleinsten finden dessen Handlungsweise auf die erste Nachfrage *schlimmer*, aber – typisch – bei wiederholten Fragen schwanken die Antworten.

3.3 Ironie

Ironie kommt von griechisch *eironeia* ›Verstellung‹: Der Sprecher sagt etwas anderes, als er meint. Darüber hinaus drückt Ironie die (meist kritische) Einstellung des Sprechers zu einem Sachverhalt aus, bei der er Einstellung und Informationsstand des Hörers mitbedenkt. Ein Kind nimmt früh die Wirklichkeit auf zwei Ebenen wahr, wenn es das Guck-guck-Spiel spielt, wenn es seinen Bär mit imaginärem Brei füttert oder wenn es eine Linie auf ein Blatt malt, die ein dahinbrausendes Auto darstellt. Um zwei Ebenen geht es auch bei der Ironie, aber da sie psychologische Einsicht voraussetzt, ist sie so schwer zu verstehen. Auch in ihrer einfachsten Form führt Ironie kleine Kinder in die Irre, wie im folgenden Beispiel: Ein Zoobesuch ist geplant. Der Vater öffnet am Morgen das Fenster und mit dem Blick auf den strömenden Regen sagt er: »Toller Tag für den Zoo!« Ein Kind nimmt es wörtlich.

Auch Sechsjährige erkennen noch keine Täuschungsabsicht, es sei denn, im deutlichen Kontext, wenn beispielsweise Billy seine Hausaufgaben nicht machte und deswegen am nächsten Morgen sagt, er fühle sich nicht wohl und wolle nicht in die Schule gehen. In einem anderen Experiment soll sich eine Sechsjährige vorstellen, sie probiere eines der Erdnussplätzchen, die der Freundin verbrannt sind, und sagt: »Hmmm, du machst leckere Erdnussplätzchen (mit spottendem Ton).« Sie wird gefragt, ob sie a) es falsch sagt, b) ihre Freundin aufziehen will oder c) lügt. Sechsjährige legen die Äußerung aber einfach als »gemein« aus. Sie verstehen noch nicht die Absicht einer kritischen, nicht wörtlich zu nehmenden Bemerkung. Erst später hören sie aus der Intonation einen Hinweis auf die nichtwörtliche Bedeutung heraus, hier also Ironie (Winner 1988: 147).

Eine andere Studie mit Sechs- bis Achtjährigen zeigt, dass Kinder unter Umständen eine soziale Funktion von Ironie auch schon früher erkennen können: Beim Schwimmen kommentiert ein Betreuer einen Bauchplatscher mit direkter beziehungsweise indirekter Ironie und in verschiedenen Tonarten: »Du springst wirklich elegant.« Oder: »Ich glaube, Springen wird dein Lieblingskurs.« Hier empfinden die Kinder in der Studie die Kommentare als lustiger und weniger aggressiv als die direkte Kritik (Winner 1988: 157 f.). Es bleibt dahingestellt, ob das betroffene Kind solche ironischen Kommentare auch als lustig empfindet.

Ironische Äußerungen sind selten so eindeutig und einsichtig wie der Bauchplatscher, wenn das Ziel, ein schöner Sprung ins Wasser, offenkundig ist. Sagt man einem Dreijährigen, wenn er wieder mitten in den Matsch getreten ist: »Das hast du mal wieder gut gemacht«, wird er wahrscheinlich etwas Gutes an der Sache finden, es sei denn, ärgerliche Worte folgen. Dann wird er nicht so recht wissen, woran er ist. Ein Sechsjähriger wird es als Ironie wahrscheinlich verstehen.

Schon Vierjährige und noch viel jüngere Kinder können sich in die Perspektive anderer hineindenken. Aber Ironie birgt noch eine weitere Schwierigkeit: Warum sagt ein Mensch etwas anderes, als er meint? Warum sollte er wissentlich etwas Falsches sagen? Ironie weicht daher auch von den Grundsätzen (Konversationsmaximen) ab, die Grice für das Glücken eines Gesprächs aufstellte. Kinder verstehen das erst spät, und irgendwie rührt diese ursprüngliche kindliche Einstellung. Vierjährige sehen den Sinn nicht ein, *wissentlich* Falsches zu sagen, und biegen eher die Fakten so hin, dass es stimmt. Man testete Kinder im Alter von sechs, neun und dreizehn Jahren und Erwachsene mit Geschichten, bei denen es darauf ankam, was einer zum anderen zuletzt gesagt hatte:

Bei einem Schwimmausflug zu einem See springt einer ins Wasser und ruft dem anderen zu: »Komm rein, das Wasser is' warm.«

1. Der Springer ist aufrichtig, das Wasser ist warm.
2. In der sarkastischen (ironischen) Version ist das Wasser kalt, der Springer schreit auf und sagt den zweiten Teil mit ironischem Unterton.
3. In der Täuschungssituation ist das Wasser kalt, aber der Springer spricht, als sei er ehrlich.
4. In der neutralen Äußerung ist das Wasser kalt, aber es gibt keine Hinweise im Ton oder Verhalten.
   Die Kinder wurden gefragt mit den jeweils möglichen zwei Antworten: *warm / kalt*
   War das Wasser kalt oder warm?
   Dachte er, das Wasser sei warm oder kalt?
   Wollte er, dass sein Freund glaubte, das Wasser sei warm oder kalt?

(Demorest et al. 1983; 1984; Winner 1988: 139–141)

Die Auswertung ergab, dass – wie zu erwarten – Sechsjährige die ehrliche und wahre Äußerung verstanden, aber Probleme mit Täuschung und Ironie hatten. Neun- und Dreizehnjährige durchschauten die Täuschungssituation und verstanden die ironische Äußerung nicht mehr als einfach wahr, aber noch mehr als zwei Drittel der Dreizehnjährigen sahen darin Täuschung. In der neutralen Äußerung (4.) sahen Kinder und Erwachsene eher Täuschung als Ironie. Offenbar gehören zu Ironie auch Ton und Verhaltensmerkmale.

Ironie in Bilderbüchern macht schon in frühem Alter spielerisch mit Ironie in einer einfachen Form vertraut, die man als Widerspruch zwischen gesprochenem Wort – im Text – und unausgesprochener angedeuteter Bedeutung – im Bild – definieren kann (mehr dazu Teil I, 1.8).

Lohnt sich Ironie im Kinderalltag? Zum Verstehen von Witz und Humor gehören das Wissen von Normen und Einblick in die Sprache, aber zum Verstehen von Ironie gehört mehr. Selbst Erwachsene fühlen sich manchmal unsicher. Im Umgang mit Kindern sollte man darauf verzichten. Andererseits ist Ironie in Alltag und Literatur ein häufig gebrauchtes Mittel, das zum Pragmatikerwerb dazugehört.

3.4 Worauf es ankommt

Der Erwachsene muss unbedingt Vorbild sein in Bezug auf Ehrlichkeit. Er darf nicht lügen. Sozial bedingte Lügen, die in anderen Kulturen wie beispielsweise in China gesellschaftlich eine größere Rolle spielen, fallen bei uns unter *Notlügen* und erscheinen im Kinderalltag unnötig. Kinder müssen das Gefühl behalten, dass sie sich auf das, was der Erwachsene sagt, verlassen können.

🕮 Angst vor Strafe begünstigt Lügen. Wir kennen das Verhalten von Erwachsenen. Um Strafe von sich abzuwenden, lügen auch schon ganz kleine Kinder. Hier beginnt die Erziehung zur Ehrlichkeit. Es darf keine Atmosphäre entstehen, in der ein Kind nicht frei sagen kann, was es getan hat.

🕮 Man darf kleine Kinder nicht zu einer Aussage drängen und sie in eine Situation bringen, in der sie den wirklichen Sachverhalt überhaupt noch nicht klar sehen können. Im frühen Kindesalter fehlt noch der Zeitrahmen, der zur genauen Erinnerung gehört. Nachahmung, Unverständnis, Missverstehen, Affekt, Fantasie, Verwechslung von Wunsch und Wirklichkeit, Suggestion durch den Erwachsenen: Die Liste der Motive für unwahre Antworten ist lang. All dies zählt aber nicht als Lüge. *Lüge* bedeutet, dass das Kind ernsthaft und beharrlich versucht, andere *absichtlich* zu täuschen. Der Erwachsene dringt also besser nicht in ein Kind, um die Wahrheit herauszufinden. Er muss sich außerdem überlegen, wann es sich wirklich lohnt, ein Kind auf seinen Irrtum aufmerksam zu machen.

🕮 Es ist gut zu wissen für die Beurteilung, dass das Konzept *Lüge* von Kindern nur langsam erworben wird. Schon Dreijährige erkennen Lügen, Vierjährige sehen das absichtliche Irreführen. Sechsjährige messen Lügen an den Folgen und der mehr oder weniger großen Wahrscheinlichkeit des Gesagten. Zehnjährige unterscheiden bei der Weitergabe von Informationen noch nicht, ob der Sprecher weiß, dass die Information falsch ist, also wissentlich handelt oder unwissentlich. In Tests betrachteten sie beides gleichermaßen als Lüge.

🕮 Ironie hat im Umgang mit Kindern keinen Platz, nicht im Vorschulalter und nicht in der Grundschule. Bei Ironie sagt der Sprecher etwas anderes, als er denkt, was von den ganz Kleinen gar nicht verstanden wird. Der Kommentar beim Tritt in die Pfütze »Das hast du wieder gut gemacht« wird als Lob aufgefasst und macht gegebenenfalls stutzig, wenn Ärger folgt. Sechsjährige verstehen solche direkten ironischen Äußerungen und beachten auch den Tonfall, aber Bestaunen eines Bauchplatschers kann auch verletzen. Erst Neunjährige begreifen die komplizierte Situation, denn der Sprecher sagt nicht nur etwas anderes, als er meint, sondern er tut es auch mit Blick auf Wissen und Verhalten des Zuhörers.

3.5 Literaturverzeichnis

Damon, W.-Deanna Kuhn and Robert S. Siegler (Eds), (1998), *Handbook of Child Psychology* Fifth Edition, Vol. 2: *Cognition, Perception, and Language* (John Wiley & Sons Inc.: New York et al.)

Demorest, Amy, L. Silberstein, Howard Gardner, and Ellen Winner (1983), Telling it as it isn't: Children's understanding of figurative language. *British Journal of Developmental Psychology* 1, 121–134

Demorest, Amy, Christine Meyer and Erin Phelps, Howard Gardner, and Ellen Winner (1984), Words Speak Louder Than Actions: Understanding Deliberately False Remarks. In: *Child Development* 55: 1527–34

Dunn, Judy and Marilyn Shatz (1989), Becoming a Conversationalist Despite (of Because of) Having an Older Sibling. *Child Development* 60, 399–410

Grice, H. Paul (1989), Logic and Conversation. In: Grice, H. Paul, *Studies in the Way of Words* (Harvard University Press: Cambridge, Mass.), 22–40

Kümmerling-Meibauer, Bettina (1999), Metalinguistic Awareness and the Child's Developing Concept of Irony. The Relationship between Pictures and Text in Ironic Picture Books. *The Lion and the Unicorn* 23, 157–183

Lee, Kang, David R. Olson, Nancy Torrance (1999), Chinese children's understanding of false beliefs: the role of language. *Journal of Child Language* 26, 1–21

Piaget, Jean (1976/1932), *Das moralische Urteil beim Kinde* (Suhrkamp Taschenbuch Wissenschaft 27)

Siegal, Michael and Candida C. Peterson (1996), Breaking the Mold: A Fresh Look at Children's Understanding of Questions About Lies and Mistakes. *Developmental Psychology* Vol. 32, No. 2, 322–334

Stern, Clara und William (1907/8), *Erinnerung, Aussage und Lüge*. Reihe: Monographien über die seelische Entwicklung des Kindes II. 3. unveränderte Auflage 1922 (Verlag von Johann Ambrosius Barth: Leipzig)

Wimmer, Heinz – Perner, Josef (1983), Beliefs about beliefs: Representation and constraining function of wrong beliefs in young children's understanding of deception. *Cognition* 13, 103–128

Wimmer, Heinz, Silvia Gruber and Josef Perner (1984), Young Children's Conception of Lying: Lexical Realism – Moral Subjectivism. *Journal of Experimental Child Psychology* 37, 1–30

Winner, Ellen (1988), *The Point of Words: Children's Understanding of Metaphor* (Harvard University Press: Cambridge)

Anhang

Stichwortverzeichnis